浙江理工大学学术专著出版资金资助（2010年度）

Research on Multilevel Synergetic Mechanism in
Organization Changing Process

组织变革过程中的
多层协同机制研究

涂辉文 著

ZHEJIANG UNIVERSITY PRESS
浙江大学出版社

摘　要

在经济全球化背景下,企业面临着更多的机遇与威胁,因而组织变革是企业提升竞争力以及长期生存发展所必需的战略行动。然而,组织变革究竟如何进行,虽然已有大量研究指出了组织变革的类型、变革的阶段特征、变革的领导特征、变革的内容特征等等,但对于变革过程中具体的组织行为过程机制研究,到现在仍较为缺乏,使得具体的组织变革行为过程成为一个"黑箱",亟待人们通过研究来揭示以指导变革实践。

为了探索组织变革中具体的组织行为过程是如何进行的,本书针对公司创业的组织变革型企业进行了一个系列研究,本书试图从四个方面解释这个问题:第一,在公司创业的行动过程中,组织变革动力的内容特征是什么? 第二,在变革动力的驱动下,组织系统进行组织变革的行为过程是如何进行的? 第三,从系统的观点看,组织变革过程中的不同层次之间是否会产生相互作用、相互影响? 第四,组织变革中不同层次(组织层次和员工个体层次)变革过程中相互作用、相互影响的动态机制是怎么样的? 为此,本书进行的系列研究包括了以下四个部分的研究内容。

研究一的目的是探索组织变革动力的内涵与特征,其中,包括了两个子研究。子研究一采用扎根理论方法,通过对一系列正在进行公司创业的企业高管的访谈,识别出推动组织进行变革的变革驱动力量的内容特征;子研究二在上一个子研究的基础上,编制问卷,并采用问卷调查的方法对该变革动力内容特征进行验证。本研究结果表明,公司创业中的变革是由公司高层管理者通过对企业组织和企业员工从战略、文化、产品与服务和组织结构四个方面发挥系统作用,从而推动企业的组织变革进行。其具体内容包含了四个方面特征:愿景驱动、文化塑造、创造突破、架构创新。在此基础上,本研究进一步发现不同类别的公司创业型企业在变革动力特征上存在差异。其中,高技术公司的组织变革动力要显著高于非高技术企业。制造业和非制造业之间在变革动力特征上没有显著差异。

研究二的目的是探索并检验组织变革中的多层次变革过程机制。该部分采用问卷研究的方法,向 200 余家进行公司创业的企业发放了成套的问卷,通过对回收问卷的统计处理,其结果支持了组织变革不仅是组织层面的变革过程,同时也是员工层面进行变革的多层次的动态变革过程。首先,组织学习在组织变革过程中的中介变量,也就是组织层次的变革是通过组织学习的过程进行的,同时,环境的动态性在这个变革过程中发挥了调节作用。其次,员工心理授权在组织变革动力和公司创业效能之间起到了部分的中介作用,说明了在组织变革的驱动过程中,对员工激励并让他们具有高水平的心理授权对于组织变革顺利实施的重要性。员工参与组织变革是通过心理授权来进行的,心理授权是员工参与组织变革的中介变量,而员工对组织变革的参与过程又受到了组织学习的调节作用。

研究三的目的是从系统理论的视角,对组织变革中不同层次变革的相互作用、影响效果进行探索。该部分采用问卷调查的方法,首先,对不同企业类型以及不同类别的人群的组织学习和心理授权的特征以及差异进行了比较分析。其次,采用两种检验方法,分析并检验了组织层次的变革与员工层次的变革两个不同层次之间在变革过程中的协同效应。方法一是采用组织学习和心理授权进行交互效应检验的方法,对这两者交互的效果进行比较,以说明两者的交互作用所产生的效应。在此基础上,方法二采用主因分析(dominance analysis)的方法,对组织学习、心理授权、组织学习与心理授权的交互这三者对公司创业效能的回归效应进行比较,结果显示,组织学习与心理授权两者的交互是影响公司创业效能最重要的变量。这个结果进一步说明了,变革中组织层面的组织学习与员工个体层面的心理授权发生了协同作用。

研究四的目的是在上一个研究的基础上,进一步探索变革中多层协同的过程机制与协同的结果,本部分通过两个子研究来探索组织学习与心理授权之间协同作用的过程与结果。在子研究一中,本研究通过对具体的公司创业关键事件中组织学习和心理授权之间的具体作用过程的分析,研究提出了两个命题,揭示了在公司创业过程中,组织学习和员工心理授权之间是相互影响、相互促进的关系。而且研究表明在公司创业之初,企业要从外在形式上的变革转换为真正功能意义上的变革,首先必需增强员工的心理授权水平,只有提升了员工参与变革的积极主动性,才能克服组织惯性,提升组织运作(包括组织学习)的效率。子研究二采用纵向问卷调查的方法,收集两个不同阶段组织学习、心理授权与公司创业效能的问卷数据进行比较,结果表明随着公司创业活动的不断开展,组织学习、心理授权水平相互作用、相互促进,并不断提升公司创业效能。当然,组织学习、心理授权两者相互促进、共同提高的过程并不是简单直接的关系,它们在这个过程中可能会存在曲折,可能会呈螺旋式上升,这在案例研究以及问卷研究的数据中已经得到了说明。

最后,本书系统概括了主要的研究结论、理论进展和实践意义,并指出了本书研究的不足和对今后进一步研究的展望。

关键词:组织变革;变革动力;系统理论;组织学习;心理授权;协同效应;主因分析

Abstract

Under the rapid development of global economy and technology, firms are faced with more and more serious competition. Corporation entrepreneurship has become the necessary action for firms to deal with the competition. Although a lot of studies talked about various type of change, process model of change, people do not understand the concrete mechanism of organization change, and it still regarded as a "black box". Further research need to be done to uncover it.

In order to uncover this "black box" of organization changing process, this paper did a series of study on corporate entrepreneurship companies. Takes corporate entrepreneurship as one kind of organization change, the focus of this study is what's the driving power of corporate entrepreneurship? What are the main content of which promote corporate entrepreneurship process? How do these variables affect corporate changing performance? How do these variables interact with each other? All in all, this paper intends to explain the mechanism of organization changing mechanism.

The purpose of study I is to explore the content of change driving power under the background of corporate entrepreneurship in firms. This study includes two sub-studies. In sub-study one, the method of grounded theory was adopted. Semi-structured interviews were conducted in 13 different enterprises which were launching corporate entrepreneurship. There are total 19 managers of these firms were asked to introduce the critical incidents of organization change and what the leaders do to solve those problems which may be encountered. Based on this material, we coded for three times and at last we came up with the construct of content of driving power of organization change. It has four character, these characters are derived from organization systematic view: organization strategy, organization culture, organization products & service, organization structure. Use questionnaire method, the result of sub-study two indicates that the concept of the four character of change driving power is certificated. These four characters of organization change driving power are value driving, culture shaping, innovation promoting, and structure renewing.

Based on previous literature, study II used questionnaire method to explore the multiple-level organization changing mechanism. The result shows that organizational learning acts as a mediator in the process of which change driving power promotes the corporate entrepreneurship efficiency in organization change level. Employee psychological empowerment acts as a mediator in the process of which change driving power influences the corporate entrepreneurship efficiency in individual level.

As we know organization learning and employee psychological empowerment are the main variables in the organization changing process. We need to know the interaction between them to explore organization changing process. So, Study III performed a questionnaire research. Through description analysis, regression analysis and dominance analysis, the result indicates that the interaction effect of organization learning and employee psychological empowerment is the most important factor of which influences the corporate entrepreneurship efficiency among the three independent variables (organization learning, psychological empowerment, and interaction of them). This result supports the viewpoint that organizational learning and psychological empowerment interact with each other and bring about synergy effect in organization changing process.

The aim of study IV is to further explore the mechanism of the interaction between organization learning and employee psychological empowerment. In this study, multi-cases method and two-period questionnaire investigation is used. In sub-study me, we analysis 3 critical accidents and conclude with two propositions that organizational learning and psychological empowerment would influence and promote each other. Sub-study II indicates that the degree of organization learning and employee psychological empowerment would increase continuously under the interaction of these two factors. And corporate performance increased accordingly. This shows the interaction process between these two variables, and explains the synergetic mechanism of organization changing process further.

At last, the theoretical progresses and practical implications were discussed, as well as the limitations of the research and the directions for future research.

Keywords: corporate entrepreneurship, changing dynamics, systematic theory, organizational learning, psychological empowerment, synergic effect, dominance analysis

目 录

1 研究背景与文献回顾 ………………………………………………… 1

  1.1 研究问题的提出 ……………………………………………… 1

    1.1.1 实践问题 ………………………………………………… 1

    1.1.2 理论问题 ………………………………………………… 3

  1.2 组织变革相关研究回顾 ……………………………………… 4

    1.2.1 组织变革的系统观 ……………………………………… 4

    1.2.2 组织变革的内涵 ………………………………………… 6

    1.2.3 组织变革过程的研究 …………………………………… 8

    1.2.4 组织变革动力:变革中的领导研究 …………………… 12

  1.3 公司创业相关研究回顾 ……………………………………… 17

    1.3.1 公司创业的内涵 ………………………………………… 17

    1.3.2 公司创业与组织变革 …………………………………… 20

    1.3.3 公司创业中组织变革的任务 …………………………… 21

  1.4 组织学习相关研究回顾 ……………………………………… 24

    1.4.1 组织学习的内涵 ………………………………………… 24

    1.4.2 组织学习的过程研究 …………………………………… 25

    1.4.3 公司创业中的组织学习及其要素 …………………… 29

    1.4.4 组织学习的相关影响因素 ……………………………… 30

  1.5 心理授权相关研究回顾 ……………………………………… 34

    1.5.1 心理授权的内涵 ………………………………………… 34

    1.5.2 员工心理授权影响因素研究 …………………………… 36

　　　　1.5.3　组织变革中的心理授权及其策略 ……………… 38
　　1.6　公司创业绩效的研究综述 …………………………… 41
　　1.7　相关研究文献总结 …………………………………… 43
　　　　1.7.1　以往相关研究进展 ……………………………… 43
　　　　1.7.2　有待进一步研究的问题 ………………………… 45

2　研究理论构建与总体设计 ……………………………… 47
　　2.1　研究目的 ……………………………………………… 47
　　2.2　本书的理论构建与总体思路 ………………………… 48
　　2.3　研究内容 ……………………………………………… 50
　　2.4　研究的技术路线 ……………………………………… 52

3　公司创业中的变革动力特征研究 ……………………… 53
　　3.1　研究目的 ……………………………………………… 53
　　3.2　子研究一:组织变革动力特征的扎根理论研究 …… 53
　　　　3.2.1　研究目的 ………………………………………… 53
　　　　3.2.2　研究方法 ………………………………………… 54
　　　　3.2.3　理论性抽样 ……………………………………… 57
　　　　3.2.4　资料的分析 ……………………………………… 60
　　　　3.2.5　研究结果讨论 …………………………………… 69
　　　　3.2.6　公司创业中的变革动力特征的研究小结 ……… 73
　　3.3　子研究二:公司创业中组织变革动力特征的验证研究 …… 77
　　　　3.3.1　研究目的 ………………………………………… 77
　　　　3.3.2　研究方法 ………………………………………… 78
　　　　3.3.3　研究测量 ………………………………………… 81
　　　　3.3.4　变革动力特征模型的探索性因素分析与结果 …… 82
　　　　3.3.5　变革动力特征模型的验证性因素分析与结果 …… 84
　　　　3.3.6　研究讨论与小结 ………………………………… 91
　　3.4　本章小结 ……………………………………………… 92
　　　　3.4.1　本章的研究进展 ………………………………… 92
　　　　3.4.2　本章的研究局限 ………………………………… 93

4 组织变革的多层组织行为过程研究 ⋯⋯⋯⋯⋯⋯⋯⋯⋯ 94

  4.1 研究目的 ⋯⋯⋯⋯⋯⋯⋯⋯⋯⋯⋯⋯⋯⋯⋯⋯ 94

  4.2 文献回顾与假设提出 ⋯⋯⋯⋯⋯⋯⋯⋯⋯⋯⋯ 95

    4.2.1 组织变革是个系统的过程 ⋯⋯⋯⋯⋯⋯⋯ 95

    4.2.2 组织变革是对不确定性的探索过程 ⋯⋯⋯⋯ 95

    4.2.3 组织层次的变革过程机制研究 ⋯⋯⋯⋯⋯ 96

    4.2.4 组织变革中员工参与变革的过程机制 ⋯⋯⋯ 101

  4.3 研究设计 ⋯⋯⋯⋯⋯⋯⋯⋯⋯⋯⋯⋯⋯⋯⋯ 105

    4.3.1 样本描述 ⋯⋯⋯⋯⋯⋯⋯⋯⋯⋯⋯⋯ 106

    4.3.2 测量工具 ⋯⋯⋯⋯⋯⋯⋯⋯⋯⋯⋯⋯ 107

    4.3.3 研究流程和方法 ⋯⋯⋯⋯⋯⋯⋯⋯⋯⋯ 109

  4.4 结果讨论 ⋯⋯⋯⋯⋯⋯⋯⋯⋯⋯⋯⋯⋯⋯⋯ 109

    4.4.1 问卷的信度、效度检验 ⋯⋯⋯⋯⋯⋯⋯⋯ 109

    4.4.2 集合水平的数据加总检验 ⋯⋯⋯⋯⋯⋯⋯ 120

    4.4.3 组织层次的变革过程结果讨论 ⋯⋯⋯⋯⋯ 121

    4.4.4 员工个体层次的变革过程结果讨论 ⋯⋯⋯⋯ 128

  4.5 研究结果与讨论 ⋯⋯⋯⋯⋯⋯⋯⋯⋯⋯⋯⋯ 132

    4.5.1 公司层次的组织变革效能机制过程 ⋯⋯⋯⋯ 132

    4.5.2 员工层次的组织变革效能机制过程 ⋯⋯⋯⋯ 135

  4.6 本章小结 ⋯⋯⋯⋯⋯⋯⋯⋯⋯⋯⋯⋯⋯⋯⋯ 136

5 基于组织学习与心理授权的变革多层协同效应研究 ⋯⋯ 138

  5.1 研究问题的提出 ⋯⋯⋯⋯⋯⋯⋯⋯⋯⋯⋯⋯ 138

  5.2 研究目的与内容 ⋯⋯⋯⋯⋯⋯⋯⋯⋯⋯⋯⋯ 139

  5.3 研究方法 ⋯⋯⋯⋯⋯⋯⋯⋯⋯⋯⋯⋯⋯⋯⋯ 140

    5.3.1 研究样本 ⋯⋯⋯⋯⋯⋯⋯⋯⋯⋯⋯⋯ 141

    5.3.2 测量工具 ⋯⋯⋯⋯⋯⋯⋯⋯⋯⋯⋯⋯ 142

    5.3.3 研究流程和方法 ⋯⋯⋯⋯⋯⋯⋯⋯⋯⋯ 143

  5.4 研究结果与讨论 ⋯⋯⋯⋯⋯⋯⋯⋯⋯⋯⋯⋯ 143

    5.4.1 变量间的描述性统计分析 ⋯⋯⋯⋯⋯⋯⋯ 143

    5.4.2 组织变革中组织学习的组织间差异 ⋯⋯⋯⋯ 144

5.4.3 组织变革中员工心理授权的个体间差异 ………… 145

5.4.4 组织学习与心理授权及其交互的回归效应分析 …… 147

5.4.5 组织学习与心理授权及其交互回归效应的比较

（主因方法）分析 ……………………………… 151

5.5 本章小结 ……………………………………… 154

6 基于组织学习与心理授权的多层变革行为协同过程研究

………………………………………………………… 159

6.1 研究目的 ……………………………………… 159

6.2 研究内容与方法 ………………………………… 160

6.3 子研究一：变革过程中组织层次与员工层次行为的作用

关系研究 ………………………………………… 160

6.3.1 研究方法 ………………………………… 160

6.3.2 研究设计 ………………………………… 161

6.3.3 案例分析 ………………………………… 162

6.3.4 案例讨论与结论 ………………………… 168

6.4 子研究二：变革过程中组织层次与员工层次行为关系的

演进研究 ………………………………………… 170

6.4.1 研究假设的提出 ………………………… 170

6.4.2 研究方法 ………………………………… 171

6.4.3 数据的加总检验 ………………………… 171

6.4.4 两个阶段数据的差异比较 ……………… 172

6.4.5 研究结果讨论 …………………………… 174

6.5 本章小结 ……………………………………… 177

7 总 论 ………………………………………… 181

7.1 本书的主要理论进展 …………………………… 182

7.1.1 提出了基于组织系统观的变革动力的内容特征 …… 182

7.1.2 探索并检验了组织变革的多层次变革过程 …… 183

7.1.3 提出并验证了变革中组织层次与员工参与变革

行为过程的协同效应 ……………………… 184

7.1.4 深入分析了组织变革行为过程中多层协同的动态

过程机制 ……………………………………………… 185
7.2　本书的实践意义 …………………………………… 187
7.2.1　管理层如何推动组织变革 ………………… 187
7.2.2　组织变革过程中组织学习的重要作用 …… 188
7.2.3　基于心理授权的员工激励策略 …………… 189
7.2.4　组织变革管理中组织与员工变革协同推进的视角
…………………………………………………… 190
7.2.5　企业保持持续的公司创业精神的重要性 … 191
7.3　本书的研究局限与研究展望 ……………………… 191
7.3.1　本书的研究局限 …………………………… 191
7.3.2　本书的研究展望 …………………………… 193
7.4　本书的结论总结 …………………………………… 193

附　录 ……………………………………………………… 195

附录一:调查问卷(高管团队版) ……………………… 195
附录二:调查问卷(中层及员工版) …………………… 202
附录三:访谈资料的开放性编码 ……………………… 204

参考文献 …………………………………………………… 245

致　谢 ……………………………………………………… 262

1 研究背景与文献回顾

1.1 研究问题的提出

1.1.1 实践问题

从改革开放到现在,短短的 30 多年的时间里,中国涌现了许许多多的创业故事,出现了许多优秀的领导者,也成就了大量的明星企业,它们共同推动着中国的经济在这三十多年来持续快速地发展。然而,当我们回顾中国企业这些年来的发展时,会深深地感受到,中国的许许多多的企业里,有太多的明星企业曾经一度辉煌,但都是昙花一现,十几年前、几年前,甚至几个月前的精英企业,到现在或者还只是在往日的影子下挣扎,或者不见踪影,而能够持续地显现顽强生命力并不断发展壮大的企业却是凤毛麟角。很多企业,在其初创阶段,表现出创业型企业的积极属性,如灵活性、适应性,但是随着企业的发展,往往因为规模的扩大而导致管理层级增多,而其固有的管理方式和组织文化也随着企业年龄的增长而深植于企业内部,难以改变,内部高度结构化和制度化的结果就是逐渐削弱其赖以成功的创业精神和能力。在这种情况下,它们却又面临着市场环境中越来越激烈的挑战,结果就像我们所看得的那样,大多数的国内企业慢慢地消沉,最后就是彻底地被淘汰出局,淡出市场与人们的记忆。

随着我们所处环境中经济全球化的加速和科学技术的飞速发展,企业也面临着越来越多的严峻挑战。在这个背景下,几乎包括所有的世界级的大企业,都在不断努力地改进自身的经营战略和策略,这不仅是为了企业的竞争机会和繁荣,更加是为了企业的生存。而其中,一系列强大的力量又进一步推动了市场竞争的日益加剧。在当今竞争激烈的市场环境中,如果要问到什么是驱使企业组织进行变革的最重要力量,学者和管理实践者们一般都会指出其中首要的是信息技术和全球化的发展。这两种力量结合在一起,对组织环境产生了巨大的变化,使得组织普遍面临着一个新的竞争蓝图。这个新的竞争蓝图表现为市场不断变化和增长的需求,组织也不断面临着新的挑战,同时又必须不断提高它的经营效率,降低成本。

作为社会环境中运作子系统的企业组织,它的经营活动必然受到外部环境的制约。在当今全球化、信息化剧烈变化的背景下,在现在以及未来的市场中,只有那些具有变革能力,不断进行变革以适应环境的组织才能成为市场竞争中的获胜者。应对变化的快速节奏对于企业而言殊为不易,如果不能预见到变化可能导致企业的僵化和消亡。对组织而言,它必须保持变革能力并进行持续不断的变革才能持续生存,不断获得竞争优势。Kotter(1995)在描述当前市场环境正在发生的一系列变化后,分析了这些变化对市场所带来的技术上的与全球化的机会和冲击,提出了企业组织必须变革才能生存发展,并进而提出了一系列推动组织进行变革的方法。而公司创业被认为是解决企业僵化,促使企业焕发活力和新生的一种有效方法。它在实践中作为企业的一个有效工具,通过创新、业务发展和更新为企业创造新价值(Zahra and Covin,1995;Zahra et al.,1999)。高层管理者建立了创业型的战略愿景,并指导了创业式的组织结构的出现,因此,高管人员就企图塑造创业活动的战略环境,并且监视、培养并支持以创业行为为基础,来促进产品、流程和管理的创新。就如 Bennis 所说:"线性的信息、线性的思考和渐进战略已经不能适合当今业务环境的变化需求了。"新战略,看待客户的新途径,新的组织形式和新的管理系统在不连续的环境变革中不断出现。

因此,在公司创业已经成为企业所面临的必要选择的背景下,如何在公司创业的过程中,推动组织进行成功的组织变革成为了当前大部分企业所共同面临的一个重要难题。有大量研究指出,人是企业经营过程中最重要的因素,要推动企业的顺利变革,必须充分调动并激励员工的变革参与热情,积极投入到变革过程中。同时,在变革过程中,组织面临更多的不确定性,而大量关于组织学习的研究指出了组织学习在组织变革过程中的重要作用。通过组织学习,企业能够更清晰地识别所处的竞争环境,并建立和加强自身的竞争能力,并极大降低环境与未来的不确定性对企业的影响。在这样的背景下,如何进行组织变革? 在组织变革过程中如何保证变革的顺利进行? 这些就成为理论和实践管理者所共同面对并亟待解决的关键问题。

1.1.2 理论问题

几乎所有企业都时刻面临巨大变革的挑战(Senge et al.,1999;Carnall,1999),以应对现代竞争的持续加剧、消费需求的需求变化、现代技术的飞速发展。实际上,绝大多数的企业也认识到,组织的战略性变革并不是一个暂时性的举措,而是一个持续不断的过程。哈默和布林(2008)指出,“在当今的市场环境中,即使错综复杂地整合了 19 世纪提出的管理哲学、20 世纪的管理流程再造以及 21 世纪的高新技术,仍然会是一种过时的管理方式,因为这已经远远不能满足当今时代的快速发展的需要”。因而组织变革是企业提升竞争力以及长期生存发展所必需的战略行动,唯有进行主动变革的企业才有机会获得更强的市场竞争力,赢得生存发展的空间,公司创业也就成为越来越多企业的必然选择。然而能够成功实施变革的企业却并不多见,Kotter(1996)估计有 70%的企业变革行动是失败的,其原因何在?

以往理论对于组织变革的过程研究,或者过于笼统,比如科特(1995)从组织变革过程的整体动态特征进行分析;或者过于细微,比如组织行为研究中有大量对于员工心理层面因素的研究,像对于变革过程中员工的心理授权、变革承诺等因素的作用与影响研究,但是这种纯个体的研究并不能解释组织层面的变革过程特征与结果。

Higgs(2001)指出,在公司创业过程中首先是从高层管理者发起的。高层管理者建立了创业型的战略愿景,并指导了创业式的组织结构的出现,因此,高管人员就企图塑造创业活动的战略环境,并且监视、培养并支持以创业行为为基础,来促进产品、流程和管理的创新,公司的领导者们在公司创业进程中扮演举足轻重的角色。由于公司创业是个持续的变革过程,其中包含了通过组织的不断改进和组织学习而带来的诸多小适应行动,这些诸多的小适应行动包含在组织的实践过程以及持续的改进当中(Weick et al.,1993),持续改进具有程序渐进、行动导向和逐步显现的特征。因此，探索并揭示组织持续变革过程中的具体的组织行动过程，对于企业公司创业的顺利实施而言有着重要的指导作用。然而，对该领域的理论研究虽然众多，但是，大多研究对所研究的概念没有进行严格的理论界定，采用的是一般的实践案例解释或者逻辑演绎推理的方式，得出的结论也存在重复、重叠，或者分析的角度千差万别，而又缺乏公认的理论结论。

因而，理解公司创业背景下的变革动力内容特征以及在变革动力驱动下组织变革行为过程，对于公司创业活动的成功实施有着重要的意义。

1.2　组织变革相关研究回顾

1.2.1　组织变革的系统观

1. 组织是一个开放的系统

系统作为一个重要范畴，反映了物质世界最普遍的本质联系、存在方式或属性。恩格斯曾经用系统思想对普遍联系的观点作了精辟的分析，指出："我们面对着的整个自然界形成一个体系，即各种物体相互联系的总体。"他根据当时的自然科学材料，依照物质运动形式的固有区别和次序，把自然界概括为机械的、物理的、化学的、生物的四种基本运动形式，力图"以近乎系统的形式描绘出一幅自然界联系的清晰图画"。这表明在恩格斯看来，系统是自然界普遍的存在形式，系统是普遍的。

钱学森给出的对系统的描述性定义为：系统是由相互作用和相互依赖的若干组成部分结合成的、具有待定功能的有机整体。这个定义，与类似的许多定义一样，指出了作为系统的三个基本特征：第一，系统是由若干元素组成的；第二，这些元素相互作用、互相依赖；第三，由于元素间的相互作用，使系统作为一个整体具有特定的功能。虽然系统的定义形形色色，但都包含了这三个方面，即这三点是定义系统的基本出发点。

罗森指出系统一词往往与一修饰词组成复合词，如"生物系统"、"自然系统"、"社会系统"、"物理系统"、"一般系统"等。这种使用方式的本身，就体现了现代科学体系的二维特征。前面的修饰词，如"生物"、"自然"、"社会"等，描述了研究对象的物质特征，即"物性"；而"系统"一词，说明了所述对象的系统特征，即"系统性"。对某一具体对象的研究，既离不开对其物性的讨论，也离不开对其系统性的阐述。必须将两者结合起来，才能准确全面地弄清所研究的对象，这正是现代科学二维特征的体现。

总之，系统是由相互作用、相互依存的若干组成部分结合而成的具有特定功能的有机整体。上述定义说明，系统应满足如下三个条件：系统是由一些要素结合而成的整体；这些要素可能是单个的事物，也可能是一群事物组成的子系统；组成系统的各要素之间存在着相互作用、相互依存的有机联系，这是系统与一群彼此无关的事物的重要区别。

组织是具有特定使命的人们，为了实现共同的目标而组合成的有序整体。它包括了三个方面的内容：第一，组织是人的集合体；第二，组织中的成员都是为了完成共同的目标；第三，组织有一定的结构，组织中的成员处于组织结构中，按照一定的方式相互合作，共同努力去完成组织的任务和目标。

因此，组织是人类活动的系统。组织的要素不是直观上呈现出的"人造"部门，其结构不只是部门结构，部门结构图并不能体现组织内诸要素的相互作用（杨建梅，2002）。组织并不简单等同于企业的责权结构，而是企业内部各要素（如战略、文化技术等）之间的协同互动和有机结合（张钢，2000）。在组织中，组织成员间在从事人类活动的时候，会产生相互作用，组织的系统结构是组织中的人的活动关系的总和。

Burke（2000）认为，任何人类组织都可以被理解为开放组织，人类组织是个开放的系统。组织之所以开放是由于它依赖并与它所处的环境相互作用，封闭的系统只存在于无生命的物质世界。对于企业组织来说，它要不断与它所处的外界交换能量，是一个开放的系统。

2. 组织变革是系统过程

由于组织是系统的，更为重要的是组织是由组织成员在一起活动形成的关系总和，因此，组织的活动总是呈现出系统的特征。对企业组织而言，当它对产品进行调整时，企业不只是要考虑该产品的生产调整，它同时也必须对企业中与此相关的诸多工序流程和组织成员的关系进行调整，比如，技术部门、生产部门、销售部门等等。

企业组织变革是适应外部环境变化而进行的，以改善和提高组织效能为根本目的的管理活动。外部环境的变化是企业组织变革的最大诱因。那么，由于企业组织的系统特性，企业的组织变革也是一个系统的过程。Stacey（1995）在谈到组织内部人力网络的相互关系的时候明确指出，"组织就是复杂适应系统"，员工个体就是智能体，他们都对组织整体演化起重要作用。

我们至少可以从两个方面来说明组织变革的系统性。第一个方面,在组织变革过程中,如果组织的某个方面进行了变化,那么组织作为一个系统,组织中的其他方面也必定受到影响。如果领导者和变革实施者只是对组织的某一部分工作进行调整,而不考虑它的影响,不为他的调整行为对组织的其他部分带来的结果进行计划,最终,这些变革的努力很可能会失败(Burke,1992)。第二个方面是根据组织怎样才能进行变革的知识。以往有关组织变革的研究认为通过对组织成员的敏感性训练,促使他们认识到变革的目的、改进他们的行为、提高他们的学习能力,然而,即使这些训练可能引起个人的变化或者能在一些情况下引起群体的变化,但没有足够的证据说明对个人的变革促进会引起组织系统发生变革(Bunker and Knowles,1967)。变革过程对于组织系统的有效运行至关重要,特别是在内部和外部环境发生变化的情况下,对于协调和整合组织的不连续的功能作用,并在弥补组织的缺陷方面发挥着重要作用。

因此,从上述组织系统的理论观点来看,组织变革的过程,也应该是个系统的过程。只有这样,才能把握组织系统的实质,促进组织的有效运转。尤其是在组织变革的推动过程中,管理者首先应该系统考虑,如何从组织系统的各个方面共同推进,其次,是如何促进组织系统中的各个要素积极参与,协调配合,促进组织系统各个方面变革过程的顺利实施。

1.2.2 组织变革的内涵

近年来变革越来越成为组织行为研究领域的一个焦点,这是由于组织所面临的变化更为快捷、多样化,更为深刻。例如,经济的全球化使得企业经营全球化,面临更加复杂多变的消费需求、文化适应;技术的快速发展、互联网技术的迅速普及对组织的变革适应性提出了更高的要求;市场竞争的日益激烈促使企业不断寻求新的方法和手段,迎接市场的挑战。因此,大多数企业总是每天都面临着一些或大或小、不同形式的变革。对于组织变革尽管有大量的研究,但是对于变革的概念在组织行为理论或工业组织心理学中却依旧没有得到清晰的说明。

组织变革不是一门严格的、有非常明确定义的独立的学科,组织变革管理的理论和实践吸取了大量社会科学和社会传统的知识。尽管这是它的主因之一,但是相对其他方面来说,却为追溯它的起源和定义其核心概念的任务造成了很多困难(Burke,2000)。

本书根据以往研究对于组织变革的分析界定,对其含义进行了一个整理,其内容如表 1.1 所示。

表 1.1　组织变革的含义

作　者	组织变革的含义
Daft(1992)	一个组织采用新创意或者新行为
Burke(2000)	改变传统的思维和行为的行动
Webber(1979)	经由改进组织的政策结构或是改变人们的态度或行为,以增进企业绩效
Nadler(1995)	企业为使成员的行为与先前有所不同,所做的战略规划与行动
Buchanan 等(1992)	变革是企业生命的本质,新的生产方式、新的处理程序以及新的组织形态,其目的是为了有效适应日趋激烈的竞争环境及对顾客提供更好的服务
Collins 等(1996)	变革是从根本上重新思考企业的运作流程,并加以完全的重新设计,以达成重大的绩效改变
Gersick(1991)	企业变革含有两项相互关联的目标:使企业能适应外在环境的变迁;改变企业员工的行为
Senge(1990)	所谓变革就是促进变革的成长因素和阻碍变革的抑制因素之间的互动关系
Kanter(1989)	变革可以理解为组织的活动和任务的改变,这些改变的范围可以是从流程或操作上的小改变到根本的变革
Yukl(1998)	组织活动过程中的部门结构、权力和上下级关系、工作流程、沟通模式、薪酬体系、组织绩效标准等方面的变革

从表 1.1 中一系列对于组织变革的定义来看,组织变革在内容上不仅包括了组织层面及其成员思维上的改变,还包括了行动上的变革。根据这些对于组织变革的描述,我们结合系统理论考虑,认为组织是其所处环境中的一个子系统。因而,我们可以对组织变革的概念得到进一步的认识,那就是,组织变革是组织为了适应环境的变化,而对组织系统的各个要素进行的改变过程,这些改变不仅有组织以及组织内各要素在思维、态度和认知上的改变,也有组织在其行动上的改变,这些行动包括了组织的目标、结构、组织的流程和组织诸要素间的关系等方面的内容。组织变革实质上是一个过程,这种过程是变革主体在一定条件下与变革客体相互作用的结果。

符合这个定义的变革有非常多,比如,新的领导、新的组织战略、劳动力的重新组合、工作重新设计、流程重组、提供新产品或服务、并购、合资与合作、组织紧缩、分散化、组织分权、引入新技术、进入新市场、进入新领域，等等。

Cao 和 Clarke(2002)提出了组织变革的四维度理论，将组织变革系统分为组织流程子系统、组织结构子系统、组织文化子系统和组织行政子系统，组织内四个子系统的变革被认为是高度内部协同的动态过程，因为这四个维度在方法上和整体上都是彼此依赖相互制约的。

根据以上对于组织变革的含义的认识，并从组织系统的观点出发，本书认为组织变革应该包括企业组织系统中以下几方面的内容。

1. 组织目标和价值子系统

组织目标和价值子系统是指组织宣称的目标以及为了达到这些目标所提倡的价值观。为了有效率运作，组织不仅必须保证它的目标和价值观是相互协调的，而且目标和价值观要和它的内外环境相关。

2. 心理子系统

这个系统与组织文化相关。从本质上看，心理子系统是指那些把组织成员联系在一起的组织的信念、价值观和规则的一种组织制度形式。组织中心理子系统的有效结合与开展，对于组织运行有重要的作用。

3. 组织结构子系统

组织结构的重构反映了企业人力、财务资源的再分配和权力、责任以及决策的基本形式的再分配。结构的变革是促进企业变革与新愿景结合的基本机制，在组织内部资源的重新配置中是非常重要的一个部分。正是这个子系统明确为组织变革提供基础，确保组织变革任务的顺利进行。

4. 技术子系统

技术子系统是指组织为了有效运作，适合市场需求，为市场不断提供创新性的产品和服务，而进行组织的知识、技巧和技术的积累和发展。这里同样强调技术子系统和组织环境的相容性。

以上关于组织变革的四个方面的内容从系统的角度说明了组织变革的主要内容有战略、文化、产品与服务、组织结构，组织变革应该从这四个方面系统推进，这样才有利于变革过程的顺利实施。

1.2.3 组织变革过程的研究

1. 组织变革过程理论的分类

以往对于组织变革过程进行了大量研究，也提出了不少理论模型，以期帮助我们深入地认识组织变革的过程是如何发生的，又是怎样进行的，以有效地管理组织变革。Van de Ven 和 Pool(1995)在检索了大量的变革文献并进行概括整理后,确定了 20 个不同的组织发展和变革的代表性理论思路,并把这些理论按照变革涉及的单位以及变革发生的模式两个维度划分成了四个类型的学派:生命周期论、目标论、辩证法论和进化论,如图 1.1 所示。

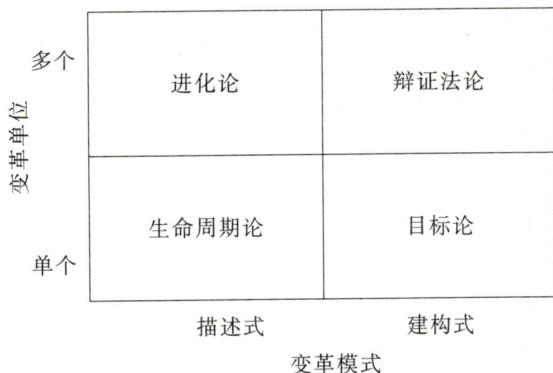

图 1.1 组织变革过程理论的四学派

生命周期论:这一学派认为组织"遵从一系列累积和相互联系的独立时期和阶段"(Van de Ven and Pool,1995)。该学派指出,变革是组织所不可避免的,组织变革发生在单一的单位中,就如生物的生长一样,一个组织就是一个生命体,组织变革也就像生命体一样包括了产生、成长、成熟和新开始的多阶段循环过程。

目标论:该学派认为一个组织是有目的和适应性的,因此,一个组织的发展是朝着目标而进行的。Van de Ven 和 Pool(1995)指出组织发展和变革就是目标的制定、实施、评估以及基于实体学习而修改目标的一系列反复的过程。其中,关键是组织随着目标的改变而改变,这个过程是持续的、重复的,这样组织也就永远会处于动态和变化当中。

辩证法论:其最基本的观点是"一个存在普遍联系而相互作用、相互影响的社会中的组织,总是为了统治权和控制权的活动进行竞争"(Van de Ven and Pool,1995)。这种权力的竞争过程伴随着问题的不断解决,事物之间的不断改变竞争的性质。那么,组织的变革过程也就类似于组织在这样的一个竞争状态中,不断与环境建立联系,并解决问题。

进化论:该学派假设组织变革就像生物界的进化过程,组织总是在特定的环境中不断变异、选择、保留对资源竞争力的循环。因此,组织变革是按照一种连续的、进化的过程来解释的,组织会遵循竞争选择和淘汰的动态资源争夺的机制。

尽管上述组织变革理论的四种流派的分类,看起来好像是针对不同类型的组织群体和组织变革的过程方式,但是从它们描述的内容我们可以看到这些流派都在试图解释纷繁复杂的组织变革过程。综合它们的思想,这些解释组织发展与变革的理论都是对组织变革过程的线性的解释,不管是生命周期论、辩证法论,还是目标论和进化论,其中一个共同特征就是认为变化都是持续不断进行的,因此,组织变革也是一个持续不断的变革过程。

2. 基于动态知识观的变革行动过程

当今环境的高速变化,使得组织面临越来越大的不确定性,对企业的知识能力提出了越来越高的要求,企业必须发展足够的弹性适应能力以与环境的快速变化相匹配,以保持企业的竞争力。根据 Davenport(2005)的观点,组织逐渐成为了不断增强的包含了员工、流程和技术方法的知识型组织,这也强调了知识在组织变革过程中的重要地位。

以往对于知识管理的研究包括了组织学习和组织实践的观点。根据早期对于知识的相关研究,一种是传统的认知理论,认为知识存在于员工个体的脑海里,在这种被动的知识观点看来,组织知识依赖于员工的高度自觉、认识水平,并且是组织中所有知识的集合(Hooks,1994)。另一种组织知识管理的观点把知识看成是企业管理中的一个生产性的战略工具,在其中信息和知识没有什么区别(Prahalad and Hammel,1990),知识只是存在于组织日常程序中,知识管理的主要内容是根据需要提供知识在组织中的转移和贡献,而没有知识的转化和进化。第一种知识观的问题在于把员工个体的知识直接看成组织中的知识,作为组织学习的结果(Laursen,2005),但实际上,即使组织中员工的知识能力很强,也不能确保组织系统的功能性增强。第二种知识研究的观点的局限是更加强调组织加强管理权力的作用,以更好对企业的知识进行分配,它脱离了组织实践中员工的知识创造过程,而只是关注如何根据组织的需要来控制知识。因此,这两种都是静态和孤立的知识观点。

现在人们逐步认识到组织的知识是在组织中群体工作实践、员工协作和日常的问题处理过程中产生的,知识内含于实践过程中(Cook and Brown,1999)。知识是高度活跃、情境依赖并且包含了前后逻辑关系的,员工在其中发挥了知识创造和信息解释的作用(Nonaka,1994)。从这种知识的观点来看,组织学习的研究对于组织的知识及其进展有了动态的概念,它不是意味着知识的外在形式,而是用以指导员工的实践过程的积累与提升(Argyris,1990;Ravn,2004)。从实践观点看,知识不是静态而抽象的表述,而是探索并理解动态人类活动的过程。知识存在于人工的构建、行为模式和行动过程中,对它的理解要求"实践认识论",因此,知识既不存在于个体的头脑中,也不是组织及其管理中的一个简单用品(Tsoukas and Vladimirou,2004)。从这个观点来讲,组织学习就是组织中成员行动所产生的一致认同的知识指导下的吸收与行动过程。

行动理论没有把知识看成是个体或者组织所拥有的静态概念,而是通过对知识获取的动态系统来认识的(Blackler,1995)。Engestrom(1987)提出的行动理论模型,认为行动的基础是组织的行动系统,这个系统即是一个广大的社会与文化背景下的行动系统中的执行者、目标、工具和运用的语言符号,这些行动系统的背景因素决定了组织行动并导致知识的不断产生。根据行动理论的观点,知识既不是个体的也不是组织的某种物质,只是员工在执行他们的积极实践后获得的成就和固化的社会结构,知识是通过在一系列的背景因素下进行的实践——具有一定的实践特征、工具和技术而获得的。因此,组织如何获得并知道更多的关于未来不确定性的知识要依赖于个体的认知过程、集体的成员以及知识分享的组织结构。因此,实践活动就把事件的行动过程与它们发生的背景因素联系在一起了。这些背景因素包括复杂的组织惯例和行动条件。同时,如果没有组织中的知识分享、训练安排和共同的执行任务,个体难以独立应对环境与任务的持续变革。在组织学习的背景下,将鼓励员工在承担组织任务时更加活跃和敏捷地采取适当的行动和方法。

组织变革是组织应对外在环境变化压力,持续不断地动态调整的过程,在组织变革的过程中,充满着不确定性。这些不确定性既包括外界环境中的各种各样的变化,也包括了组织放弃原有的、成熟的经营模式,不断寻求新方法、新手段、新思路以应对外部环境的挑战。这也是组织获得对各种不确定性的知识,从而不断对自身的目标、行动进行调整,以求适应环境,并在竞争中获得优势的过程。而其中,在组织变革战略指引下的组织行动系统又为组织变革获得所需要的知识提供了根本的途径。正是在组织变革的背景下,组织通过不断的知识分享、训练安排和共同的执行任务,在组织学习的背景下,鼓励员工在承担组织任务时更加活跃和敏捷地采取适当的行动和方法。只有这样才能保证组织获得对于各方面不确定性的进一步认知,从而指导组织持续地调整自身的目标、行动,促进组织变革的顺利而持续的进行。

因此,基于知识的动态观的组织行动过程是一个组织不断学习,员工不断参与学习并促进组织学习的过程,这个过程观点为我们理解组织变革实施的过程提供了更为清晰的认识;组织变革不仅是一个组织学习不断明确未来的过程,也是一个员工不断积极参与,提升组织学习能力的过程。

1.2.4　组织变革动力:变革中的领导研究

组织变革作为当前研究中一个令人兴奋的主题,有大量的学者针对组织变革的驱动过程进行了研究。然而对于组织变革动力的研究,大多是从驱动组织变革的外部力量去分析变革的动力,而从组织内部实施变革的角度进行的研究相对较为缺乏。当然,对于企业内部如何推动组织的变革行动,一般都是从变革的领导者角度出发。大量研究表明,领导者是识别变革问题,成功变革的关键因素,组织变革过程中的领导者对于变革的成功有显著的影响。领导者是推动企业进行组织变革的根本力量。因此,本部分将从对组织变革中的领导者的研究来对组织变革中如何推动组织变革的动力进行回顾。

在组织变革成为当今企业经营常态的背景下,虽然对组织变革中的领导研究不断涌现,但该领域的大量研究还有待进一步梳理和整合。基于这个目的,本书对组织行为学和管理研究两个研究领域中组织变革的领导研究进行了回顾,并结合组织变革的实践背景,提出以往变革领导研究对本书组织变革研究的动力特征研究的启示。

1.组织行为学视角的变革领导研究

Rotemberg 等人(1993)提出了领导理论发展的一个大纲,领导理论首先是从单一维度、内部性和个体过程开始,主要是探讨领导者的特质、个性和行为;其次,领导研究发展为双向关系的观点,考虑领导者与员工的交互作用;最后,领导者与成员的外部情境因素也被考虑到领导过程中,以及考虑到群体的过程中。领导者、下属和情境的交互作用都成为了解释领导研究的重要内容。

然而在组织变革的背景下,组织必须不断调整自身结构,充分发挥员工的积极主动性。这也导致了许多针对组织变革背景中的领导研究的出现,其特征是领导者具有魅力、愿景、非凡性、交易型和变革型的特征,并逐步支配了原有的领导研究领域。其中,比较有影响的领导范式有魅力型领导、变革型领导等。

(1)魅力型领导

在魅力型领导的研究中,有三个理论模型特别受到关注,它们分别是:House 模型(1977)、Bass 模型(1985)以及 Conger 模型(1988)。

House(1977)认为魅力型领导是指能够对下属产生下列影响的领导风格:能让下属充分相信领导者信仰的正确性并且接受领导者的信仰;能让下属无条件地接受、热爱并服从领导者;能让下属认同领导者并模仿其行为;能使下属对组织目标的实现产生使命感;等等。

Bass(1985)则指出领导者魅力是一种归因现象,它的产生取决于领导者的个性和行为特征所导致的影响,同时也与追随者的个性特征有关。在魅力型领导关系中,追随者崇拜领导者,认同并渴望模仿领导者。

Conger 等(1988)也认为魅力型领导是一种基于追随者知觉其领导者行为的归因,他认为魅力型领导风格兴起的原因主要有两个:一是在复杂动荡的环境中,组织需要魅力型领导者来有效地激励组织员工,推动组织的变革,以适应外界环境;二是组织面临着不断提高员工忠诚度和绩效的挑战,魅力型领导者与下属之间基于情感依附形成的领导者/下属关系,能够改变下属的价值观、信仰和态度,使其对领导者高度忠诚、信任和服从,进而取得超越组织期望的业绩。

(2)变革型领导

变革型领导理论首先由 Bass 在 20 世纪 80 年代提出,是近年来颇受管理学界关注的一种新型领导理论,变革型领导超越了传统领导者的角色,强调精神的感召力和对下属情感与价值观的影响作用。

Bass(1985)提出变革型领导是个多维度的概念,包含:理想影响力、鼓舞性激励、智力激发、个性化关怀。Avolio(1988)指出变革型领导者提供了明确的激励期望,并通过伦理性行为,激励跟随者挑战组织原有的状态,主动解决问题。变革型领导能够展望组织面临的变革,向组织描绘新的愿景,促使新旧组织间的价值的一致性,并对员工进行授权以促进组织的发展。刘益等(2007)通过在中国背景下的实证研究,验证了变革型领导能够增加员工的组织承诺,从而促进员工积极主动参与组织的变革过程。而大量对变革型领导的实证研究表明,变革型领导对于组织变革具有直接或者间接的积极影响作用。因此,变革型领导被认为是促进组织变革非常有效的领导方式。

(3)其他组织变革的领导范式

随着组织实践的发展,领导研究领域也不断有新的理论出现。Jokinen

(2005)在以往研究的基础上,根据组织中领导所面临的任务的特征,提出了服务型领导(servant leadership)的十个特征。Hertel 等(2005)把服务型领导分为两大类:职能型领导和伴随型领导,并指出了两种领导类型的典型特征。服务型领导对于提升员工的组织信任,降低员工对组织变革的抵制有积极的作用。

经济的全球化使得组织的经营过程也同样面临着全球文化差异的问题,这也导致了越来越多的跨文化领导研究的出现。而信息技术的发展拓展了领导研究的新领域,Zigurs(2003)指出,技术的发展显著地影响了组织,特别是虚拟团队的交流方式,影响了领导的作用方式。如今,大量的电子领导研究聚焦于虚拟团队的领导以及信息化下组织变革的领导。

因此,在当今组织面临着诸多变革的背景下,新的领导范式还在不断出现,并不断为人们深刻洞悉当今组织变革背景下的领导提供理论依据。

2.基于管理实践的变革领导研究

大量的学者通过对组织变革中的领导实践进行案例研究或者管理过程分析,也提出了许多有价值的管理组织变革的领导理论。

(1)组织变革的战略领导观

战略领导理论把企业的经营看成是组织的核心管理层的特征和行为的结果。Hitt 等(1999)把战略领导定义为领导者为了组织的长远生存和发展,与其他领导者一起合作,展望未来、建立组织愿景、保持组织弹性,并进行组织的战略性思考的能力。当战略领导的能力不能被竞争对手所了解、模仿时,组织就建立了自己的竞争优势。Ireland 和 Hitt(2005)指出了当今战略领导应该在共享知识、组织愿景和责任的基础上,与组织中其他成员进行互动来追求企业成功。他们进一步提出了战略领导与组织互动的六个关键实践要素,分别是决定组织的期望和愿景、探索并保持组织的核心能力、开发组织的人力资本、塑造有效的组织文化、强调组织的伦理实践、建立弹性的组织控制。

因此,战略领导理论与以往的领导理论相比,它把关注的焦点从原来的领导者与跟随者的个体或群体的关系转向为领导者对组织的影响,更关注组织水平的因素。总的来说,战略领导理论为组织进行成功变革提供了一个非常有效的手段。

(2)组织变革领导的复杂系统观

在组织变革管理的研究中,领导作为影响组织变革的一个关键因素,许多学者从管理变革实践的角度对领导进行了研究。当然,由于组织是复杂的系统,导致了管理变革也是一个复杂的系统过程。因此,该领域的研究虽然得出了大量的关于变革领导力的结论,但由于研究者观察组织变革领导的视角不同、对复杂组织系统的关注焦点不同,而使得这些研究结论存在很大的差异性。

科特通过进行管理案例分析的方式来揭示变革领导的特征,他认为在组织变革过程中,组织领导需要发动组织全体员工逐步形成愿景目标和战略;需要建立新的组织体系;要鼓励更多的群体合作。他进一步将领导变革的职能划分为确定经营方向、联合群众和激励他人三个方面,并提出两种重要的变革模式:第一,有效的变革往往要经过一个多步骤的过程;第二,只有在高质量的领导驱动之下,这一过程才可能得到有效的实施。进而,科特提出了领导推动组织变革的八个重要步骤。

以往有大量的从组织层面探讨组织变革的领导行为的研究。其中,Higgs(2000)把领导行为与执行变革时的活动联系在一起,其识别了与成功变革实施相联系的五类领导能力的领域,分别是:创造变革的例子;创造结构性变革;促使其他员工参与到变革中并建立承诺;实施并维持变革;推动和发展员工能力。Ulrich 和 Yeung(1989)在探索组织变革过程中的人力资源的角色时,发现组织变革的关键领导能力包括了以下三个主要方面:聚焦于组织层面的思考;推动组织变革战略的执行以及建立组织变革的能力。

也有许多的管理研究关注组织变革中领导对组织中员工的管理。根据 Hendry 等(2000)的研究,70%的变革会遭遇失败。失败的原因绝大部分是由于管理者忽视了与员工之间的沟通。他们指出,有几个重要的因素会显著影响员工在变革过程中的绩效,这些因素有:自我效能感、全球化、技术、协作和资源的外包。另一些研究指出剧烈变革中的领导必须获得员工的信任、信心和尊敬,才能使得变革过程更为简洁高效;指出变革中领导应该让员工参与,并进行适当的沟通,员工的变革投入和参与可以被认为是变革过程的关键要素。

以上的组织变革领导不仅说明了变革领导对于组织变革过程中的员工参与变革的重要性,而且强调了变革领导者必须为组织确定组织变革的战略指导思想,并推动组织变革过程的成功实施。

3.变革领导研究总结及对于变革动力的研究启示

(1)对以往变革领导研究的小结

通过以上对组织行为学与管理学领域的变革领导研究的回顾,本书认

为,该领域的变革领导研究虽然为数众多,但是还远未成熟。对于该领域的变革领导研究,本书总结主要有以下几个方面观点:

第一,组织变革中领导作用的多层次性。

组织变革中的领导面临着成功领导组织变革的任务,这些任务既包括组织层面的组织战略、文化、结构、产品创新等任务,也包括了对于完成这些变革任务的组织中员工的领导。所以我们看到,在上述理论回顾中,不管是组织行为学的领导理论,还是战略领导理论、科特的变革领导模型等研究,都既包括了对于组织水平的变革领导内容,也包括了对于个体水平的员工如何进行变革领导的内容。

第二,研究结论有待逻辑整合。

组织行为视角中的变革领导理论,分别从领导的特征、行为以及情境的权变性角度探讨变革的领导,而在管理视角中,战略领导理论提出了高管团队战略领导的多个方面的关键要素。复杂组织系统的变革领导诸多研究分别从组织系统的多个不同方面、不同层次分析了变革领导的关键任务和要素。这些理论的多样化容易导致人们对于什么是变革领导这一现象无所适从,因此有必要对这些多样化的理论进行逻辑整合。

另外,这类研究大部分注重于对成功的公司变革的领导实践的研究,而这些结果是只适用于某些特定企业还是适用于普适性的组织变革,仍是值得推敲的。所以当前的组织变革中的领导理论依然是不够的,仍然需要后续研究采用更为严格的研究方法和构思进行研究。

（2）对变革动力研究的启示

组织变革领导是一个方兴未艾的主题,它的研究深入对于当前组织普遍面临的变革有着重要的理论和实践意义。以往变革领导研究对我们研究组织变革的动力提出了有价值的启示:

第一,组织变革研究的企业对象必须具体明确。

以往不管是组织行为学还是管理学的变革领导研究,视角各异,都得出了纷繁多样的领导理论,这也意味着变革领导研究是个没有方向的领域。其中的一个重要原因就是组织行为学的变革领导研究的研究对象是一般性的组织,它并不一定承担变革的任务。而管理学的变革领导研究的对象虽然是各种各样的变革组织,但是它研究的角度是复杂组织系统的不同侧面,并且它的研究样本也通常是个案研究,缺乏代表性。因此,本书认为组织变革研究应该针对正在进行某类特定组织变革的企业组织,比如,正在进行并购、跨文化管理、公司创业等组织变革的企业对象,这样的变革领导研究才能得到真实具体的结论。

第二,变革领导是个多层次作用于组织变革的概念。

虽然组织行为学的变革领导研究通常是个体水平的概念,研究聚焦于领导者和跟随者个体及其影响结果。而管理学的变革领导研究有的关注组织层次的问题,有的关注个体层次的问题,有的却是关注组织与个体两个层次的问题。因此,组织变革推动力的作用对象不是单一的个体或者组织层次的概念,它可能是个多层次的概念,既包括了组织层面的变革,也包括了员工个体层面的变革,这有待研究者通过实证研究进一步去探索。

第三,研究必须采用定性与定量相结合的方法。

由于变革领导是个尚未得到人们充分认知的概念,也没有得到一个一致的结论。因此对组织变革动力的研究,首先必须经过大量的具体案例访谈和资料收集,通过定性的方法建立变革动力的概念基础和理论构架。而通过定性研究得出的研究构思是否合理并真实反映实践,又需要通过量化研究来进行检验。所以,本书认为必须交互采用定性和定量的方法来对该理论进行研究,相互验证,相互促进。

第四,组织系统观对变革动力研究的启示。

大量的研究已经指出,组织是一个开放的复杂系统。由于企业组织的系统特性,企业的组织变革也是一个系统的过程。虽然管理视角的变革领导研究也都尝试了从组织系统的多个不同方面,对组织变革中的领导进行深入的研究,但是到目前而言,一个明显不足就是,以往研究缺乏对变革领导在组织系统中的作用进行整合。因此,今后的研究有必要从组织系统整体变革的角度,对变革动力进行深入的探讨,才能更全面透彻地揭示组织变革的领导与动力这一理论现象。

1.3　公司创业相关研究回顾

1.3.1　公司创业的内涵

公司创业被认为是解决企业僵化,促使企业焕发活力和新生的一种有效方法(Thornberry,2001)。它在实践中作为企业的一个有效工具,通过创新、业务发展和更新为企业创造新价值(Zahra and Covin,1995;Zahra et al.,1999)。Miller(1983)提出了公司创业(corporate entrepreneurship)

的概念,跳出了创业研究中对于创业者个性特征的分析思路,而从企业的组织层面来研究创业的现象。Burgelman(1984)给出了公司创业的定义,认为公司创业就是通过在公司内部进行的资源的重新组合和配置以拓展公司竞争领域和发掘相应机会的过程。而 Zahra(1991)则进一步指出,公司创业就是指在现有公司内创造新事业或对公司进行战略更新,以提升组织获利能力和竞争主因的过程。

虽然公司创业是个正在不断取得进展的研究领域,然而到现在还没有一个普遍认同的关于公司创业的定义。研究者们采用各种术语来描述公司创业:内创业、内部公司创业、公司风险投资、新风险企业以及内部公司风投,等等。

关于公司创业的界定,虽然学者们在术语的具体应用上存在不尽统一的问题,但迄今为止,学术界对于公司创业的研究对象已经有约定俗成的理解和共识,即公司创业是研究公司层面的创业活动,关注的焦点是在公司战略中注入创业精神。所有源于资源新组合的资源配置模式的改变都应该被看做是公司创业领域的议题。创业型公司就是在公司的战略决策、经营管理哲学和经营实践中表现出创业风格的公司,即在产品和服务方面持续创新,具有冒险精神,先动或积极地发起变革,积极参与竞争,具有柔性、敏捷性等组织特征的公司。

关于公司创业这一现象包含了什么样的内涵特征,也有很多学者进行了研究。Zahra 和 Neubaum(2000)提出,公司创业体现在一个公司整体的创新与风险创业行为上,对组织的革新、新业务的开拓、提高公司的业绩相当重要,并提出公司创业精神的三维要素:①产品市场创新。这个维度指产品和服务的创新,重点强调在技术上的发展和创新,包括新产品开发、产品改进、新的生产方法和流程的发明。②风险承担。Dess 等(2003)认为创业战略必须具有大胆、直接、机会追逐的风格,并且必须具有风险承担和大胆尝试的特征。③行动领先。行动领先是指在引入新产品和服务、操作流程和管理方法等这样一些关键业务领域时,公司试图领导而不是跟随竞争者。一个行动领先的公司倾向于通过一系列的试验来主动承担风险(Stopford and Baden-Fuller,1994)。在追求机遇的过程中,他们敢于尝试,并且非常大胆和激进(Lumpkin and Dess,1996)。Lumpkin 和 Dess(1996)在系统总结前人研究的基础上,提出了公司创业导向的五维度构思,分别是:自主性、创新性、风险承担性、认知与行动超前性、竞争积极性。

综上所述,我们可以认为,公司创业至少包括了下面三个主要的维度特征:创新性、行动领先和风险承担。

依照公司创业的三维度的内涵特征,研究者们对公司创业活动或形式进行了不同的划分。Zahra 等(1999)将公司创业分为内部取向和外部取向的公司创业。Burgelman(1983)提出了正式和非正式两类公司创业形式。Guth 和 Ginsberg(1990)提出了创业包括创新、风险投资和战略更新三种形式。

而 Covin 和 Miles(1999)根据公司创业在创新或者再造方面实际结果的不同,区分出持续更新(sustained regeneration)、组织再造(organizational rejuvenation)、战略更新(strategic renewal)和领域重新定义(domain redefinition)四种公司创业类型。这四种类型的公司创业都是指组织更新或者意图重新定义组织或者进行创新。结构复杂的企业,比如产品和市场多元化的企业可能在公司的多个业务中同时采用一种以上甚至是四种公司创业类型。

对于持续不断的创新来说,持续更新是最为常见的公司创业形式,在这个过程中,企业提升其文化、流程和结构,以支持和鼓励不断地开发新的产品进入市场,把已有产品销售到新的市场(Covin and Miles,1999)。企业关注产品的生命周期,根据市场竞争的期望和要求制定产品战略。

组织再造是指企业的内部流程、结构和能力的不断调整。组织再造首要关注的是提高企业执行战略的能力,常常对企业的价值链活动进行变革。组织再造通常表现在流程和管理的创新而不是产品的创新上,它的活动表现出企业通过流程和结构能够变得更具有创业精神,如推出新产品、进入新市场。

战略更新是指企业寻求竞争的新的变化模式。当企业专注于更新它的战略时,它改变了企业与其他对手竞争的性质,使得它更有效地与外部环境相适应。战略更新类型的公司创业使得企业更加注重开发产品—市场的机会,通常,当企业重新定位,导致其既能够开发现存的竞争机会,又能够探索导向未来业务成功的竞争机会时,就达到了它的战略更新的效果(Ireland and Hitt,2005)。

领域重新定义是指企业前瞻性地寻找新的产品市场定位,这时竞争对手还没有认识到或没有服务好这个市场(Covin and Miles,1999)。其中的关键就是探索市场的可能性,而不是进一步开发市场上已有的产品服务。通过重新定义来激活企业的意图也在于建立先发主因。当第一位的企业销售新产品时,企业也就重新定义了它的领域,表现了强烈的创业导向

(Lumpkin and Dess,1996)。

鉴于 Covin 和 Miles(1999)对于公司创业四种类型的划分较为具体针对、易于操作,因此,本书计划采用他们对公司创业四种类型的划分,选择包含一种或一种以上这些类型的公司创业企业为组织变革的研究对象。

1.3.2　公司创业与组织变革

公司创业是否意味着企业的组织变革? 我们把公司创业的概念、公司创业的内容与组织变革的特征进行比较。

公司创业是个持续不断地组织变革过程,其目标是增强企业竞争能力,提升企业绩效。在这种持续的变革过程中,组织不能按照它原有的目标、计划来继续原先的经营模式,而应该建立在组织持续改进的基础上(Kotter,1995)。因此,公司创业是企业在持续变动的外部环境压力下,为了追求企业自身的生存和发展,而在公司层面的各个方面,如企业战略、企业文化、企业产品服务和组织结构,进行持续的创新性活动。而组织变革是组织为了适应环境的变化,而对组织系统的各个要素进行的改变过程。这些改变不仅有组织以及组织内各要素在思维、态度和认知的改变,也有组织在其行动上的改变,这些行动包括了组织的目标、结构、组织的流程和组织诸要素间的关系等方面的内容。综合比较,我们认为,公司创业的这个概念,与本书综合归纳的关于组织变革的认识是一致的。

就公司创业的内容而言,我们同样可以发现这些内容的组织变革特征。从 Covin 和 Miles(1999)对于公司创业四种类型的公司创业界定来看,公司创业有持续更新、组织再造、战略更新和领域重新定义四种公司创业类型。其中,持续更新是最为常见的公司创业形式,在这个过程中,企业提升其文化、流程和结构,以支持和鼓励不断地开发新的产品进入市场,把已有产品销售到新的市场(Covin and Miles, 1999)。组织再造是指企业的内部流程、结构和能力的不断调整。在组织再造的过程中,组织要根据企业的战略目标,不断地对企业现有的任务流程、组织结构进行调整,不断地改进原有的经营方法和理念,以使得企业更加富有弹性,更加具有适应性,以确保企业的战略的顺利实施。战略更新是指企业寻求竞争的新的变化模式。在组织再造中,组织本身就是公司创业的焦点,这与战略更新的意图就完全相对了,成为"组织—环境之间"的积极的中介了(Covin and Miles,1999)。为了实现企业的战略更新,企业必须明确组织经营发展的根本使命,从企业已有的资源和能力去调整企业自身的战略,并根据企业提出的新的战略,进行合理的安排实施,包括企业的文化、组织结构和产品市场的重新调整。领域重新定义的关键就是探索市场的可能性,而不是进一步开发市场上已有的产品服务。领域重新定义的企业也面临着企业原有经营流程的剧烈变革,在新的产品服务领域中,企业必须重新明确自身的战略目标,并建立相应的企业管理流程,确保企业在新的产品服务市场领域具备足够的适应性,具备足够的竞争力。

从以上对公司创业的四个类型的组织经营流程的分析,我们可以看到,在这几个不同类型的公司创业过程中,企业都面临着或多或少、或大或小的变革,这些变革内容包含了企业在战略、文化、产品服务和组织结构方面的变革,从公司创业的过程来说,这些都是系统的组织变革过程。

综合以上关于公司创业概念以及过程的认识,我们认为公司创业从一开始便与组织惯性联系在一起,牵涉到新旧业务的平衡、创新与继承的融合、高中低各个管理层级的广泛参与和互动,是一个复杂而系统的组织变革过程。并且,公司创业是个持续不断的组织变革过程,其目标是增强企业竞争能力。因此,本书对于公司创业的研究,将从组织系统理论的视角去进行。

1.3.3 公司创业中组织变革的任务

公司创业是现有企业在外部环境的剧烈变动以及激烈的竞争条件下,为了企业自身的生存和发展,而进行的持续性的创新行动,以追求企业的持续竞争主因。那么,在公司创业的过程中,企业高管团队所面临最为关键的任务就是:公司创业中企业应该做什么?应该怎么做?这些问题也是本书研究的起点。

"企业应该做什么"的任务实际上是企业在公司创业中的战略问题。James(1978)指出,管理层应该对企业的运作进行指导并承担责任,以达到组织目标,提高组织效能的目的。而要保持渐进变革,只有高层管理者有这个地位和能力来发动和执行组织的战略转型和激烈的变革。

"企业应该怎么做"的任务实际上是企业在公司创业中的战略实施问题。企业高管领导层为企业确定了公司创业应该怎么做,也就是确定了企业公司创业的战略框架,这只是领导任务的开端,更重要的是企业战略在组织中得到推行并成功实施。在公司创业过程中首先是从高层管理者发起的。高层管理者建立了创业型的战略愿景,并指导了创业式的组织结构的出现,并且,高管人员必须塑造推进创业活动的战略环境(Yukl,1998),

同时监视、培养并支持以创业行为为基础,来促进产品、流程和管理的创新。因此,公司的领导者们在公司创业进程中扮演着举足轻重的角色,他们必须以组织的战略框架为基础,推动企业在人力资源、财务、技术研发、生产、销售、企业文化等各个方面的有效运作,实现组织的战略目标。

管理者在公司创业中面临的这些任务也反映了组织复杂系统的特性,管理任务涉及了企业经营中的方方面面。如果我们从组织系统理论的角度对管理的这些任务进行梳理,将会得到一个公司创业中企业高管领导层所面临任务的清晰而有序的系统框架。

Cao 和 Clarke(2002)提出了组织变革的四维度理论,即包括了组织流程子系统、组织结构子系统、组织文化子系统和组织行政子系统,组织内四个子系统的变革被认为是高度内部协同的动态过程,这四个维度在方法上和整体上都是彼此依赖、相互制约的(Cao and Clarke, et al. ,2002)。从该组织变革四维度理论出发,本书认为,公司创业中高管领导层也面临着四个方面的任务,分别是:组织愿景与战略、文化、产品与服务、组织结构。

组织愿景与战略:以组织的共同愿景作为基础,领导者们有责任为组织构建一个战略框架,这个战略框架应该包括组织的目标以及对于组织成功的衡量标准,并且要提出组织的战略性指南来指导组织成员如何去实现组织的目标。从这个意义上来说,战略框架为组织提供了实施规划和行为方式的基础。许多研究都发现了成功建立一个愿景来激励员工与成功组织变革之间的联系。这些研究的一个主要观点是领导者为了发起成功的变革,必须有变革的愿景,并要与员工共享这个愿景,帮助他人明确变革的结果,以及要达到这个结果需要经历什么过程。组织中的领导者为组织提供变革及其动力,他们通过为组织提供变革的愿景而达到这个目标。为了更加有效,领导者必须具有明确的目标,从而指导他们的组织向新的方向努力。他们必须具有在日常活动过程中提供支持的能力,并关注长期的变革过程。

文化:当今市场上的每一个组织都必须创造一个与组织战略相符合的组织文化,以推动企业战略的实施。如果没有领导者指导如何创造并维持有效的组织文化,组织将会被各种不同的意见所迷惑。按照 Thompson 的说法,组织中最重要的问题不是它过去取得了什么,而是它将来应该有什么样的行为。由于未来在当今变动的市场环境下总是显得不明确,特别是在组织变革的过程中,组织以及组织中的成员面临着更加明显的任务与前景的不确定性,所以组织必须创造一个及时反应的组织文化,而其中,领导层扮演着重要的角色。一些研究强调了文化是如何通过员工对于其工作环境的新结构的反应来扮演重要角色的,员工反应可以从迅速适应、承诺到抵制、退缩以及其他一些消极的行为形式,组织文化并不会自动形成,而是在领导者的要求和促进下在组织中形成(Schein,1997)。如果组织文化导致的行为使得组织获得成功——换句话说,群体成员完成了任务,或者对这种环境感觉良好,那么组织的信仰和价值观将会得到组织的加强并在员工中共享。

产品与服务:随着技术的快速发展和人们需求的多样化,市场上的产品也必须不断改进、创新以适应市场对产品不断提出的要求。对于大多数的组织而言,创造新产品是它们在变化环境中适应或者变革的主要渠道。大量研究普遍认同市场导向的企业产品与服务是企业绩效的根本(Jaworski and Kohli,1993;Narver and Slater,1990)。在研究企业的市场导向和企业绩效的关系中,研究者提出市场导向的产品与服务创新是企业满足消费者需求的必要工具。市场导向意味着企业要试图对顾客潜在的以及未来的需求及时做出反应(Narver and Slater,1990)。同样的,Jaworski、Kohli 和 Sahay(2000)也提出,市场导向的企业能够通过不断适应并引导市场的需求来驱动企业所面临的市场,从而为企业带来良好的绩效,而产品创新是企业对市场做出反应的最有效方式。事实上,面对当前国际化竞争的巨大压力、快速的技术变革和消费者日益多样化的消费趋势,产品创新已经成为一个企业适应环境的主要途径。而公司战略为企业的产品创新指明了方向,领导层的关注和投入,为企业的产品与服务的创新的具体内容提供了有力的保障。

组织结构:在组织环境不断变化的冲击下,组织作为一个动态的系统,也必须不断调整以适应变动的环境,并促进组织的变革。在这种背景下,传统的官僚层级型的组织结构也面临着新的转变,组织中的结构不再有固定的结构形式。各种不同的组织结构形式,会在不同的组织任务背景下出现,以确保组织能有效配合,完成组织的任务。而组织结构并不是随机的,它必定受到一些条件的约束,比如说,领导力的存在,只有在这些因素的影响下,才会显著地影响组织结构的功能得到顺利发挥,对组织绩效产生积极影响。就如 Meyer(1994)在对美国的电子制造企业进行研究之后指出的,把组织结构从功能性导向转换成任务加工导向的部门并没有引起员工的思维从以前的官僚部门的职能性转化成任务团队的思维,他们强调了领导在组织调整中的作用。因此,组织领导层在组织调整适应中,扮演着举足轻重的角色,研究企业领导团队在组织变革中的推动作用有非常重要的意义。

本书研究中的一个核心内容就是识别公司创业背景中变革动力特征的内涵。为此,本书将编制访谈提纲,来访谈并分析公司创业的驱动过程,以识别和提取组织变革动力的关键特征,并检验这些特征与组织系统四个方面的观点是否一致。

1.4　组织学习相关研究回顾

企业所面临的外部环境的变动日益剧烈,竞争压力也越来越大,因此企业必须不断提高自身的适应能力。Nadler(1987)指出,那些高绩效的组织不仅能够保持其组织系统中诸要素(如组织结构、技术、生产以及组织文化)之间的匹配,而且能够促使组织与其生存的环境保持匹配。组织学习是组织获得和保持上述匹配的重要手段(Hayes and Allinson, 1998)。

1.4.1　组织学习的内涵

虽然一直以来有大量研究聚焦于组织学习,但是人们对于组织学习到现在还没有一个公认的概念。研究者们都从自身的研究角度出发,来定义所要研究的组织学习现象。Senge 等(1990)学者把组织学习界定为一种能力或者认知导向,把组织学习看做是一种静态的概念,是一种认知的结果。而更多学者又把组织学习看成一种过程(Argyris and Schön, 1978；Edmondson,1999)。

Edmondson(1999)从团队活动的视角提出了组织学习的观点,指出组织学习是一个群体水平的反思和行动持续过程,具体表现为询问问题、征询反馈、进行试验、结果反思以及对结果的分析讨论,强调组织学习行为,是一种群体水平的相互学习过程,指出有效的组织学习过程包括试验以及共同问题的努力解决。虽然各类学者对于组织学习概念的界定就具体形式而言存在着或多或少的不同,但是大多学者都认为可以把组织学习概念归纳成四个主要的过程:信息获取、信息传播、解释和记忆(Slater and Narver, 1995；Crossan et al. , 1999)。

越来越多的研究开始认同行为和认知是不可能独立的。组织学习应该同时包括认知和行为过程这两个部分(Argyris and Schön,1978)。当个体和群体的学习成果被制度化之后,组织学习就开始发生,其成果就被储存在流程、系统、组织结构、组织文化以及竞争战略当中了(Crossan et al.,1999)。组织学习就是个体或共享的思想和行为发生变化的过程,并且这个过程是发生在组织当中的,同时也受到组织的影响(Vera and Crossan,2003)。正如团队学习研究者认为团队学习研究不仅应当关注团队内部的学习(如指出问题、共享和讨论新观点与新信息等),还应当关注团队外部的学习(如在团队外部获取和分享信息等)(Brooks,1994)。

综上所述,组织学习不仅是一种能力和结果,更重要的是一个过程。通过该过程,组织能够不断对自身的行为进行分析和调整,提升组织的适应性。并且,组织学习能够促使组织有效地吸收利用外部信息,提升组织自身的适应性和对环境的即时反应能力,通过这个过程,组织学习可以改变组织以及其成员的认知和行为,从而提高企业的环境适应能力,进而提高组织的绩效。在当前环境激烈变化,企业面临着越来越激烈的竞争的条件下,企业不断需要组织变革以适应客观环境的压力。因此,在组织变革的背景下,组织学习显得尤为重要。

1.4.2　组织学习的过程研究

虽然研究者们从许多不同角度对组织学习进行了探讨,比如管理学、经济学、过程研究等,其中影响最为深刻的是过程研究学派。过程学派认为,组织学习的核心机制就是信息的处理过程。通过组织学习,组织以及组织中成员的行为和认知都可能会发生改变。组织学习在组织多个层次进行,其中既有组织成员个体水平的学习,也包括组织中的群体的团体水平学习和组织水平的学习(Bell,Whitwell and Lukas,2002)。下面介绍几个对组织学习的研究有显著影响的过程模型。

1. Argyris 的四阶段模型

Argyris 和 Schön(1978)认为组织学习包括了发现、发明、执行和推广四个阶段。其过程模型图 1.1 所示。

```
┌────────┐      ┌────────┐      ┌────────┐      ┌────────┐
│  发现  │ ───► │  发明  │ ───► │  执行  │ ───► │  推广  │
└────────┘      └────────┘      └────────┘      └────────┘
```

图 1.1　Argyris 和 Schön(1978)组织学习四阶段模型

组织学习作为一个整体过程,包括了四个阶段:在"发现"阶段,发现组织内部潜在的问题或外界环境中的机遇;在"发明"阶段,组织在发现问题的基础上,寻找解决问题的方法;在"执行"阶段,组织采用解决问题的方法,包括新的或修改了的操作程序、组织机构或报酬系统等;而这些解决问题的方法必须传播到组织内所有相关区域,不仅从个人水平上升到组织水平,还贯穿组织各部门的过程,这就是组织学习的"推广"过程。

2. Edmondson 的学习模型

Edmondson(2003)在 Argyris 和 Schön(1978)的反思学习模式或者叫做"双环学习"的基础上,认为组织学习就是行动和反思,两者循环发生的过程。Cannon 和 Edmondson(2005)对上述模型进行了精细化修正,提出了一个三阶段模型的学习模型,包括问题识别、问题分析以及进行试验,该模型是一个包括三要素的封闭环路。Garvin、Edmondson 和 Gino(2008)对上述组织学习三阶段模型进行了更进一步的发展,提出了一个五要素模型,认为组织学习是一个包括进行试验、信息收集、信息分析以及教育培训和信息传递等五要素的封闭环路,并开发出了相应的测量工具。通过测试,该工具在美国和我国大陆均表现出了很好的信度和效度。因此,他们提出组织学习首先是进行积极的实验,然后收集实验所产生的相关信息以及其他商业情报,并加以分析,从中提炼出有用的新知识。紧接着,组织就把这些新知识通过教育培训的形式传授给直接相关人员。最后,组织还会进一步把知识传递给组织当中的其他人员,甚至会传递给组织的外部利益相关者(如顾客和供应商等)。

3. Crossan 的 4I 学习模型

Crossan 等(1999)提出的 4I(intuiting, interpreting, integrating, institutionalizing)组织学习模型是由三个学习水平、四个社会心理过程和两个学习流构成。该模型如图 1.2 所示。

Crossan 将组织学习分为三个水平:个体层面学习、群体层面学习和组织层面学习。每个学习水平分别对应着不同的社会心理过程和学习活动,共有四种学习活动:直觉、解释、整合、制度化。个体层面的学习形式是直觉和解释,群体层面的学习形式是整合,组织层面的学习形式是制度化。四种学习活动之间相互转换,就构成了 4I 模型中两个重要的学习流:前馈流和反馈流。

4I 模型把学习看成是知识存储和知识流动的混合体,其中个体、群体以及组织都是知识的存储器。同时,知识也可以通过反馈和前馈两种途径来实现知识在各个存储器之间的流动。4I 模型认为组织学习是个体、群体、组织三个层面共同作用的结果,它还考虑到了多水平之间的互动——通过四个子过程把三个水平联系起来;同时考虑到了组织学习当中行为和

个体　　　群体　　　组织

←————前馈学习————→

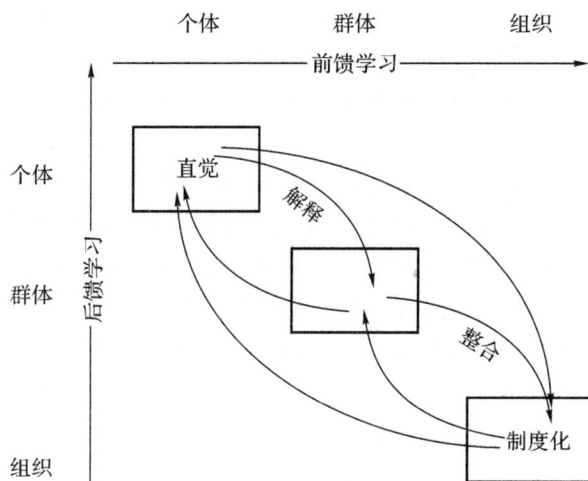

图 1.2　Crossan(1999)的组织学习 4I 模型

认知两种成分,把组织学习理解为组织的信念系统、个体行为以及环境刺激的交互作用的结果,把组织的信念系统以及个体行为看做既是组织学习的原材料,同时又是组织学习的结果;体现出了知识既是学习的结果也是进一步学习的基础(Vera and Crossan,2003)。

4.March 的开发式学习和探索式学习模式

March(1991)在分析组织对环境的适应时,提出了组织学习的两种适应方式,包括开发式学习和探索式学习。开发式学习是一种有目标的搜索方式,强调聚焦,避免变化(McGrath,1995)。组织在适应环境的过程中,为了避免承受风险,往往会选择已经被实践证实为有效的知识、方案,并且在一次次的实践中不断改进现有的知识,使得在这个方案上的行动效率越来越高,从而提高组织的短期绩效。这种学习活动注重对旧规则的应用,在旧规则的基础上进行改进,使组织学习曲线得到稳步提升。这种学习活动包括多种形式,比如知识的提炼、选择、生产、实施、执行,以及对知识库中已有知识的再应用等。

虽然开发式学习可以帮助组织提高当前绩效,但是,March(1991)指出一些情况下开发式学习并不能发挥作用。一是企业的经营环境发生了巨大的变化,例如进入新市场后面临一个截然不同的市场环境;二是行业技术发生重大变革,原有的生产设备、工艺流程无法满足技术要求,原有的知识成为历史;三是组织环境的变动越来越大,组织原有知识越来越陈旧,这样对已有知识的充分开发并不能帮助组织应付当前的困境;四是当行业中的企业竞争越来越激烈,所有企业的能力和技术水平接近,企业之间的平均绩效非产接近,边际利润很低,这种情况下,开发式学习也无法帮助企业突破其面临的困境。

因此,March(1991)指出企业为了应对以上情况,必须进行探索式学习。探索式学习包括搜索、变化、风险承担、试验、灵活性、开发、创新。通过这种活动所产生的知识往往与组织现有知识库中的知识有很大差异。探索式学习是一个复杂过程,其中包括多种活动,例如,企业通过各类渠道进行信息搜索,组织认知的调整和整合,各种行动方案的尝试和试验。其结果是提出多种问题解决方案,开发出多种产品或服务,或者设计出多种工作流程、工作方式。相对于组织过去的经验和知识来说,这些方案、产品、流程、工作方式具有一定的新颖性。

综上所述,过程学派的研究者们提出了很多组织学习过程模型。虽然这些学习模型在形式上表现各异,但它们几乎共有的一个特征就是或多或少地都包括了开发式学习和探索式学习两种模式(Crossan et al.,1999)。March 的双维组织学习结构提出后得到广泛引用,Deusen 和 Mueller(1999)在研究企业并购过程中的学习时发现,组织学习存在着探索式和开发式两种学习类型。Lee(1993)在研究中发现,组织在应对外界竞争对手挑战的高压力环境时,交互采用探索式学习和开发式学习两种学习方式来开发新技术,加强组织对动态环境的适应性。Stevens 等(2004)论述了在信息不充分的环境中,公司为了提高当前的绩效,同时对环境进行更多的了解,获取更多的信息和知识,而在探索式学习和开发式学习中进行权衡和转换。Crossan(1995,1999)组织学习 4I 模型对探索式学习和开发式学习进行了更为具体的界定。她认为"个体直觉—群体整合—组织制度化"的转换是典型的探索式学习过程;而组织制度对群体认知和行为、对个体认知和行为的指导是典型的开发式学习过程。Garvin、Edmondson 和 Gino(2008)提出的组织学习中进行试验、信息收集、信息分析、教育培训和信息传递等五个要素不仅体现了探索学习的特征,同时也体现出了开发式学习的特征。丁岳枫(2006)在 Edmondson 的组织学习五要素的基础上,对创业企业的组织学习过程进行了研究,验证了探索式学习由信息获取、互动整合、尝试体验三个要素构成;开发式学习由知识存储、规则应用两个组织学习要素构成的创业组织学习模型。杨建峰(2008)以家族企业为研究对象,探索并验证了家族企业的组织学习中探索式学习包括了进行试验、信息收集、信息分析三个要素;开发式学习包括了教育培训和信息传递两个要素。因此,March的两种模式的学习理论为我们理解组织变革中的组织学习提供了非常有价值的参考。

1.4.3 公司创业中的组织学习及其要素

公司创业通过创新、业务发展和更新为企业创造新价值(Zahra et al., 1999)。Burgelman(1984)认为,公司创业就是通过在公司内部进行的资源的重新组合和配置以拓展公司竞争领域和发掘相应机会的过程。在公司创业过程中,企业都面临着或多或少、或大或小的变革,这些变革内容包含了企业在战略、文化、产品服务和组织结构方面的变革,因此,前文已经指出,公司创业是一个复杂而系统的组织变革过程。

组织变革降低了企业现有资源和知识的价值。因此,组织学习对于企业开发已有知识、探索新的知识以适应环境有着尤为重要的价值。Nevis等(1995)认为学习利于组织进行变革,组织需要通过学习来吸收组织已有的经验,了解事情运作的差距,洞察环境中的变化;进一步从外界环境中寻求新信息,从顾客和其他人那里获得信息并进行分析,同时通过这个过程提高组织自身的适应性和对环境的即时反应能力,调整组织应对环境压力的行为和发展更强的能力来提升组织的绩效(Argyris and Schön, 1978; Edmondson, 1999)。组织要有效地适应环境就必须要保持充分的变化能力,这种变化与公司的探索性行为密切相关(March, 1991),包括寻找新的组织规则以及发现新技术、业务机会、新流程、新产品的途径。公司的创新或探索行为,在当前的组织研究和管理研究中受到高度关注,它们是组织获取核心竞争力的重要来源(McGrath, 1995)。

然而,探索活动同时也带来高不确定性的问题。March(2001)认为,与对原有的知识进行应用和再开发相比,探索和创造新的知识具有很大的不确定性,表现为收益数量的不确定性和收益时间的不确定性;并且通常较长时间之后有望取得成功的探索实践在短期内可能无法获得任何回报。

不少研究者认为在公司的成长发展过程中,探索式学习和开发式学习并不是简单的对立关系,而应当相互补充。从纵向的时间发展来看,两者之间应当是相互转换的关系。Levinthal和March(1993)认为,有些公司在面对新的情景和挑战时,能够进行很好的适应,而有些公司却惨遭失败。成功适应和遭受失败的两类公司的一个关键区别是,公司是否能够在不断改进现有规范,提高当前绩效的情况下,同时进行探索式学习活动。过少的探索行为会导致组织僵化。在恰当的时候进行多样化的探索对于企业长期发展具有极其重要的意义。而 McGrath(1995)则认为,如果公司单纯地追求知识、行动策略的多样化,而始终不在某一个具体的策略、方案上深度开发,发展特定的知识,并且将其商业化,那么这种多样化的探索行为不会给公司带来任何回报。

研究者还认为项目的新异程度对于学习行为的选择有很大影响(Popper,1998)。在高新颖性的情境下,群体会采取多样化寻求和创造的策略。这是因为组织在这种环境中缺少对因果关系的认识,因此组织只能通过自己的行动和试验来产生信息。而当组织获取了足够多的知识时,它就会利用现有的知识,使之更加精细化、优化,提高绩效。学习策略动态选择的观点非常吸引人,因为它调和了寻求多样性和提高平均绩效之间的矛盾。根据组织所面临的任务情境的变化,两种学习间发生动态的转换,在动态的交替过程中提高组织绩效。

因此,本书研究认为组织学习是公司创业成功实施的一个重要过程变量。根据以上文献回顾中关于组织学习以及公司创业中组织学习发挥作用的阐述,本书认为公司创业中的组织学习包含了探索式学习和开发式学习两种类型的学习模式。其中,探索式学习包括了进行试验、信息收集、信息分析三个要素;开发式学习包括了教育培训和信息传递两个要素。进行试验是指企业在经营中,采用新的知识、新方法、新设备等手段对原有业务模式进行创新;信息收集是指企业在经营过程中,不断收集企业内外部各种相关市场信息,以帮助企业进一步认识所处竞争环境的变化情况;信息分析是指企业根据所获取的内外部信息,分析所面临的问题,为企业经营中的各类决策提供依据;教育培训是指企业对员工开展多种多样的培训教育活动,目的是把企业已有的知识、技能和文化观念传递给员工;信息传递是指企业促进企业内部各个要素之间传递各种相关的知识、技能、经验与市场信息,以提高各部门以及员工的技能水平和市场反应能力。

并且,在组织变革的过程中,组织学习的这两种模式互为补充、互相促进,共同推动企业对环境的适应和组织变革的成功实施。

1.4.4 组织学习的相关影响因素

1. 管理者对组织学习的影响

组织中的成员必须适应不同类型的组织变革,以应对变化中的组织环境。变革过程很大程度上是要求员工积极参与的。一个组织要进行变革，那么其中每个成员都必须思考、感觉或者执行不同的变革任务（Duck 等，1999）。因此，组织变革要取得成功，变革代理人必须理解员工对于变革的感知，领导者必须帮助员工适应变革，更加有弹性以应对不可预知的需求，具备创新性以进行过程的变革以及产生变革的承诺。

根据 Kotter（1995）的研究，70％的变革会遭遇失败。失败的原因有很多，但绝大部分是由于管理者只注重于对于整个组织的变革。当管理者沉浸于组织的变革时，他们常常忽视了与员工之间的沟通。根据 Greiner（1998）的研究，有几个重要的因素是变革代理人必须考虑到的，它们会影响员工在变革过程中的绩效，这些因素有：自我效能感、全球化、技术、协作和资源的外包。Podsakoff（1995）提出，在变革的过程中，领导者们在组织建立一个理解、分析和开发变革的环境中扮演着举足轻重的角色。

Berson 等（2006）针对个体、群体以及组织等三个水平，系统地探讨了管理者对于组织学习的影响模式。在个体层面上，管理者能够通过利用自己的丰富经验来帮助组织成员澄清思路，鼓励组织成员进行创造性活动，帮助组织成员把自己的发展和组织使命结合起来等形式来提高个体的学习（Mumford，Connelly and Gaddis，2003）；在群体层面上，管理者可以通过向组织成员灌输愿景的形式，帮助组织成员形成共同语言和认知图示，从而顺利进行群体学习（Weick and Orden，1990）；在组织层面上，管理者也能通过相互之间知识共享等多种形式来影响组织学习（Wu，Levitas and Priem，2005）。

大量的研究表明，管理者们在推动组织学习中扮演关键的角色（Vera and Crossan，2004）。根据 Anderson 等（1994）的研究表明，管理者支持对于建立一个合作与学习型的组织必不可少。Schein（1997）指出，管理者们可以通过消除员工学习的恐惧以及以身作则进行学习来推动组织中学习的气氛。

Edmondson（2003）指出，管理者可以通过给成员创造没有过分压力的环境，让组织成员有时间对自己的行为进行反思。管理者还可以通过对权力的适当管理来提高组织成员的参与度，提高组织学习效率。比如，领导可以向低阶成员授权，使其有权提出自己的意见和看法；领导也可以通过降低高阶成员在组织当中的统治倾向来达到上述目的。组织当中之所以会存在心理安全感，主要是因为领导者承诺并实际进行了能够促进形成心理安全感的活动（杨敏禧和杨仁寿，2004）。总之，领导者需要尽量减少组织成员的权力差异,不让特定成员在学习过程中占有统治地位,这样才不会压制组织成员对组织学习过程的信息输入,从而增加组织学习的机会与效率(Edmondson,2003)。在组织当中,那些权力比较低的人往往会听从那些权力比较高的人,因为他们只有通过这种自我监督的形成,才能避免被驳斥或边缘化(Estrata,Brown and Lee,1995)。而这种效应表现的程度主要取决于那些拥有较高权力的组织成员的行为方式(Lee,1993)。如果领导者采取的是支持型的、指导导向的领导风格,对问题和挑战不会采取防卫性反应,那么员工就会认为环境是安全的。反之,如果领导者采取的独裁的或惩罚性的领导风格,那么员工就会尽量避免承认和讨论错误等行为(因为这些行为存在一定的人际风险)。然而这些风险行为正是学习行为的重要组成部分(Edmondson,1996,1999)。另外,如果领导者自己能够投入到学习当中去,员工们也就会感觉到由于学习而产生的风险是可以被组织接受的,同时也不会受到惩罚(Edmondson,1996)。

2.组织学习与员工心理授权间的关系

在现有组织中进行战略变革往往面临着艰巨的挑战,在战略变革过程中不仅要对组织原有战略、流程、结构等进行调整,还包括了对组织员工的工作惯例、态度、技能、关系和期望的改变(Weick,1990)。因此,变革需要有组织员工的积极参与,要帮助员工适应变革,更加有弹性以应对不可预知的需求,具备创新性以推动变革的顺利进行以及产生变革的承诺。

然而在员工参与组织变革的过程中,即使员工被激发了充分的变革热情,具有强烈的心理授权,投入到组织变革当中,仍然不能确保员工能够与组织变革的目标和实施保持高度的一致,这其中有两个主要原因。

首先,组织中众多员工的背景知识的不同会使得他们对于组织系统变革的措施的理解不同,导致员工在变革实施中的行为不一致。虽然也许他们都是朝一个共同目标努力,但却是基于员工各自对组织在战略、文化、产品和服务、组织结构变革任务的不同理解而进行的。Kouzes 和 Posner(2005)指出,如果没有信息,你就不能确定员工是否能够承担责任或者发挥他们创造性的能量。Weick(1990)提出有两类信息对于员工的心理授权至关重要:①组织使命愿景的信息;②组织绩效的信息。只有当人们感觉到组织将向什么方面发展,他们才会感觉到有能力去开展行动(Kanter,1988)。但是,员工拥有关于组织变革任务的信息并不必然保证所有员工对组织变革任务的理解是一致的。

其次,由于组织变革是一个充满不确定性的过程,而组织变革系统如何进行调整,组织员工如何对变革系统的调整形成一致的理解,也是组织变革过程中的一个重要内容。

Higgs 等(2003)的研究指出,要形成积极的组织学习氛围,组织中必须形成适合的组织员工的心理状态,包括两个方面:第一是员工必须感到心理的安全感,没有安全感的员工是不乐于承担组织学习以致创新的风险;第二是员工对工作任务的认同,只有这样员工才可能愿意与组织中的其他员工一起分享信息和知识。

组织学习可以很好地解决组织变革过程中组织员工所面临的与组织变革系统保持认知与行动一致性的问题。组织学习有利于组织进行变革,组织需要通过学习来吸收组织已有的经验,了解事情运作的差距,洞察环境中的变化;进一步从外界环境中寻求新信息,从顾客和其他人那里获得信息并进行分析,同时通过这个过程提高组织自身的适应性和对环境的即时反应能力,调整组织应对环境压力的行为和发展更强的能力来提升组织的绩效(Argyris and Schön, 1978;Edmondson,1999)。

因此,通过组织水平持续的开发式学习,使得组织中的所有员工对组织变革的信息、系统变革方案的要求形成一致的观点,产生与组织变革系统要求一致的行动,能够极大地提升组织与员工在组织变革中的绩效。通过组织水平的探索式学习,能够促使组织变革系统在变革进程中不断适应组织内部与外在环境的要求,进行动态调整,同时这个学习过程又进一步统一了组织员工对组织变革系统的动态过程的理解,达到员工变革行动与组织变革系统要求的一致性,从而极大推动组织变革的顺利进行。

3.组织学习对组织变革效能的影响

一方面,变革通常是从组织上层发起的,而接受到变革信号的人却可能会有不同的看法(Kanter,1988)。另一方面,一些研究者认为组织中大规模的变革包括了一系列的实验和学习过程,人们难以预知所要面对的所有困难并准备好细致的计划,以完成这些变革。

Ellinger 等(2002)利用 Watkin 和 Marsick(1993)的"学习型组织问卷"进行了实证研究,发现组织学习与组织绩效存在明显正相关。郑晋昌和周芸薇(2001)的实证研究也证实了这样的结果。后来还有很多研究也证实了组织学习确有可能会促进组织绩效(Yang, Watkins and Marsick, 2004)。对于组织学习为什么能够提高组织绩效,持该类观点的研究者们认为组织学习能够通过在个体水平上提高员工满意度和组织承诺度,在组织水平上提高组织的创新能力,进而提高组织绩效。比如,Howard(2003)

通过对 89 家企业的实证调研的确发现了组织学习能够在很大程度上提高组织成员的满意度。于海波(2004)和俞文钊等(2002)也发现了类似结论。同时,也有不少研究已经证明组织学习确实能够提高员工的组织承诺度(Howard,2003;俞文钊、吕晓俊和王怡琳,2002)。谢洪明等(2006)通过实证研究证实了组织学习能够通过提高组织的技术创新和管理创新进而提高组织绩效。Howard(2003)提出组织学习能够提高组织的创新能力,进而推进组织绩效,是组织可持续竞争主因的源泉。

1.5　心理授权相关研究回顾

科技的快速发展以及经济全球化的加速,促使组织也面临着持续的变革挑战。这对组织员工的主动精神和快速反应能力提出了更多、更高的要求。学者和管理者普遍认识到组织获得持续竞争主因的根本在于组织的员工,组织员工必须积极投入到组织活动以取得竞争主因。而授权的概念恰当地表现了组织通过开发利用其人力资源来获得持续的组织的成功变革、提升组织效能的目标。Conger 和 Kanungo(1988)提出授权是影响管理效能和组织效能的一个主要的因素——授权在组织发展和持续的过程中是一个关键的角色。

1.5.1　心理授权的内涵

通常,人们都是通过对权力的概念角度去研究授权的,根据 Conger 和 Kanungo(1988)的观点,授权是人们意图控制和影响他人的一种内在意愿。研究者们发现所有人都有天生的内在需求去控制其周围的其他人,从而感觉到情感满足,而当他们不具有这种权力时,他们会感到挫折和能力被压制不能发挥(Conger and Kanungo,1988)。本书研究组织背景中授权的焦点和依据在于"组织的有效性依赖于权力的分享——在组织过程中权力的合理分享比权力的拥有和控制更为重要"。

组织中的授权与员工在组织过程中的卷入和参与密切相关,近几十年来有大量的研究针对管理中的授权及其方式,但是,研究者们发现很难对授权的概念进行一个确切的定义。Thomas 和 Velthouse(1990)指出"授权已经成为了一个在组织科学中被宽泛使用的词汇,但没有一个一致认定的定义",并指出当前的文献研究在使用"授权"这个词汇上是"非常松散的,很不明确的"。"尽管这个概念很流行,但很少有研究把授权放在工作背景中研究"。Quinn 和 Spreitzer(1997)研究了《财富》排名前 50 的制造企业,让高级管理者指出授权的含义,发现每个管理者对于授权在信任和控制上的看法都是不一样的,概念的分歧也使得企业的授权有效性大打折扣。

只有当员工真正从心理上认识到他们被授予权力的时候,授权才具有真正的价值。比如,当一个人被组织允许自行行动时,他却不相信自己有这个能力或能够做好,那这个授权行动并不能给组织或个人带来绩效的提高。因此,即使从心理学角度来看,授权不是对任务与人的特征的划分,而是一个动态概念,反映了个体对于人—环境关系的认识。因此,心理授权更加真实地反映了组织对员工的授权状况。面对全球竞争的日益激烈,对员工的主动精神和创新精神的迫切要求,心理授权也就显得更为紧要(德鲁克,2002)。

Thomas 和 Velthouse(1990)试图在员工的情境特征(管理实践行为)和工作职责的认知之间识别出对于授权的不同看法(如心理授权)。同样,Conger 和 Kanungo(1988)也认为管理实践并不是可以对员工授权的唯一的实践形式,这些实践可以给员工授予权力,但授权并不必然依赖于此。后来的研究也从个体的观点看待授权,聚焦于授权的心理体验。以往研究中对于授权的不同定义,也导致了对授权研究采用了不同的方法,学者们识别了授权的两种主要观点:结构和心理观点。结构性授权是指在管理实践中从组织上层向低层次的水平给予代行决策的权力(Mills and Ungson,2003),提高员工和低层次职员获取信息和资源的权力。从心理学的角度,Conger 和 Kanungo(1988)把授权定义为自我效能感的激励。

Thomas 和 Velthouse(1990)提出授权具有多方面的含义,授权的概念核心不能局限于一个单一的含义。他们强调更为宽泛的授权,也即心理授权,是指通过四个方面的认知而表现的内在任务激励,反映了个体对于他的工作角色的认知导向。这四个方面分别是:工作意义、工作能力(或自我效能)、自我决定和工作影响。

工作意义:工作意义是指工作目标和期望的价值,与个体的自我理想和标准相关联(Thomas and Velthouse,1990)。它包括了在工作角色的要求及其和信仰、价值观、行为之间的匹配,它被描述为授权的"引擎"(Spre-itzer et al.,1997),它使得个体感觉到值得花费时间和努力去从事某项工作,并且,这个工作在整体目标中具有价值。如果员工不关心他们的工作,那说明他们没有被授权。

工作能力:工作能力或者说自我效能感,是指个体关于他是否有能力执行某项活动的信心,类似于代理者的信心、个体对某项工作的把握性或努力工作的绩效的期望值(Thomas and Velthouse,1990)。它也是指个体是否具备要求的努力能成功地执行某项特定的任务或者达到特定的期望。根据 Conger 和 Kanungo(1988)的观点,员工如果没有对于努力的信心,那么他们会感觉工作不适宜或者缺乏授权。

自我决策:自我决策是指员工在执行和持续进行工作并进行调整的行为和过程中,对于自治方面的感知(Deci, Connell and Ryan,1989)。自我决策反映了在执行和维持工作行为和流程过程中的自主性,类似的例子有制定关于工作的方法、节奏和努力程度的决策。如果员工相信他们只是根据高层管理者的指令工作,那么他们就不会感觉到被授权。自我决策也包括了员工对他的行动所承担的责任。

工作影响:这个概念反映了员工的工作能够影响战略、管理或者操作结果的程度。它也是指员工的行为在多大程度上,在完成工作目标或者努力获得意图的效果上,能产生不同的显著差异(Thomas and Velthouse,1990)。就是说,个体正在执行、完成的工作对于组织而言会产生有独特价值的效果。或者说,当员工感觉到他的工作行为能够影响整个工作任务系统时,他会更强烈地感觉到被授权。

1.5.2　员工心理授权影响因素研究

心理授权作为一个个体对于工作认知的心理激励的概念结构,对它的影响因素的研究主要是从个体特征、任务特征和组织环境特征几个方面来进行的。

从员工的任务特征对于心理授权的研究来看,每种工作都有其自身的特征,这些特征一般可从技能多样性、任务完整性、任务重要性、自主性以及反馈等方面予以描述。Kraimer 等(1999)的研究显示,工作特征的不同方面与心理授权各维度之间存在不同程度的相关:工作意义与心理授权的意义维度之间的相关最为显著,工作自主性与自我决定之间的相关最为显著,任务反馈与自我效能感及影响之间的相关最为显著。Keller 和 Dansereau(1995)以呼叫中心的员工为样本,探索了心理授权与工作满意度、工作压力的生理和心理结果的关系。该研究表明,授权的各个维度是工作满意度不同的预测指标,并且对于员工的生理和心理健康有间接的影响。其中,意义和影响对于工作满意度的全面感觉有贡献,最显著的影响关系是与自我决策之间的,而组织结构、气氛和文化、经营流程对于自我决策都有限制作用。

从组织环境要素的角度,Johnson 和 Thurston(1997)通过对制造企业工人的研究发现,组织的背景因素对于心理授权的各个维度有不同程度的影响。其中,管理者沟通和员工公司关系与心理授权的工作意义、自我决策、工作影响有积极关系;团队工作对工作意义和工作影响有影响;公司关注绩效对员工的自我决策和工作意义有影响。而这些前因变量与心理授权的联系,在计薪员工中会随着任职时间的不同而有不同的强度。Spreitzer(1996)的研究发现,组织因素对于员工的心理从认知到授权有显著的影响。Keller 和 Dansereau(1995)也指出了管理行为会提高员工的自我价值感,协商的态度会增强员工对于授权的感知。Avolio 等人(1988)在对新加坡的大型医院的研究中发现,变革型领导对于员工的心理授权有积极的影响作用,而心理授权是变革型领导和员工组织承诺的中介变量。Xu Huang 等(2006)在对中国国有企业员工的研究中发现,参与式领导对于员工的心理授权中的工作意义有显著的作用,参与式领导与任职年限的交互作用对于心理授权的能力维度有显著的影响。

Kanter(1989)提出,为了授权组织应该通过各种途径把更多的信息传递给更多的各个水平的员工知道。Kouzes 和 Posner(2005)指出,如果没有信息,你就不能确定员工是否能够承担责任或者发挥他们创造性的能量。有两类的信息对于员工的心理授权至关重要:①组织使命愿景的信息;②组织绩效的信息。对于组织愿景,只有当人们感觉到组织将向什么方面发展时,他们才会感觉到有能力去开展行动(Kanter,1988)。

而在个体特征对于心理授权的影响方面,Spreitzer(1995)的研究发现,员工的自尊、信息获取、薪酬策略对心理授权有显著的影响作用。Samad 等(2007)研究发现,社会结构(包括权力分配、信息共享、知识、薪酬结构、领导类型和组织文化)对个体的心理授权有重要的决定作用,进一步研究也提出了外向型的个体特质在社会结构与心理授权的关系上发挥着调节作用。在对新加坡 IT 员工的研究中发现,获取信息、员工参与、管理的社会支持、工作安全、工作满意、组织承诺都与心理授权积极相关,并且管理的社会支持对于工作满意和心理授权之间的关系有显著的调节作用。Huei Fang 和 Chen 等(2008)在对台湾企业员工的研究中发现,心理授权在工作再设计和员工的组织承诺之间起着中介作用,这意味着适当的工作再设计可以提高员工的心理授权水平,并进而加强员工的组织承诺。

Seibert 等(2004)指出,在变革当中有必要给予员工在工作中适当的组织支持和获得所需的组织资源,不然,员工在变革中会产生较高的工作压力。

因此,组织变革中的结构、文化和惯例需要进行转变,以提升员工的心理授权,从而更好地发挥员工的积极性以投入变革。

1.5.3 组织变革中的心理授权及其策略

作为组织的长期的持续的变革活动,员工总是最接近组织问题所在的人,并且他们在变革过程中,需要不断地自我解决问题、自我决策,以克服组织变革过程的不确定性。变革过程的组织领导会促进员工的内驱力,鼓励员工在长期的组织工作过程中努力去发挥自己的能力,持续地为组织工作努力。在这种情况下,领导阶层的授权是一个重要的方面。因为组织变革是持续和漫长的,而不是一次性的短期内的激烈变革,这就使得组织变革对于员工自身的努力和能力发挥有重要的依赖。通过授权可以使得员工自己决定采取怎么样的变革与创造行为去提高工作绩效,为组织作贡献。

Fleidner 等(1997)研究了领导和员工间的角色变化,指出组织必须认识到领导—员工的角色正在变化,当今的员工是更为知识导向的,他们需要知道组织的使命愿景,并需要使他们参与到实现组织愿景的过程中来。研究指出,强烈的组织使命感能够统一组织成员的行为,促使他们支持和参与组织的变革,以共同实现组织的成功。组织的使命能够通过制度化形式,比如组织结构、绩效管理制度和员工激励的方式来强化员工的使命感。

在组织变革过程中,如果能够改变组织原有的文化、惯例、组织结构等,能够为员工带来对于自身工作的主动性意识,从而可能满足员工的心理需求。然而,要在组织中成功实现员工的心理授权并非易事,如果在变革过程中没有充分考虑到员工所需要的组织支持和组织资源,会导致员工的消极情绪,特别是,这些消极认知会引起员工在工作中的压力。Bowen等(1992)指出,在组织变革中如果不能为员工提供适当的组织支持和组织资源,不会给员工带来授权的感知。反之,在组织变革当中没有建立一个良好的变革支持环境,会使得员工缺乏激励,显示消极现象,不利于管理者对于变革实施的控制。

综上所述,为了克服组织变革过程中的不确定性,激励员工、发挥员工的积极主动性成为了组织变革的必然选择。但是在持续进行的组织变革过程中,传统的、有形的领导授权并不能确保员工积极主动性的充分发挥和持续,员工的心理授权逐渐成为变革中持续激励员工的重要手段。

上文的分析,为我们指出了组织变革过程所面临的关键问题是变革过程中持续不断的不确定性,而要降低变革的不确定性并推动变革的顺利实施,有赖于变革的直接参与者——员工的投入。员工积极主动并创造性解决所面临的变革问题成为组织变革成功的关键环节。从员工心理授权的角度,对员工进行激励,对企业的组织变革顺利实施有着重要的意义。在上面的分析基础上,本书从心理授权的角度,从以下几个方面提出在组织变革中,激励员工变革参与的策略。

1.塑造创新导向的组织文化

组织变革中大量的不确定性也意味着,企业在经营过程中会不断遇到新问题,采取新方法,尝试新手段,来解决经营中的不确定性问题。所以组织变革过程也是组织不断创新的过程,而创新过程中的主体是组织的员工。因此,塑造创新导向的组织文化就成为激励员工的必然选择。

在文化建设过程中,要促使员工明白组织变革价值,引导员工认知工作的重要性和意义,进而使员工感觉到做成这件事对他自我价值实现的影响,并使他尽最大努力把任务做好,让他把自己的行为与企业发展联系在一起,激发出他对自我价值实现的欲望。

组织创新导向的文化建设包括了制度层、行为层和表观层三个层面的设计和推动。从制度层来看,企业必须建立鼓励创新的一系列企业制度,比如组织制度、薪酬制度、考核制度等;从行为层来看,组织应该发起并强化那些各种各样的组织与个体的创新行为;从表观层来看,要通过组织宣传、多样化活动形式倡导在组织中形成以创新为导向的气氛。

2.授权导向的组织与任务设计

由于组织变革中存在着诸多的不确定性,故要充分发挥员工的积极主动性,首先必须建立一个能够促进员工发挥的组织环境,而组织结构安排,就是作为员工参与组织活动并承担个体职责的基础。因此建立一个授权导向的组织结构,就成为员工变革激励的基础。

授权型组织结构的主要内容包括:①扁平化的结构。当前的信息时代,传统的官僚组织结构越来越成为员工发挥积极性的阻碍,过度的科层组织,极大降低了信息传达的效率,束缚了员工自主与能力的发挥,扁平化已成为组织变革的重要方向。②员工充分的授权。建立扁平化的组织为员工的授权提供了良好的保障,员工授权的主要内容就是员工的任务自主与任务的决策参与。让承担工作的员工直接参与到这项工作的目标确定、标准设立和措施选择的讨论决策中来,让员工直接感到做这件工作是他自己的决策,从而使他产生一种自觉克服困难,努力达成工作目标要求的动机,进而起到让他做好工作的激励目的。

3. 提供必要的管理支持

如果在变革过程中没有充分考虑到员工所需要的组织支持和组织资源,会导致员工的消极情绪,特别是,这些消极认知会引起员工在工作中的压力。管理支持是帮助员工顺利开展并有效完成任务,提升员工的职业成就感和效能感的必要手段。组织的管理支持的途径多种多样,主要包括了组织资源支持、信息沟通。

管理支持有助于员工在变革过程中,更加有效地达到其任务目标,从而提升员工的心理授权水平。组织资源支持不仅包括了组织的财力支持、物力支持,也包括了领导的行为风格对员工的积极影响,许多研究指出,变革型领导对于员工心理授权的多个方面有显著的积极影响。同时,组织与员工的信息沟通也是提升员工心理授权水平的重要因素。为了授权,组织应该通过各种途径把更多的信息传递给更多的各个水平的员工知道。Kouzes(2005)指出如果没有信息,你就不能确定员工是否能够承担责任或者发挥他们创造性的能量。在组织变革过程中,管理者应该经常性与员工互动,了解他们的工作进展,有针对性地指导员工工作,并且给予鼓励。

4. 关注员工的职业发展

提升员工心理授权的一个重要因素就是当今组织中的员工一般都是追求自己的职业发展,个体的价值实现。因此,组织关注并引导员工的职业发展规划,对于组织变革中员工的积极性而言,具有重要的激励意义。

企业应该加强组织内部的人力资源规划,给员工及时提供本组织内职业发展的有关信息,给予员工公平竞争的机会。首先,组织要把员工的职业生涯发展规划,当做公司生存成长所必要的投资,不能当做费用来节省;其次,要拟订骨干员工个人发展计划,包括通过仔细评估与选拔,找出重点培养对象("苗子"或接班人或后备梯队),认真安排他们的岗位与升迁路线;最后,组织(企业)要制定出明确的发展战略目标,并使员工切身感受到他们的工作与实现企业的发展目标息息相关。

当然,企业的组织变革也对员工的知识能力提出了更多、更高的要求,因此,培训指导也是促进员工知识、能力提升,更有效完成变革任务,从而促进其职业发展的一条重要途径。因此,在组织变革过程中,管理层应该根据组织变革的任务要求,有预见地为员工设计培训计划,为员工的职业发展提供有力帮助。

1.6　公司创业绩效的研究综述

在战略管理研究中,最为突出的研究焦点因变量是绩效。波特在"结构—行为—绩效"的研究说明中聚焦于绩效进行了详细的说明,Barney(1991)在说明企业的资源基础观点时,有一部分内容也着重说明了在战略管理中关于企业绩效的解释。在其他大量关于组织的研究中,绩效也都被认为是在因变量中占有重要的地位,研究者们试图理解企业经营的动力以及对于绩效的影响,只有进行绩效的研究才能帮助企业理解如何提高自己。而提高企业的效能也会推动企业的经营结果。

研究者们普遍认为,绩效是一个复杂和多维度的概念,企业的绩效在不同的时期可能通过不同的指标来表现,这些指标有财务效果、销售和市场增长、顾客满意、企业构建了企业未来发展的基础或者能力。Chrisman和 Hofer(1998)提出,就财务绩效本身而言,其就是一个多维度的概念,而成长和盈利在实证研究中已经被证明是绩效的不同要素。在 Covin 和Slevin(1991)提出的公司创业与绩效模型中,他们认为企业绩效是多维的,这一结论与其他研究相一致。

虽然,公司销售增长和盈利能力是绩效概念的两个不同的要素。逻辑上,这两个因素测量上会具有高相关。然而在某些情况下,两者关系却不一定是这样的。比如,管理者有时会为了企业的战略目标而牺牲短期的利润和增长。在某些情况下,尤其在企业转型的某个阶段,企业可能要放弃盈利以求销售增长,这些转型可能是发展新产品、开展和开拓新业务,对企业原有市场的变革,或者企业产品转型,等等。而行业的生命周期也对企业强调经营利润还是成长有一定的影响。

Chrisman 等(1998)认为在考察创业绩效时,应特别强调生存和成长两方面的绩效。Murphy 等(1998)提出应该同时采用财务绩效和非财务绩效,尽管在测量误差和潜在同源方法偏差上感知数据存在局限性,但以往研究表明感知测量与企业绩效客观测量正相关(Murphy et al.,1998)。并且研究发现所有者/CEO 对企业活动的评价(如收入、销售增长)与企业的客观绩效数据高相关。

然而现有的大多数关于公司创业的研究没能从组织变革的视角来评价绩效。针对组织变革这一特定领域，Bass 认为按传统方式以生产率或利润等指标来评价组织是不够的，必须包括反映组织对于成员的价值和组织对于社会的价值。从组织变革绩效评价内容来看，绩效评价标准可以分为四类：财务类标准，如 EVA 值、变革成本等；市场类标准，如对于环境的适应力、市场竞争力、市场业绩、满足客户需求程度等；内部营运类标准，如变革的制度化等；内部员工的态度，如员工满意度等。组织变革绩效评价方法又可以分为定量法、定性法以及两者结合的综合法。

在考虑绩效的概念结构的时候，我们面临着组织的经营效果和经营效能的问题。经营效果是指企业经营目标的实现，它可以很明确地根据企业的目标进行测量。而经营效能是指企业在实现目标的过程中重大资源的利用效率，实际上从普拉哈德的资源基础理论来说，经营效能就是公司自身的资源能力，这个能力才是企业获得持续竞争主因的根本。为了在这两个绩效方面取得平衡，首先要检验企业目标的实现程度；其次，对企业经营效果进行一个评估。例如，Stalk 等（1990）在研究中说明企业对于绩效有不同的观点，部分原因是因为他们对于效果和效能的重要性有不同的权衡。Stalk 等（1990）指出了组织在对于效果和效率的追求上有不同的目标，这些表明了单一的绩效指标并不足以测量组织的绩效结果，即使这些绩效结果都是为了实现组织的目标。所以，有必要对组织在公司创业过程中的能力状况进行分析，并把它作为组织的一个过程绩效，其中一个比较合适的指标是组织敏捷。

时间成为当今市场竞争的一个关键要素，在这种范式下，时间成为企业最重要的竞争资源要素（Stalk et al. ,1990），企业必须具备快速与灵活响应市场变化的能力（Eisenhart,1989），企业的敏捷性程度成为企业能否制胜的关键因素（Sahin, 2000；Fleidner and Vokurka, 1997）。在科学技术飞速发展和全球化背景下，组织变革本身就充满了不确定性，因此，及时发现机会，及时纠正错误对于组织变革的绩效起着非常重要的作用。

在 20 世纪 90 年代初，敏捷性这一概念只适用于制造型企业，特指企业的生产及时安排，但它的内涵得到了迅速的扩展。如今它指企业在确保产品质量与服务的基础上，适应顾客特定需求的速度与灵活性程度（Hopp and Oyen,2004）。企业经营过程的敏捷性包含多方面含义，如高效的信息处理机制、积极的市场导向、灵活的生产程序、快捷的物流渠道、技能多样的员工队伍等。

公司创业是企业快速应对外界环境变化,追求企业生存和发展的过程。只有那些能够及时对外部环境做出迅速反应的企业,才可能获得竞争主因。因此,使用组织敏捷这个概念能够很好地表现企业在组织变革过程中的能力,组织敏捷反映了组织在变革过程中的迅速适应性,包括了从组织的战略上的迅速调整,组织文化的变革适应,产品和服务对市场需求的及时响应,组织结构根据企业战略与组织流程的变化能够具备足够的弹性以适应组织变革的需求。在此,本书即以组织敏捷来测量企业在组织变革过程中的效能。

因此,本书中对于公司创业效能的测量既包括了某个时期的结果指标(生存绩效、成长绩效),也包括了公司创业的过程指标(组织敏捷)。这样,可以更加全面地反映企业公司创业的结果与过程绩效。

1.7　相关研究文献总结

1.7.1　以往相关研究进展

通过上文对以往组织变革、变革动力、变革过程相关理论,以及其他组织学习、心理授权相关理论的研究文献的回顾,结合本书对组织变革过程的认识,本书认为,以往相关的研究进展主要有以下几个方面。

1. 组织变革过程的研究进展

变革越来越成为组织行为研究领域的一个焦点,对组织变革的研究也在不断深入,研究者们提出了许多关于组织变革的认知概念,并对组织变革的过程提出了许多有价值的模型。这些模型有助于我们理解组织变革的内容和过程,有助于我们理解如何进行成功的变革。

Van de Ven 和 Pool(1995)在检索了大量的变革文献并进行分析后,确定了 20 个不同的组织发展和变革的理论,把这些理论按照变革涉及的单位以及变革发生的模式两个维度划分成了四个类型的学派:生命周期论、目标论、辩证法论和进化论。

组织变革理论四种流派的分类,看起来好像是针对不同类型的组织群体和组织变革的过程方式,但是从它们描述的内容我们可以看到这些流派都在试图解释纷繁复杂的组织变革过程。综合它们的思想,这些解释组织发展与变革的理论都是对组织变革过程的线性解释,不管是生命周期论、辩证法论,还是目标论和进化论,其中一个共同特征就是都认为变化是持续不断进行的,因此,组织变革也是一个持续不断的变革过程。

基于动态知识观的变革行动过程研究,认为组织变革是在组织面对环境不确定的情况下,组织对生存发展所进行的学习行动的过程和结果。根据 Davenport(2005)的观点,组织逐渐成为了不断增强的包含了员工、流程和技术方法的知识型组织,这也突出了员工在组织中的重要作用以及组织学习的重要地位。

行动理论没有把知识看成是个体或者组织所拥有的静态概念,而是通过对知识获取的动态系统来认识的(Blackler,1995)。组织的行动系统就代表了个体知识和所处的知识结构、个体行动与更广泛的活动模式的关系,因此,组织活动就把事件的行动过程与它们发生的背景联系在一起了。这些因素包括了复杂的组织惯例和行动条件。没有组织中的知识分享、训练安排和共同的执行任务,个体难以独立应对环境与任务的持续变革。在组织学习的背景下,将鼓励员工在承担组织任务时更加活跃和敏捷地采取适当的行动和方法。

因此,基于知识的动态观的组织行动过程就是一个组织不断学习,员工不断参与学习并促进组织学习的过程,这个过程观点为我们理解组织变革适应的过程提供了更为清晰的认识。也就是说,组织变革过程既包括了在组织层面的组织学习过程,也包括了员工参与组织变革的员工心理授权过程。

2.公司创业研究进展

公司创业活动的目的在于激活公司活力,它已成为当前企业适应竞争的重要经营手段。以往对于公司创业的过程研究表明,公司创业是一个持续不断的动态组织变革的过程,也是一个组织系统变革的过程。

公司创业至少包括了下面三个主要的维度特征:创新性、行动领先和风险承担。依照公司创业的三维度的内涵特征,研究者们对公司创业活动或形式进行了不同的划分。Zahra 等(2000)将公司创业分为内部取向和外部取向的公司创业。Burgelman(1984)提出正式和非正式两类公司创业形式。Guth 和 Ginsberg(1990)提出创业包括创新、风险投资和战略更新三种形式。Covin 和 Miles(1999)根据公司创业在创新或者再造方面实际结果的不同,区分出持续更新、组织再造、战略更新和领域重新定义四种公司创业类型。这些分类为我们认识实践中的公司创业活动提供了清晰的参考。

综合关于公司创业概念以及过程的认识,我们认为公司创业从一开始便与组织惯性联系在一起,牵涉到新旧业务的平衡、创新与继承的融合、高中低各个管理层级的广泛参与和互动,是一个复杂而系统的组织变革过程。并且,公司创业是个持续不断的组织变革过程,在这个过程中,组织的目标是不断增强企业的竞争力,应对外部的机会与威胁,因此这个过程也是一个充满不确定性的过程。而从基于动态知识观的变革行动理论来看,公司创业过程也是一个不断的员工变革投入与组织学习促进,从而导致企业的知识不断积累,竞争能力不断增强的过程。

3. 组织变革中的组织学习研究进展

组织学习不仅是一种能力和结果,更重要的是一个过程。通过该过程,组织能够不断对自身的行为进行分析和调整,提升组织的适应性。过程学派的研究者们提出了很多组织学习过程模型。虽然这些学习模型在形式上表现各异,但它们几乎共有的一个特征就是或多或少地都包括了开发式学习和探索式学习两种模式(Crossan, Lane and White, 1999)。在公司创业的组织学习过程中,包含了开发式学习和探索式学习两种模式。其中,探索式学习包括了进行试验、信息收集、信息分析三个要素;开发式学习包括了教育培训和信息传递两个要素。两种学习模式互为补充、互相促进,共同推动企业对环境的适应和组织变革的成功实施。组织学习不仅能够对组织变革的绩效产生积极的影响,也会对组织变革过程中员工的行为与认知产生作用。两种模式的学习理论为我们理解组织变革中的组织学习提供了非常有价值的参考。

1.7.2　有待进一步研究的问题

组织变革是企业提升竞争力以及长期生存发展所必需的战略行动,唯有进行主动变革的企业才有机会获得更强的市场竞争力,赢得生存发展的空间,公司创业也就成为越来越多企业的必然选择。

然而,组织变革究竟如何进行,虽然已有大量研究指出了组织变革的类型、变革的阶段特征、变革的领导特征、变革的内容特征等,但对于变革过程中具体的组织行为过程机制的认识,到现在仍是极为缺乏,使得具体的组织变革行为过程成为一个"黑箱",亟待人们通过研究来揭示以指导变革实践。因此本书认为,对于组织变革中的领导,至少有以下几个问题有待进一步解决:

在公司创业中,我们面临两个焦点问题:第一,组织变革应该如何有效推动？第二，在组织变革的过程中，组织层面的变革过程与员工参与变革的过程是如何进行的？

为了解释这两个焦点问题，需要探索以下四个方面的问题：第一，在公司创业的行动过程中，组织变革动力的内容特征是什么？第二，在变革动力的驱动下，组织系统进行组织变革的行为过程是如何进行的？第三，从系统的观点看，组织变革过程中的不同层次之间是否会产生相互作用、相互影响？第四，组织变革中不同层次（组织层次和员工个体层次）变革过程中相互作用、相互影响的动态机制是怎么样的？

2 研究理论构建与总体设计

2.1 研究目的

在经济全球化和科技飞速发展的背景下,企业也面临着越来越复杂而动荡的竞争环境,更多样化的顾客需求。因此,兼并收购、流程再造、兼并重组、国际化经营、公司创业等多种多样的组织变革形式成为企业生存与发展的重要选择。

虽然以往出现了大量对于组织变革的理论研究,有着丰硕的理论成果。但是,从组织变革的行为过程的视角,缺乏有说服力的实证研究,组织变革的行为过程,仍有待研究进一步揭示。

为此,本书针对公司创业的企业进行了一个系列研究,研究的焦点在于探索公司创业中的组织变革过程是如何进行的,本书从两个方面回答这个问题:第一,公司创业中组织变革的行为过程是如何进行的;第二,变革过程中不同组织层次——组织层次和员工个体层次的变革行为在组织变革过程中的动态关系机制及其结果。

围绕这两个方面的内容,本书将从以下四个方面来进行研究:

第一,在公司创业的行动过程中,组织变革动力有什么样的内容特征?

第二,在变革动力的驱动下,组织系统进行组织变革的行为过程是如何进行的?

第三,从系统的观点看,组织变革过程中的不同层次之间是否会产生相互作用、相互影响?其作用效果如何?

第四,组织变革中不同层次(组织层次和员工个体层次)变革过程中相互作用、相互影响的动态机制是怎么样的?

2.2 本书的理论构建与总体思路

本书的目的是试图探索组织变革的组织行为过程机制,然而对于组织变革的组织行为过程到底是如何进行的,通过上文对组织变革以往相关研究的文献回顾,我们得到了很多有价值的理论解释。在此基础上,本书将进一步对组织变革的过程进行理论总结,并进而提出总体研究构思。

第一,组织变革过程的系统理论观点。

企业组织变革是适应外部环境变化而进行的,以改善和提高组织效能为根本目的的管理活动。外部环境的变化是企业组织变革的最大诱因。那么,由于企业组织的系统特性,企业的组织变革也是一个系统的过程。在组织变革过程中,如果组织的某个方面进行了变化,那么组织作为一个系统,组织中的其他方面也必定受到影响。如果领导者和变革实施者只是对组织的某一部分工作进行调整,而不考虑它的影响,不为他的调整行为对组织的其他部分带来的结果进行计划,最终,这些变革的努力很可能会失败(Burke,1992)。

因此,从系统理论的观点出发,组织变革过程是一个系统变革的过程。这对于本书在考察、分析变革的动力、变革中的多层次组织行为过程、变革系统中诸要素之间的相互作用、相互影响时,有着积极的指导意义。

第二,不确定性与组织变革的过程。

组织变革是组织应对外在环境变化压力,持续不断地动态调整的过程,在组织变革的过程中,充满着不确定性。这些不确定性既包括外界环境中的各种各样的变化,也包括了组织放弃原有的、成熟的经营模式,不断寻求新方法、新手段、新思路以应对外部环境的挑战。这也是组织获得对各种不确定性的知识,从而不断对自身的目标、行动进行调整,以求适应环境,并在竞争中获得优势的过程。而其中,在组织变革战略指引下的组织行动系统又为组织变革获得所需要的知识提供了根本的途径。正是在组织变革的背景下,组织通过不断的知识分享、训练安排和共同的执行任务,在组织学习的背景下,鼓励员工在承担组织任务时更加活跃和敏捷地采取适当的行动和方法。只有这样才能保证组织获得对于各方面不确定性的进一步认知,从而指导组织持续地调整自身的目标、行动,促进组织变革的顺利而持续的进行。

因此,在不确定背景下的组织变革,就必须不断探索未知,寻求适合自身变革的适当流程和方法。在这个过程中,组织学习是组织变革成功实施的有力保障。

第三,变革中的组织学习与员工授权。

组织在变革过程中所面临的最大挑战是充满着不确定性,而组织在不断降低面临的不确定性、寻求成功变革的途径的过程中,最为有效的手段就是进行组织学习。根据 Davenport(2005)的观点,组织逐渐成为了不断增强的包含了员工、流程和技术方法的知识型组织。

组织的知识是在组织中群体工作实践、员工协作和日常的问题处理过程中产生的,知识内含于实践过程中(Cook and Brown,1999)。知识是高度活跃、情境依赖并且包含了前后逻辑关系的,员工在其中发挥了知识创造和信息解释的作用(Nonaka,1994)。从这个观点来讲,组织学习就是在组织中成员行动所产生的一致认同的愿景指导下的知识吸收与行动过程。

通过授权可以使员工自己决定采取怎么样的变革与创造行为去提高工作绩效,为组织作贡献。只有当员工真正从心理上认识到他们被授予权力的时候,授权才具有真正的价值。因此,心理授权更加真实地反映了组织对员工的授权状况,对员工的主动精神和创新精神的迫切要求,心理授权也就显得更为紧要(德鲁克,2002)。

因此,提升员工的心理授权水平对于推动员工积极参与组织变革,不断开展积极有效的组织学习,降低组织变革过程中的不确定性,有着重要的价值。

综合以上三个方面的组织变革理论的观点,本书将进一步从组织变革的系统论观点来看待组织的变革动力;从组织变革的不确定性角度来探索组织变革的行为过程,这个过程不仅包括了组织学习的过程,也包括了员工参与组织变革的心理授权过程。

因此,根据上文对于以往相关理论研究的回顾以及以上对于组织变革过程的理论总结,围绕拟研究焦点问题和四个方面的问题,本书的总体构思如图 2.1 所示。

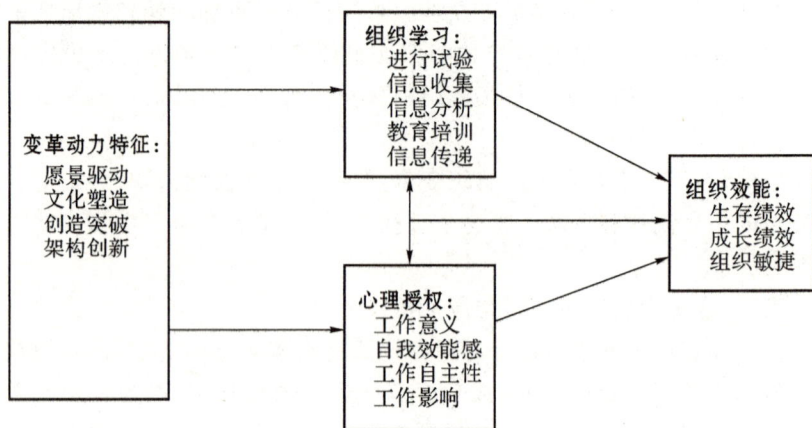

图 2.1　总体构思

2.3　研究内容

根据图 2.1 的总体研究构思框架,本书准备进行以下几个系列研究。

研究一　组织变革动力内涵的扎根理论研究与验证

目的:探索并验证组织变革过程中变革动力的概念内涵。

研究方法与内容:本部分包括两个子研究。子研究一:采用扎根理论方法,对一系列正在进行公司创业的企业高管进行访谈与资料收集,通过三次编码过程,识别出组织变革过程中的动力内容特征;子研究二:在子研究一的基础上,编制问卷进行调查,并采用统计方法对调查结果进行分析,验证该变革动力内容特征。

研究二　组织的多层次变革过程机制研究

目的与方法:采用问卷调查的方法,探索并检验在组织变革过程中的组织层次的变革过程机制,以及个体层次的员工参与组织变革的过程机制。

研究内容:本部分研究从系统理论的思路出发,提出并检验组织变革的行为过程。这个组织变革过程不仅包括在组织层面的组织变革过程,也包括从员工层面推动组织变革顺利进行的过程。对于不同组织层次的组织变革过程是如何进行的,本书在对以往相关文献进行研究的基础上,采用问卷调查的方法,分别探索和检验了基于组织学习的组织变革过程机制以及基于员工心理授权的员工参与组织变革的过程机制。

研究三 基于组织学习与心理授权交互的变革多层协同效应研究

目的与方法:组织变革在其变革过程中(组织学习、心理授权)分别呈现什么样的特征,它们分别在不同的组织背景、不同类型人群之间有什么显著差异? 变革中不同的组织层面的过程(组织学习和心理授权)到底有没有联系? 它们之间是否会发生协同作用?

研究内容:研究首先在对两个变量进行描述性统计的基础上,检验不同的企业技术类型、产业类型和企业规模条件下,企业之间的组织学习水平是否有显著的差异;检验不同年龄、性别、学历和工作年限的员工群体,在心理授权水平上是否有显著的差异。从而,揭示组织变革过程中组织学习、心理授权的特征,以及不同类型企业、不同类别的员工个体在变革中影响组织学习、心理授权的背景因素。而后,研究将进一步采用心理授权的各个维度、组织学习的两个维度、心理授权各维度与组织学习的两个维度之间的交互,对公司创业效能进行逐级回归,以检验组织学习和心理授权两者是否在组织变革的过程中会产生显著的交互效应。如果两者在变革过程中产生了显著的交互效应,研究进一步采用主因分析(dominance analysis)方法,分析组织学习、心理授权、组织学习与心理授权的交互这三个自变量哪个是影响公司创业效能的最为重要的因素,从而分析组织学习与心理授权是否发生了协同作用。

研究四 基于组织学习与心理授权的变革多层协同过程与结果研究

目的与方法:本研究的主要目的是检验变革中不同组织层次(组织学习与心理授权)之间的相互作用关系及其演进结果,为此,本研究打算采用两个子研究来进行。

子研究一:组织学习与心理授权间相互作用关系研究。

本部分研究计划采用多重案例研究的方法,通过对具体的公司创业关键事件中组织学习与心理授权的具体作用过程,来探索组织学习与心理授权之间是如何发生作用的。

子研究二:组织学习与心理授权的演进研究。

本部分研究计划采用纵向问卷调查的方法,收集两个不同阶段组织学习、心理授权与公司创业效能的问卷数据进行比较,以检验在公司创业的持续过程中,随着组织变革过程的深入、组织学习与心理授权相互之间作用的进程,组织学习、心理授权与公司创业效能在数据水平上有什么样的改变,通过不同阶段数据变化的比较,说明组织学习、心理授权相互作用的演进过程与结果。

2.4 研究的技术路线

根据上述一系列的研究设计,本书的技术路线如图 2.2 所示。

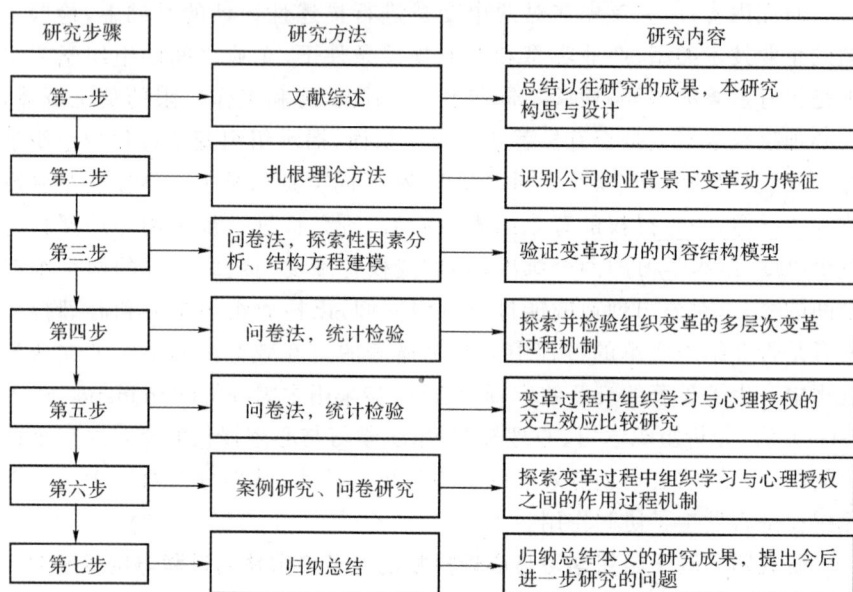

研究步骤	研究方法	研究内容
第一步	文献综述	总结以往研究的成果,本研究构思与设计
第二步	扎根理论方法	识别公司创业背景下变革动力特征
第三步	问卷法、探索性因素分析、结构方程建模	验证变革动力的内容结构模型
第四步	问卷法,统计检验	探索并检验组织变革的多层次变革过程机制
第五步	问卷法,统计检验	变革过程中组织学习与心理授权的交互效应比较研究
第六步	案例研究、问卷研究	探索变革过程中组织学习与心理授权之间的作用过程机制
第七步	归纳总结	归纳总结本文的研究成果,提出今后进一步研究的问题

图 2.2　本书的技术路线

3 公司创业中的变革动力特征研究

3.1 研究目的

本章的最主要目的就是试图识别在公司创业的组织变革情境下,组织变革到底是如何来进行推动的,它在公司创业的变革过程中到底会起什么作用? 而变革动力特征是我们推动组织变革进行的基础,在以往并没有该方面针对性的、成熟的研究和结论。为此,本章打算采用扎根理论方法的思路,通过对一系列正在进行公司创业的企业的高管团队成员进行深度访谈,并收集这些企业相关的正在进行公司创业过程中的资料,加以系统分析以探索变革动力特征到底是什么,它包含一些什么样的内容。在此基础上,本章进一步采用问卷方法进行调查,并检验该变革动力特征概念的效度。

3.2 子研究一:组织变革动力特征的扎根理论研究

3.2.1 研究目的

目前,大多数的变革动力研究是从组织变革的外部动力的角度去进行的,这些动力包括了众多要素内容:环境变化、技术进步、竞争驱动、市场动态等。而从组织内部的变革驱动角度进行的研究也缺乏明确的界定,许多管理研究从组织变革的管理、变革中的领导任务等角度去分析要如何进行组织变革。这些大量的研究也缺乏一个严格的理论界定,使得以往研究进展缓慢,没有得到一个公认的变革动力的理论基础。因此,本研究首先计划从组织变革的内部驱动力的角度,探索组织变革动力的概念内涵,以揭示组织变革的内部驱动力的特征,并作为本研究的理论基础。

3.2.2 研究方法

由于对于变革动力这一问题以往缺乏相关研究成果,为了结合实际问题,探索该问题,本研究拟采用扎根理论方法,对此问题进行探索研究。

1. 扎根理论方法介绍

本研究是采用扎根理论方法进行的。扎根理论研究方法首先由 Glaser 和 Strauss 于 1967 年提出,该方法论提出后随即在社会学等研究领域产生了极大的影响,被认为是"今日社会科学中最有影响的研究范式",走在"质化研究革命的最前沿"。它不仅为社会科学研究提供了一种具体的研究方法,"提供了唯一系统的社会科学研究形式",而且其基本原则也成为质化研究的一般指导性原理。扎根理论虽形成于社会学研究领域,但却被广泛运用到不同的学科领域,尤其是健康、护理、教育、商业以及心理学研究中。

扎根理论研究方法是一种探索现象的归纳性研究,而非逻辑演绎性研究,其目的是帮助研究者"由资料中发现理论",而非"验证既存理论"(Parry, 1998)。Glaser(1992)指出,扎根理论方法是一个一般的研究方法论,它使用一套系统性应用的方法去形成一个关于某一实质领域的归纳性理论。该理论方法要求研究中一面收集资料,一面检验资料,是一个连续循环的过程。在建构理论的过程中,假设须与事实资料不断地比较、修正、再验证,整个研究过程必须与资料进行反复的互动,再加上研究者本身的"创造性的理论想象力"或"理论触觉",才能从资料中发现、发展与验证理论,而只有经过多次验证的假设才会被纳进理论中(冯马尧和谢瑶妮,2001)。

扎根理论有一套系统性的研究程序操作逻辑,用以将资料观念化并提炼起来,以发展根植于事实资料的理论。在扎根理论研究的过程中,资料收集与资料分析过程不是截然分离的,它们是一个相互渗透、相互影响的过程。

扎根理论方法资料收集的形式可以是多种多样的,既可以是文字资料,如现场调查材料、临床个案记录、历史材料、组织报告、自传、服务日志等,也可以是口头资料,如访谈录音等。研究者在资料分析过程中的自我反思的备忘录、已存的文献、参与者的反馈以及其他观点都可构成资料的一部分。其中,访谈是扎根理论研究最主要的资料收集方法。

在扎根理论研究中,对资料的分析是通过对资料的编码和归纳分类来实现的。在扎根理论的分析过程中,主要有三个编码过程,它们分别是开放式编码、主轴编码、选择性编码。编码,在扎根理论方法中,是指通过对事件与概念的不断比较,从而促成更多的范畴、特征的形成以及对数据的概念化(Glaser,1992)。开放式编码是指在资料分析的前期阶段,被用以界定资料中所发现的概念,及其属性、范畴的分析过程。主轴编码是指围绕着某一范畴的轴线来进行分析,从而发现和建立范畴与次范畴之间的联系的过程。选择性编码是指在所有已分析的概念范畴中,经过系统分析以后选择一个核心范畴,将分析集中到那些与该核心范畴有关的编码上面的过程,这也是整合与精炼理论的历程。选择性编码的技术主要有撰写故事线、运用图表、检视和编排备注等方法,其中,撰写故事线是最常用的方法之一(Strause,1990)。

2.扎根理论方法在变革动力特征研究中的应用

扎根理论被认为适用于本研究的核心概念——变革动力特征。在研究变革动力特征之前,我们先要认识一下什么是动力特征,如何研究才能更好地对它进行解释,以得出充分有力的结论。

通过对变革过程研究的文献回顾,我们可以发现,变革的动力机制是组织变革过程中的一个影响过程。这个过程发生在社会系统中,并影响到系统中的不同成员。这也意味着要研究变革动力特征就应该研究它的过程,而不只是研究组织变革发起者的表现。在组织变革的过程中,变化是一个持久而相伴随的议题,变化总是固有的,呈纵向发生的。动力特征研究也需要考虑到影响它的社会影响过程的不同变量,因此要求有一个适当的研究方法来反映动力特征的这个动态特征,而定量研究脱离了动力特征发生的背景和具体过程,只是对某一个时间点的横切面进行研究。动力特征可以把它看成是一个社会影响过程,因此,变革动力特征研究需要探索这些社会影响过程的性质,需要有一个适当的研究方法来反映这个需要。因此,采用的研究方法需要使用大范围和深度的数据来处理不同的变量,该类研究能产生新的理论而不只是理论检验。扎根理论就是比较适合进行这样要求的研究方法。

扎根理论方法在产生理论的过程中帮助其整合描述性的数据,并且对描述性的数据进行解释。Pettigrew(1990)强调了在调查中通过进一步的面谈和随后对现象的观察来收集二手数据,从而产生理论的重要作用。

当然,这并不是说明定性研究方法,比如扎根理论,就可以取代传统的定量研究方法,近来的许多方法论的研究文献都指出定性或定量方法并不比对方更好,它们之间是相互补充的关系。实际上,各种方法的结合运用被许多研究者所推荐。

如上所述,变革动力包含了社会影响过程,而这个过程很少通过定性方法提供的丰富的数据来进行研究,以下我们进一步分析扎根理论方法在变革动力特征研究中的适用性。

扎根理论是一种形成理论、从中产生理论的方法(Glaser and Strauss,1967)。扎根理论从研究现象所代表的性质出发,得出理论,比如从动力特征过程中产生理论。扎根理论的核心是识别基本的社会过程,以及得出理论对象的本质。扎根理论通过系统收集某一现象的数据、分析这些数据,从而发现、发展并验证某方面的理论。因此,数据的收集、分析和理论的建立是一个相互作用的关系,研究不是从一个已有的理论出发来证实理论,而是从某个研究领域以及与该领域相关的问题出发来产生理论(Strauss and Corbin,1990)。

扎根理论采用系统的一系列的步骤从现象中来得到理论并发展理论,通过这种方法,通过现象分析产生的概念及其之间的关系并进行检验。Strauss 和 Corbin(1990)指出,如果扎根理论方法能得到正确合理的采用,它将会符合好的科学研究的标准,这些标准包括显著性、理论观察可行性、概念化、重演性、准确性、严格性和可验证性。

在扎根理论的产生过程中,会持续不断地在数据收集、数据分析和概念化/理论化之间产生相互作用,这些作用过程被称之为分析的持续比较方法(Glaser and Strauss,1967),这也是扎根理论的核心。持续比较意味着研究者要不断收集更多的数据、进行分析,把这个分析与先前的分析作比较,然后收集和分析更多数据以分辨变量之间的理论联系。Silverman(1993)指出,持续比较方法是该类研究的效度的源泉。

扎根理论通过对某类事件的前后因果过程进行概化总结,并建构理论,因此它是一个扎根于客观事实的过程研究方法。而主流的组织与心理研究方法注重的是识别那些抽象的因素以及它们与活动之间的关系,从这个意义上来说,扎根理论强调的是研究动态过程,而主流的组织与心理研究注重分析静态的结构(Parry,1998)。

Glaser(1992)观察到扎根理论对于"与组织、群体和其他社会结构中的人们的行为问题中的研究者和实践者"特别有效。因为动力特征是个社会影响的过程,这就明确地意味着扎根理论在动力特征研究中能发挥重要的作用,扎根理论倾向于归纳得出理论思想的方向,因而强调了理论的发掘而不是理论的检验(Hunt and Ropo,1995)。他们已经指出扎根理论识别了导致某类活动的过程和力量,而主流的组织研究方法聚焦于抽象的要素以及它们与活动的关系,因而"在这个意义上,扎根理论强调了动态性,而主流方法强调了事物的静态结构"(Hunt and Ropo,1995)。因此,扎根理论的这种过程分析的倾向能够加深人们对于动力特征现象的理解。同样的,Glaser(1992)也提出了扎根理论对于成熟的研究领域的贡献并不是产生新的理论概念和模式,因为这些理论领域通常已经饱和了,而是对于这个基本社会过程中理论的可能缺失进行更好的理论的概念化说明。动力特征就其已有研究来说是个成熟的研究领域,但是仍然有很多亟待进一步认识的问题,而扎根理论可以对基本的动力特征的相关影响过程得出更好的概念说明。

其中,组织变革动力特征研究得尤其不足,尤其是缺乏对公司创业背景下的变革动力特征的研究,更缺乏可直接借鉴的理论或成果,这就要求研究者要尽量放弃文献演绎模式,利用归纳方法从现象中提炼该领域的基本理论,从而逐渐创建和完善相应的理论体系。因此,要深入了解公司创业中的变革动力特征这一社会现象,挖掘相应规律的目的,扎根理论研究方法便成为比较合理的选择。

3.2.3　理论性抽样

Strauss 和 Corbin(1990)认为,扎根理论强调研究之初应避免有预设的相关理论,理论可依系统化的步骤由实际收集到的经验事实资料中归纳而得。因为扎根理论有相当大的部分是主观的"创造性的理论想象"的过程,因此比起许多研究方法,其客观与严谨程度都要低得多,但如果作为一个初探性的研究,其对理论发展与假设建立却是相当有用的工具。

扎根理论方法首先要对相关的资料进行收集,而访谈法是资料收集的主要手段,本研究主要是采用多阶段的访谈法来进行相关资料的收集。

1.访谈设计

访谈法的最大主因在于能够帮助研究者和研究对象之间建立起融洽的关系,进而让被研究者能够坦率地讲出真实的想法。因此,访谈法有利于研究者去捕捉研究对象的新的或者更为深层次的信息(王重鸣,2001)。另外,访谈法还能够帮助研究者收集到那些存储于关键管理者或决策者头脑当中的资料(颜士梅,2005)。

一个良好的访谈首先必须基于所要研究的问题和理论假设设计访谈提纲,包括问题、提问次序以及针对可能的回答设置追问式的问题。本研究的访谈对象是一系列公司创业中的企业的高管团队成员,他们大多在企业经营方面有丰富的阅历,具有许多内隐的知识或观念,所以我们采用既具有较强理论构思又具有灵活性的半结构化深度访谈法,通过追问式的访谈设计诱发其内隐认知,并使其外显化。

因此,本研究紧紧围绕我们意图研究的主题"公司创业中的组织变革动力特征",针对企业在公司创业过程中的具体行动任务,在进行了初步的企业访谈的基础上,本研究设计了以下的访谈提纲:

1. 请问贵企业所处的行业的市场环境变化情况怎么样,行业的市场竞争状况如何?

2. 在当前竞争的环境下,请问您(及高管层)是如何进行推动企业经营以及能力的发展,并试图取得竞争优势的?

以下的问题希望尽量用企业经营中的具体安排、关键事件进行说明,如战略的创新、市场开发、产品与服务开发创新、技术创新、管理与生产流程优化。主要追问问题有:

——企业经营中有什么思路?

——近两年来,你们进行了哪些典型的调整和创新(战略、市场、产品服务、流程)?请进一步举例介绍,企业的这些调整和创新是如何进行的?

——为了在公司经营活动中达到公司期望的目标,你们在行动上、制度上采取了怎样的措施?

——举例说明在市场开发、产品创新和流程创新中,公司管理层对公司进行了什么安排和适应调整?

3. 为了使得员工能够适应企业的要求(战略转变、产品或服务的高效开发、管理流程更为高效适应),提高企业的执行力,您(及高管层)是怎么样要求公司的员工的?(尽量用企业经营中的具体事例进行说明,如战略的创新、市场开发、产品与服务开发创新、技术创新、管理与生产流程优化。)

——公司的员工能理解并执行公司的经营目标吗? 你们是如何

促进员工落实公司的目标与任务安排的？

——员工在执行过程中能否达到公司的期望？你们又是如何促进员工在执行过程中提高效率的？

2.访谈实施与样本

本研究的样本是公司创业中的企业的高管人员,对于公司创业企业的确定是根据 Covin 和 Miles(1999)对于创业企业的四种分类,先向访谈对象说明各类公司创业的特征,符合其中一种或者一种以上公司创业类别的企业都属于本研究的样本。

根据扎根理论方法的要求,我们在收集资料的过程中,要不断进行资料的采集和比较分析。通过分析的过程来产生概念和范畴,直到没有发现新的概念和范畴,达到理论饱和。理论饱和之后收集资料也就到此为止。因此,我们的访谈按计划先分成两个阶段进行,通过这两个阶段的资料收集,比较分析之后,检查是否还有新的概念和范畴出现。第一阶段访谈了 7 家企业,第二阶段访谈了 6 家企业。访谈的企业高管共有 19 人。访谈主要是在浙江省内的杭州、诸暨和广东省的佛山、深圳等地取样进行的,这些企业主要分布于纺织服装、机械制造、现代服务业等行业,访谈对象基本为企业的高管团队成员。访谈工作都是由本人亲自去企业现场进行的,被访谈样本企业的基本情况见表 3.1。

表 3.1　访谈企业基本信息

访谈企业基本情况					
	序号	企业名称	所属行业	受访者职务	公司创业类型
第一阶段	1	成钢特种设备公司	机械	副总经理、财务部经理	1
	2	杭州万德人力资源服务有限公司	人力资源服务	总经理	1、2、4
	3	佛山绚丽织造有限公司	针织	总经理	1、3
	4	佛山嘉丽工艺制品有限公司	工艺品	总经理、总经理助理	1
	5	深圳歌特服装有限公司	服装	总经理、总经理助理	1
	6	浙江方正特种钢有限公司	特种钢铁制造	总经理、副总经理	1、3、4
	7	深圳华纺企业股份有限公司	服装	总经理助理	1

续表

		访谈企业基本情况			
	序号	企业名称	所属行业	受访者职务	公司创业类型
第二阶段	8	浙江伟士珍珠股份有限公司	珠宝	副总经理、办公室主任	1、2
	9	佛山品艺纺织品有限公司	纺织贸易	总经理	1、2
	10	杭州富特化工有限公司	化工	总经理	1
	11	杭州迈特水处理工程有限公司	水处理	总经理	1、3
	12	杭州天龙电子技术有限公司	电子	副总经理	1、3
	13	杭州文凯人力资源服务有限公司	人力资源服务	总经理、总经理助理	1、3

注:①公司创业四种类型:1.持续更新;2.战略重整;3.战略更新;4.业务重新定位。
②应被访谈企业要求,企业名称进行了更改。

在访谈过程中,研究者根据打算研究的公司创业中的动力特征问题,设计了半结构化的访谈提纲对被访者进行访谈,并根据各个被访企业的实际情况,围绕着本研究的核心问题的相关现象进行了适当的追问。访谈时间一般在1~1.5小时,征得被访者的同意,对访谈过程进行了录音。访谈结束后,我们收集了该公司的一些相关资料,作为访谈资料的补充。并且对被访企业的相关网站进行了检索,以获取更多该企业的信息。为了尽可能完好地保留访谈中的信息,我们一般在访谈结束的当天就把访谈录音整理成文稿。

3.2.4 资料的分析

1.开放性编码

开放性编码是指用来界定资料中所发现的概念,并分析概念的属性的过程(Strauss et al.,2001)。理论建立的第一个步骤,就是概念化。概念是对现象进行标定,它是研究者从资料中所指认出来的重要事件、事物、行动等的抽象表征。在开发性编码的过程中,资料在被分解成独立的部分之后,再被详细地检验与比较其中的异同,一旦被发现在性质上有概念的相似性或是意义的关联性,即被以更抽象的概念加以类聚,这些更抽象的概念就是范畴(categories)(Strauss et al.,1990)。

而在这个概念范畴化的过程中,将概念群组成范畴,是相当重要的。因为这样可以使分析者减少他所处理的资料的分量。此外,范畴具有分析力,它们可以有能力去解释和预测事件(Strauss et al. ,1990)。

因此,本研究根据开放性编码的要求,对访谈收集的资料进行了认真的比较分析,得到了对于我们意图研究的变革动力特征的编码结果,见表3.2。

表 3.2　变革动力特征访谈资料的开放性编码分析表(部分)

访谈资料记录	开放式编码			
	概念化	范畴化	范畴属性	属性维度
我们的业务属于人力资源服务行业,切入点是人力资源的招聘平台,与其他企业的区别,前程无忧是做大而全的平台,而我们做专业细分市场,我们做专业性的人才需求市场。当然,专业不是必然意味着利润,有些行业,市场需求就那么大。比如教育、医疗行业,市场就那么大,产出不大的,虽然竞争少。所以我们的总体思路是一个是做专业的网络的人才招聘(a1),而且要求效率高,尽可能低投入,快速抢占这个市场。总的来说,我们现在的发展,关键在于我们有这个明确的战略定位,也是我们对这个市场看得这么明白,快速地树立你在行业里的声誉,快速抢占市场(a2)。比如教育招聘,大家一般首先想到我们企业。前程无忧是大而全地做招聘。 战略执行问题。我们非常注重战略执行问题,现在的人都是我带了很多年的,我一直在提高他们的效率,让他们清楚知道企业怎么发展,他们怎么做(a9)。两个星期以前,我给他们开了一个会议,那么,你是否有危机,你们有没有感到。我们九月订单比去年数量降了40%,十月同比降了35%,当然,我们的订单价格比以前高了,但是,数量的减少已经说明了问题。在这种情况下这个行业里会面临什么问题,大家要清醒,脑筋要想清楚。第一,会出现恶性竞争。这个行业里的竞争也是很多的,所以要有充分的准备。所有的员工必须比以前更加努力工作才行,通过类似的会议、报告等形式,我们公司现在形成了一种紧迫的意识,就是大家都要时刻想着创新(a10)。	a1 总体思路是做专业网络人才招聘 a2 经营思路是快速树立声誉抢占市场 a3 根据用户需求不断创新业务 a9 指导下属理解战略目标 a10 促使企业形成危机意识和创新意识 a11 传输员工企业的要求 a12 激励员工认识个人与公司目标一致性	A1 战略制定,包括: a6 动力特征善于分析行业机会 a34 对行业有深刻理解 a47 动力特征对行业认识深 A2 战略推动,包括: a62 管理层细化公司战略 a175 公司发展战略有阶段性执行规划 A3 战略指导,包括: a9 指导下属理解战略目标 a99 管理层的战略思路指引项目的开发	战略价值 战略推进 创新气氛 文化推动 创新力度 创新激励	高低 强弱 强弱 强弱 大小 强弱

組織變革過程中的多層協同機制研究

访谈资料记录	开放式编码			
	概念化	范畴化	范畴属性	属性维度
我们会在比较重要的场合召集所有的部门开全体员工大会，平常一般就是各个部门每周、月要开小会，进行总结，传输我们管理层的思想，尤其是公司对于大家的工作要求(a11)。最近这半年，受经济危机的影响，我们的销售也大幅度下降了，但是我们在公司的人力资源、技术、销售、规划部等部门，不谈裁员降薪，这会打击大家的积极性。我留下的老员工要安慰、依赖他们，让他们认识到这是人生当中一个很难得的体验，让他们认识到公司与他们的利益和目标是绑在一起的，公司的目标、效率、创新，依赖他们去做(a12)。 　　强调员工的文化适应，我们要求做的东西，你就要去做好。有这样的感知，就会反应到他们行动的细节(a15)。 　　我们是在建筑机械行业做制造的，我们的主要产品是 20 吨以上的挖掘机，这个重量对于产品质量的要求是比较高的，这要求我们必须踏踏实实地去做我们的产品和市场。我们行业经营周期长、资金要求大、投入大，要求我们的制造基础要比较厚实。作为管理层，在行业知识方面，要求有较深的积累，才能为企业把好舵(a19)。 　　我们日常工作的一个重点就是尽快把我们的管理的基础工作做好，积极地引导整个企业的员工适应我们的企业发展要求，不断地学习，在这些企业价值方面不断地进行引导，让员工价值观方面达到我们的要求，这是我们管理层这些年的一个非常重要的任务(a23)。 　　产品上的工作：我们的制造环节主要是主机的装配和结构件的加工。侧重点是结构件的加工。在这个方面，我们公司的思路就是不断提高我们员工的技术水平和对产品的认识能力，并进而不断地改善、提升我们生产的工艺、	a15 强调员工的文化适应 a19 管理层有深厚的行业知识 a23 促进员工在认知与价值观上与企业一致 a24 促进员工的学习，提高他们的技能 a26 部门的任务的重新安排调整 a33 推动员工合作交流 a37 利用工厂资源不断开发产品	A4 创新气氛，包括： a10 促使企业形成危机意识和创新意识 a40 强化员工的开拓意识 A5 制度激励，包括： a79 经常开会告知企业对大家的要求 a134 形成企业全员参与的文化 A6 行动示范，包括： a135 管理层表现出积极的创新态度 a60 管理层容忍创新失败 a181 管理层投入很多精力关注新产品开发	柔性化 协作化	高低 高低

公司创业中的变革动力特征研究

访谈资料记录	开放式编码			
	概念化	范畴化	范畴属性	属性维度
流程和技术。因此，这个过程中，我们最为强调的就是，促进员工的不断学习、提高(a24)。我们依托我们合资公司的主因，把日本母公司的技术、产品和工艺引进到这里，然后，依靠我们员工的努力，不断地消化。这也是我们非常艰难的一个工作过程，做出了很大的努力。工作也是一个不断磨合的过程，因为很多的工艺技术，在日本好像是很容易实施的，但是，在我们这里，条件就有很大的差异。比如说，焊接的工艺、机械手的采用、数控机床的使用，都与日本有很大的差异，看似自动化程度很高，但还需要我们的程序，我们的工装，我们的运行过程、控制等，需要我们的技术设备和人员在不同环境条件下的适应。因此，必须靠我们的员工不断地进行分析、消化、采用。 我们依托我们的行业经验，在制造过程中，能够预见性地判断在哪些环节需要部门之间的协作，从而我们也能有计划、有目的地去完成这个部门之间的合作流程(a26)。下面的管理者如果不懂，我们就会跟他们预先讲，部门和部门哪些方面可能会有真空，哪些方面要部门之间注意协调。因为一旦某个环节采购来的部件不合格、不匹配，会导致我们整个的产品不合格。那么，这也需要发挥我们行业的经验优势，来预先安排、控制各个部门之间的任务协调和分配。 在员工的日常工作方面，我们也是一个要求大家合作的思路，来对他们进行培养。我们采用一个重点培养的方式，然后，要求他来教会其他员工，让他作班组长。在班组层面，也经常有这种交流会、总结会，来推动大家的学习、技能的提高。这方面，我们会把他的总结做成工作手册，来使得这个认识得到固化(a33)。	a38 与工厂合作开发产品对双方有利 a43 公司给予员工很大空间去发挥	A7 创新导向，包括： a4 加大服务创新项目的开发 a3 根据用户需求不断创新业务 A8 能力开发，包括： a7 投入充足资源进行研发创新 a137 有较强的研发能力 A9 制度推动，包括： a116 创新中规划各个部门共同参与开发 a120 公司根据经营需要建立弹性的项目小组		

注：具体编码过程见附录。

从表 3.2 中开放性编码的结果可以看到,对于公司创业中的公司管理层在市场经营过程的访谈等资料的分析,本研究总共得到了 21 个范畴。根据这些范畴所反映的概念的性质,对这些范畴本书分别命名如下:

A1 战略制定;A2 战略推动;A3 战略指导;A4 创新气氛;A5 制度激励;A6 行动示范;A7 创新导向;A8 能力开发;A9 制度推动;A10 组织柔性;A11 协作促进;A12 目标指导;A13 价值激励;A14 文化鉴别;A15 价值理解;A16 文化示范;A17 潜力开发;A18 行动支持;A19 制度推动;A20 相互沟通;A21 工作互助。

其中,A1~A3 是指在公司创业过程中,公司的管理层从公司的战略层面所从事的活动,以推动公司的战略形成和成功实施;A4~A6 是指公司的管理层为了推动公司创业活动的开展,营造与之相适应的公司文化,并用管理行动和公司的制度来进一步推广公司的文化;A7~A9 是指公司的管理层在公司创业过程中,强调公司的产品与服务的不断创新和改进,设法充分利用公司内外的资源来进行创新,并根据公司业务的特点,推出相关的公司制度来激励公司的创新活动;A10 和 A11 是指在企业的创新经营过程中,原有的组织结构往往不能适应企业创新的要求,在这种情况下,公司会主动对这种组织不适进行弹性设计和不断的调整,促使企业的组织具有较高的弹性来应对经营中的变革要求;A12 和 A13 是指在公司创业的过程中,公司管理层为了充分调动员工的积极性,对员工的追求和理想进行激励,并促进他们把自身的目标与企业的目标相结合;A14~A16 是指公司管理层注重企业文化层面的因素对于推动员工的心理层面或者说是精神层面在公司创业过程中的重要作用,强调员工的价值观与公司的价值观保持一致,并强化员工对公司的价值观的认同;A17~A19 是指公司管理层充分调动员工的已有和潜在的能力,贡献到公司创业的经营过程中来;A20 和 A21 是指在公司创业过程中,由于任务的不确定性会导致原有员工职责安排的不适应,企业需要员工超越自身职能的规定的意识,互相帮助、互相协作,完成公司的经营任务。

2. 主轴编码

虽然,我们通过前面的开放性编码识别了动力特征过程中的范畴,使得变革动力特征的作用过程变得容易记忆和识别,但是,在开放性编码之后,资料被分割成了范畴和次范畴。我们还需要依据范畴的属性和属性的维度再进行发展,并进一步产生次范畴(subcategories)和主要范畴,以解释我们研究的现象(Strauss et al.,2001)。而主轴编码是通过去发现概念之间彼此相互关联的方式,它的关键任务是探索和建立概念范畴之间的各种联系。通过对条件、背景、策略和结果的"编码范式(coding paradigm)",将次范畴(subcategory)联结到范畴(Corbin and Strauss,1990)。本研究对开放性编码中得到的208个概念和21个范畴进行了细致考察,把这些概念和范畴置于组织变革的背景中,针对组织变革过程中所面临的任务,组织的管理团队采取的行动,以及行动的结果,得到了公司创业过程中变革动力特征概念的2个主要范畴和8个次要范畴,如表3.3所示。

表 3.3　变革动力特征访谈材料的主轴编码分析

开发编码提取范畴	次要范畴	主要范畴
A1 战略制定	b11 愿景驱动	B1 变革动力特征
A2 战略推动		
A3 战略指导		
A12 目标指导		
A13 价值激励		
A4 创新气氛	b12 文化塑造	
A5 制度激励		
A6 行动示范		
A14 文化鉴别		
A15 价值理解		
A16 文化示范		
A7 创新导向	b13 创造突破	
A8 能力开发		
A9 制度推动		
A10 组织柔性		
A11 协作促进		
A17 潜力开发	b14 架构创新	
A18 行动支持		
A19 制度推动		
A20 相互沟通		
A21 任务互助		

本章根据概念和范畴发生时的相似关系、结构关系和类别关系等,对这些概念和范畴深入分析之后,把这 21 个范畴进行了连接:

A1~A3 是指在公司创业过程中,公司的管理层从企业战略上指引并推动企业的公司创业活动的实施,其内容主要有管理层深入地分析企业所面临的内外环境状况,为企业制定切实可行的战略目标与规划,并利用各种手段来推动公司战略的实施。A12 和 A13 是指在公司创业的过程中,公司管理层从公司战略的方面来充分调动员工的积极性,包括为公司员工指导公司战略目标,促进员工把个人目标与企业战略目标相结合,追求个人的长远发展和个人的理想实现。本研究把这 5 个范畴联结为次范畴——愿景激励。

A4~A6 是指公司的管理层建设推行创新性的文化,来进一步促进公司创业的进行,包括在企业的经营活动过程中,提倡创业型的公司文化;并且动力特征团队成员往往以身作则,向组织员工来示范公司所强调的文化;而且采用制度规范的方式,促进企业创业型文化的进一步确立。A14~A16 是指公司管理层注重企业文化层面的因素对于推动员工的心智模式在公司创业过程中的重要作用,内容包括识别和选择与公司文化和价值观类似的员工,通过公司各类活动来向员工宣传公司的文化价值观,采用各类激励行为鼓励员工认同并追随企业的公司创业型文化。本研究把这 6 个范畴联结为次范畴——文化塑造。

A7~A9 是指在公司创业过程中,需要不断地开发新产品,开拓新市场,提供创新性的服务,以争取企业的竞争主因。因此,公司的管理层在企业经营活动过程中,强调公司的产品与服务的不断创新和改进,设法充分利用公司内外的资源,提升企业创新能力,进行创新,并根据公司业务的特点,推出相关的公司制度来激励公司的创新活动。A17~A19 是指公司管理层在公司创业过程中,鼓励员工充分发挥自身的能力,并通过学习培训等方式开发自身的能力,积极投入到公司创业的工作中,不断开发与开拓,并运用公司制度来推动员工的创造与开发过程。本研究把这 6 个范畴联结为次范畴——创造突破。

A10 和 A11 是指在企业的创新经营过程中,往往伴随着原有组织结构及其任务安排的僵化,不能适应不断面临的新任务的要求。在这种情况下,公司会主动对这种组织不适进行弹性设计和不断的调整。一方面,公司管理层的主要工作包括了提高组织结构的弹性,适应变化中的组织任务变革的要求;另一方面,由于组织结构的滞后性,公司管理层强调在工作过程中,部门之间的协作能力提高。A20 和 A21 是指在公司创业过程中,由于任务的不确定性会导致原有员工职责安排的不适应。因此在公司创业的过程中,管理层强调并推动企业员工超越自身职能的原有组织的规定,以公司任务目标为导向,互相合作,完成任务。本研究把这 4 个范畴联结为次范畴——架构创新。

从以上这些范畴所包含的变革推动过程的特征行为作用来看,它们都注重从组织的战略、文化、产品与服务、组织架构四个方面对企业组织层面和组织中的员工进行推动,以促进组织的变革进行。我们从这四个范畴所包含的变革动力特征在组织变革过程中的结构关系和过程关系,进一步把这四个次范畴整合为组织变革推动过程的主范畴——B1:变革动力特征。它的含义是指在组织变革的过程中,组织的高管团队从组织的战略、文化、产品与服务、组织架构四个方面对企业组织的组织变革过程进行影响和推动,以推动企业的组织变革活动的成功实施。

3.选择性编码

在进行开放编码的时候,本研究关注的重点是通过对现象的概念化分析,建立范畴及其属性。而在主轴编码的时候,研究者致力于有系统地发展范畴,并连接范畴与次范畴。然而,只有当主要的范畴最后被整合并且形成一个较大的理论构架时,研究发现才真正成为一个理论(Strauss et al.,2001)。因此,我们通过选择性编码,对前面发展出来的范畴进行整合。

Strauss 等(1990)指出,决定核心范畴是选择性编码进行整合的第一步,核心范畴代表当前研究的主题。核心范畴是对前面所有分析结果而得到的词汇,而这个词汇可以用来说明整个研究的内涵,它能把其他的范畴联系起来,并形成一个完整的解释框架。核心范畴代表了研究中最重要的现象,它既可以从已经识别的范畴中出现,也可以根据解释核心现象的需要从更抽象的层面提取出来(Corbin and Strauss,1990)。核心范畴必须频繁出现在资料中,与最大数量的范畴之间存在意义关联,是比较稳定的现象(陈向明,1999)。

为了清晰地解释本研究的核心范畴并整合研究中提出的各个范畴,本研究采用撰写故事线的方法来进行整合。陈向明(1999)列出了选择性编码中撰写故事线的步骤:①明确资料的故事线;②对主要范畴、次要范畴及其属性和维度进行描述;③检验已经建立的初步假设,并填充需要补充或者发展的概念范畴;④挑出核心概念范畴;⑤在核心范畴和其他范畴之间建立系统的联系。

根据对本研究的访谈资料、概念、范畴、次范畴和主范畴进行的反复比较和分析,本研究认为公司创业是企业为了适应变化迅速、竞争激烈的环境而采取的企业层面的创业性行动,在这个过程中,公司的管理层扮演着关键的作用。从这个思路出发,公司创业过程中组织变革的动力过程的故事脉络是:在推动企业进行公司创业的过程中,公司管理团队首先面临的关键问题就是为了适应变化剧烈的竞争环境,公司创业要做什么,要怎么做? 因此,公司管理层首先从战略上为企业制定公司创业的战略规划,明确企业在创业经营过程中的方向。为了推动公司创业战略的成功实施,管理层努力塑造相适应的企业创新创业的文化,并在实际运作过程中,推进企业的产品和服务的不断创新和完善,以确保企业在公司创业过程中不断发展成长。而为了确保公司创业战略以及产品服务创新创造过程的顺利实施,对企业的组织结构进行不断的调整,使其具有高度的结构弹性和组织适应性。公司创业中对于组织层面的组织变革推进结构的系统而周密的安排是企业成功变革的根本前提,但是,组织变革的实施过程终归是要由企业的员工来执行的,而人力资源是企业经营的根本,推动企业员工积极投入到公司创业的过程中是公司创业成功的根本保障。为此,公司管理层在对员工变革推动过程中,在战略上,促使员工建立明确的奋斗目标,并与公司的战略紧密联系在一起。在文化上,提升员工对于公司文化价值观的认同,并促进其适应公司的创业创新的文化。在产品与服务的开发任务过程中,通过各种方式和手段,不断提升员工的能力并激发员工的努力。在动荡适应的组织结构调整过程中,不断促进员工协作能力的提升,更好地完成团队的任务和目标。因此,组织变革过程中的公司动力特征团队,在组织变革的过程中,必须从企业的组织、员工个体两个水平,推进企业组织变革的成功实施。

在这个过程中的核心是推动企业的组织变革过程,实现成功的组织变革。这样,通过推进组织变革这个核心范畴,我们把主范畴、次范畴、范畴和概念联结成一个整体,建立了各种范畴和概念的关联体系构思,因而本研究得到了公司创业中变革动力特征的结构体系图,如图 3.1 所示。

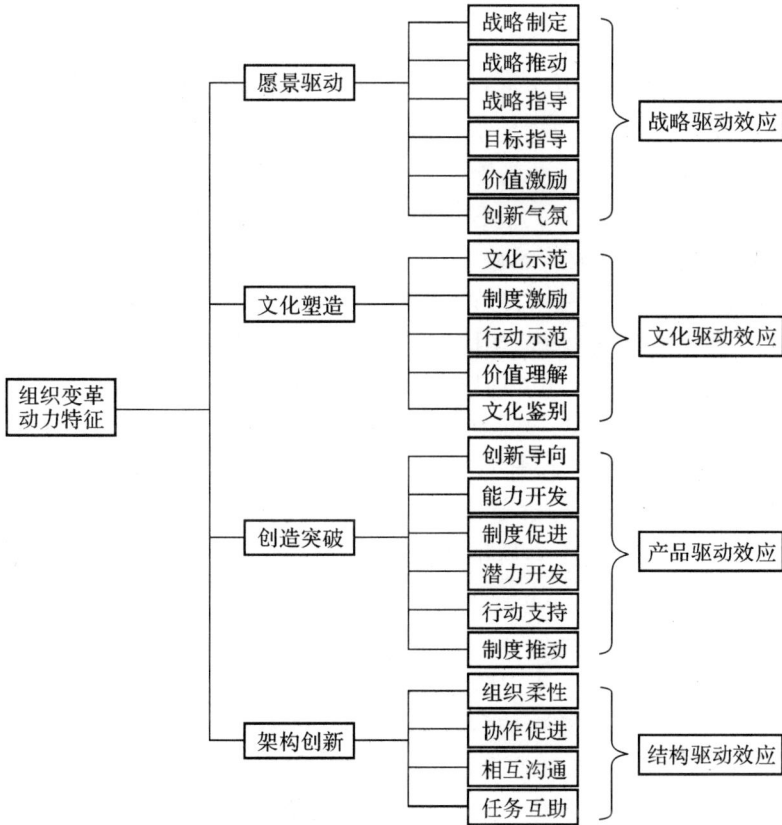

图 3.1　变革动力特征选择性编码结构

3.2.5　研究结果讨论

本部分的研究目的就是要识别在公司创业的组织变革情境下,变革动力到底是一个什么样的概念,变革动力是如何推动企业进行成功的组织变革过程的。根据本书对以往相关变革动力特征研究理论的回顾,结合我们对于变革过程中的变革驱动行为和作用过程的认识,我们认为变革动力是个动态的概念,同时,我们研究时还必须考虑到组织变革这个具体情境下变革驱动作用的过程,而以往的变革驱动相关研究在这方面却还没有得到成熟和令人信服的理论。扎根理论是一种形成理论、从中产生理论的方法(Glaser and Strauss,1967)。根据我们在研究初期对扎根理论的认识以及对于变革动力特征的认识,我们采用了扎根理论方法,来进行当前的这个研究。

1.研究结果的初步讨论

在采用扎根理论方法进行研究的过程中,我们遵循它的系统方法,总共进行了两个阶段的理论抽样,对 13 个处于公司创业过程中的企业进行了访问,访谈了 19 位企业高管人员。通过对访谈材料的持续比较分析,本研究达到了对于变革驱动过程中的动力特征概念分析的理论饱和。经过三个编码过程,即开放式编码、主轴编码、选择性编码,本研究得到了变革动力特征的四个范畴来解释组织变革的推动过程,这四个范畴分别是愿景驱动、文化塑造、创造突破、架构创新。变革动力特征的这四个范畴反映了在公司创业过程中,公司管理层对于的组织变革推动作用特征。

对于扎根理论方法实证研究结果的评价,Corbin 和 Strauss(1990)提出了 7 个评估标准:①产生了新的概念吗? ②这些概念系统性地相关吗?③存在众多的概念联系和很好地开发了范畴吗? 这些范畴具有概念性的密度吗? ④理论构建中容纳了众多的变异吗? ⑤研究的解释是否包括了影响现象的边界条件? ⑥是否将研究的过程性纳入了考虑? ⑦理论发现的重要性如何?

本部分对于组织变革中的动力特征的研究,是采用基于扎根理论的访谈研究。根据对原始数据的深入分析,在这些数据的基础上,本研究发掘了一系列的新概念,如愿景驱动、文化塑造、创造突破、架构创新等组织变革过程中驱动过程的概念。本扎根研究中的概念都是系统相关的,它们通过各种逻辑关系紧密地联结在一起。本研究基于 13 个公司创业过程中的企业访谈,具有丰富的原始数据信息,产生了 208 个概念,通过对这些概念的比较分析,得到了 21 个次范畴,并通过对这 21 个次范畴的结构关系、相关关系以及它们的属性和维度的比较,提取出了主要范畴。由于本扎根理论研究是建立在对公司创业过程中组织进行变革的过程基础上进行的,得出的理论反映了组织变革过程的特点,具有良好的过程性和实践性。该理论结论可以用来很好地解释组织变革过程中,有效进行变革的组织动力特征的过程特点,适用于对组织变革过程中的动力特征的解释。变革动力特征概念模型的提出,对于人们进一步认识组织变革的动力特征,从理论上和实践上都有重要的价值。因此,本书认为,本部分的研究符合扎根理论对实证理论结论的评价要求。

然而,在通过扎根理论方法,形成变革动力特征理论之前,我们有必要对以往相关的组织变革与变革驱动研究的文献再进行回顾,从而能够更深入地探讨我们所研究的对象,在此基础上建构本研究的理论。

2.结合文献的进一步探讨

扎根理论研究方法是一种探索现象的归纳性研究,而非逻辑演绎性研究,其目的是帮助研究者"由资料中发现理论",而非"验证既存理论"。Strauss 和 Corbin(1990)认为,扎根理论强调研究之初应避免有预设的相关理论,理论可依系统化的步骤由实际收集到的经验事实资料中归纳而得。但是,扎根理论方法同样也提出了文献回顾的价值。费小东(2008)认为,文献回顾是扎根理论方法与其他研究方法最有差异性和争议性的研究步骤。他指出,扎根理论研究中纵览文献有两个作用:一是获得在某个研究课题领域所涉及的问题的感觉,二是辨别出该领域用扎根理论方法所要弥补的不足之处。也就是说,在扎根理论方法分析之前,具备开放的思想不等于没有思想。Glaser(1992)指出,在理想的状态下,扎根理论者最终形成理论,再结合现有文献进行分析,应当会超出其原有的范围和限制。也就是说,那样形成的理论将超出前期研究的范畴和深度。并且,当扎根理论达到理论饱和时,在某一实质研究领域中的文献寻找和回顾可以在更深层次上进行。所以,阅读文献在现代的扎根理论研究中是有一席之地的(Glaser,1992)。因此,我们将根据前面对以往理论的回顾和分析,结合本扎根研究得出的初步理论框架,来得到我们所要研究的组织变革过程中的变革动力特征的理论。

如前面的文献回顾中所揭示的那样,无论是心理学还是管理学已有的变革动力的研究都为我们理解变革动力特征是什么,变革动力怎么发挥作用提供了颇有价值的知识背景和参考。这里需进一步强调的是,战略领导理论和组织系统理论对我们理解变革动力特征,在扎根理论研究基础上建构变革动力特征理论具有重要的价值。

3.战略领导理论的启示

组织变革驱动的主体、客体是谁?它们在组织变革过程中承担着什么样的任务?这是我们理解变革动力特征这一理论概念的根本。

以往心理学的变革研究主要是从个体水平进行的,它们关注变革过程中个体的特征、风格、行为系等,该类研究的一个不足就是难以解释组织水平的变革动力现象。而从管理学角度进行的组织变革研究,一般都针对明确而具体的组织变革实践,这些组织变革的任务既包括组织层面的组织战略、文化、结构、产品创新等任务,也包括了对于完成这些变革任务的组织中员工的管理特征。因此,这类研究有的关注组织层次的问题,有的关注个体层次的问题,有的却是关注组织与个体两个层次的问题。这些大量的研究缺乏整合,导致当前人们对变革驱动的主客体的模糊。其中,战略领导理论为我们理解本书采用扎根理论方法得出的变革动力特征的研究结论提供了有力的支持。

战略领导理论把企业的经营看成是组织的核心管理层,通常也称之为高管团队的特征和行为的结果(Hambrick and Mason,1984)。Hitt 等(1999)把战略领导定义为企业管理层为了组织的长远生存和发展,展望未来、建立组织愿景、保持组织弹性,并进行组织的战略性思考的能力。Child(1972)提出,组织高层的经理们所处的地位,使得他们具有识别并作出决策的权力,而且他们也对企业的经营承担着责任,因而他们对企业的绩效有重要的影响,并影响企业的战略以及执行过程。

最重要的战略领导群体是组织的高管团队成员,战略领导的责任分布在这些成员的身上,他们共同承担着为组织的长远发展而进行动力特征的责任。Boal 和 Hooijberg(2000)认为,战略领导者的关键活动和能力包括:愿景展望、战略制定、推动组织关键能力的建立、为组织创造愿景和意义。Ireland 和 Hitt(2005)指出,当今战略领导应该在共享知识、组织愿景和责任的基础上,与组织中其他成员进行互动来追求企业成功。

因此,结合扎根理论研究得出的变革动力特征初步结论,我们可以认为,组织变革驱动的主体是组织的高管团队,它的客体是组织以及组织的全体成员,组织管理层在组织变革中共同承担着推动组织及其组织中的成员投入变革,推动变革有效实施而进行管理的责任。

4. 组织系统理论的启示

变革动力包括哪些要素?它是如何在组织变革的过程中发挥作用的?这是变革动力特征概念的核心内容。组织系统理论可以为我们理解变革动力特征的核心内容提供坚实的理论基础。

首先,从组织系统理论的角度来看,企业组织变革是适应外部环境变化而进行的,以改善和提高组织效能为根本目的的管理活动。外部环境的变化是企业组织变革的最大诱因。那么,由于企业组织的系统特性,企业的组织变革也是一个系统的过程。Stacey(1995)在谈到组织内部人力网络的相互关系的时候明确指出,"组织就是复杂适应系统",员工个体就是智能体,他们都对组织整体演化起重要作用。

Cao 和 Clarke(1999)提出了组织变革的四维度理论,将组织变革系统分为组织流程子系统、组织结构子系统、组织文化子系统和组织行政子系统,组织内四个子系统的变革被认为是高度内部协同的动态过程,因为这四个维度在方法上和整体上都是彼此依赖、相互制约的。

因此,本书在对以往组织理论与系统理论的回顾基础上,总结认为公司创业是个组织变革过程,在这个组织变革的系统过程中,对于组织中的各个要素之间的关系以及它们之间相互作用的关系,我们从企业的战略、文化、产品与服务、组织结构这四个组织的系统要素方面来分析,可以得到关于企业组织系统变革过程的系统透视。本研究采用扎根理论方法研究的结果,有力地支持了公司创业中变革动力特征的系统思路。根据我们的研究结果,变革动力特征包括了在组织过程中的战略、文化、产品与服务、组织结构四个方面的作用要素。其中,在企业的战略上表现为愿景驱动,在企业的文化上表现为文化塑造,在企业的产品与服务上表现为创造突破,在企业的组织结构上表现架构创新。

3.2.6 公司创业中的变革动力特征的研究小结

1.变革动力特征的概念内涵

本部分的研究根据我们所要研究的对象的特点,采用了扎根理论方法进行了探索,经过对公司创业企业的两个阶段的访谈以及相关材料的三个阶段编码,本研究提取出变革动力特征的特征要素。结合系统理论的观点,本研究的研究结果表明,公司创业中的变革动力特征是一个作用于组织整体和组织中的成员这两个层次上的概念。在组织变革过程中,变革动力是通过对企业组织和企业员工从战略、文化、产品与服务、组织结构四个方面发挥的系统作用,推动企业的组织变革的成功实施。它的内容结构如表3.4所示。

表3.4 变革动力特征的概念内容

系统要素	战略	文化	产品与服务	组织结构
动力特征	愿景驱动	文化塑造	创造突破	架构创新

变革动力特征含义:指在企业在组织变革的过程中,企业的高管团队为推动组织变革的实施而采取的管理行动所包含的特征。这些行动的目的是推动企业的变革进程。变革动力特征的内容从系统的视角看,包括了战略、文化、产品与服务、组织结构四个方面的要素。

变革动力特征的各个维度的具体含义如下:

愿景驱动:指在公司创业过程中,公司的管理层从企业战略上指引并推动企业的公司创业活动的实施。其内容主要有管理层深入地分析企业所面临的内外环境状况,为企业制定切实可行的战略目标与规划,并利用各种手段来推动公司战略的实施。

文化塑造:指公司的管理层建设推行创新性的文化,来进一步促进公司创业的进行。其内容包括在企业的经营活动过程中,提倡创业型的公司文化;并且动力特征团队成员往往以身作则,向组织员工示范公司所强调的文化;而且采用制度规范的方式,促进企业创业型文化的进一步确立。

创造突破:指在公司创业过程中,需要不断地开发新产品,开拓新市场,提供创新性的服务,以争取企业的竞争主因。因此,公司的管理层在企业经营活动过程中,强调公司的产品与服务的不断创新和改进,设法充分利用公司内外的资源,提升企业创新能力,进行创新,并根据公司业务的特点,推出相关的公司制度来激励公司的创新活动。

架构创新:在企业的创新经营过程中,往往伴随着原有组织结构及其任务安排的僵化,不能适应不断面临的新任务的要求。在这种情况下,公司会主动对这种组织不适进行弹性设计和不断的调整。一方面,公司管理层的主要工作包括了提高组织结构的弹性,适应变化中的组织任务变革的要求;另一方面,由于组织结构的滞后性,公司管理层强调在工作过程中,部门之间的协作能力提高。

2.研究结果评价

就本研究提出的变革动力特征来说,其主要体现了以下几个特征。

(1)变革动力特征体现了组织系统理论的思路

公司创业是个系统的组织变革过程,因此公司创业中的动力特征也必须是从组织系统的几个方面来推动公司创业的进行。本研究采用扎根理论方法得出的理论结果也支持了变革动力特征是个多层次的系统概念的观点。从组织系统理论的角度来看,变革动力特征包括了组织系统的四个方面,分别是:战略、文化、产品与服务以及组织结构。

在公司创业的过程中,企业的管理团队不仅要指引组织经营的方向和推动企业在战略、文化、产品与服务、组织结构等方面的进程,还由于员工是公司创业的组织变革实施中的关键因素,组织变革的进程是由员工来操作并实施的,所以企业的管理团队还必须指导和推动员工不断提升自身能力、积极参与组织变革,并充分发挥员工的能力和潜力,配合企业组织变革的进程,实现企业的成功变革。因此,所有组织变革的过程是从战略、文化、产品与服务以及组织结构四个子系统来推进的。

(2)变革动力特征体现了战略领导理论的思路

本研究从组织变革中组织面临的具体任务出发,识别出公司创业的推动者是企业的高管团队,它与战略领导理论是相一致的。战略领导理论把企业的经营看成是组织的核心管理层,通常也称之为高管团队的特征和行为的结果(Hambrick and Mason,1984)。Hitt 等(1999)把战略领导定义为领导者为了组织的长远生存和发展,展望未来、建立组织愿景、保持组织弹性,并进行组织的战略性思考的能力。Child(1972)提出,组织高层的经理们所处的地位,使得他们具有识别并作出决策的权力,而且他们也对企业的经营承担着责任,因而他们对企业的绩效有重要的影响,并影响企业的战略以及执行过程。

遵循战略领导理论的思路,本研究对正在进行公司创业的企业高管团队成员在执行组织变革的过程中的关键任务进行了访谈。结合扎根理论研究得出的关于变革动力特征的结论,我们认为,变革动力产生的主体是组织的高管团队,它的客体是组织以及组织的全体成员,变革动力作用的过程是组织的高管团队成员共同承担着成功推动组织变革的责任,采取各种相应的行动,推动企业公司创业的成功实施。

(3)变革动力特征体现了中国背景特色

在中国文化里,组织的管理层往往对组织的运作发挥着统治性的作用,体现出高度集权的特点,导致了跟随者往往产生权力膜拜与跟从,并形成了"学而优则仕"的观念。在现代的中国企业中,组织的管理层也承担着企业生存发展的重任,而中低层管理者往往表现为组织高层决策的代言人,其本身更多的是体现组织特征而非个人的领导特征,其对组织的影响力也相对有限得多。

由此看来,战略领导理论为我们认识中国的公司创业企业的变革动力特征提供了一个有效的视角,研究结果也支持了变革推动过程的主体是企业的高管团队,他们承担着企业的公司创业最高决策与推动实施的重任。

"运筹帷幄","广谋善断","谋定而后动"。孔子在《中庸》中说:"凡事预则立,不预则废;言前定则不跲,事前定则不困,行前定则不疚,道前定则不穷。"这反映了事先做好各方面的战略规划,而后根据规划系统推进事物的发展进程的思路。而王辉、徐淑英和忻蓉等(2006)对中国的相关人员进行了两次调查,结果归纳总结出中国企业 CEO 的行为特征,提出一个包含了六维度的领导行为因素结构,它们分别是:设定愿景、开拓创新、监控运营、关爱下属、展示威权和协调沟通。从他们的结论中可以看到,在组织变革的推动过程中,既要从组织层面,又要从员工个体的层面进行管理。

在本书对企业高管的访谈过程中,比较多的说法有:"管理层在行业知识方面,要求有较深的积累,才能为企业把好舵","让他们知道公司与他们的利益和目标是绑在一起的,公司的目标、效率、创新,依赖他们去做","我们现在的发展,关键在于我们有这个明确的战略定位","职能分配就目前而言,清晰合理,同时我们也确保了我们这个架构有足够的弹性","中层会不遗余力地去推动员工之间的这种团结和协作",等等。

从这些具有代表性的访谈材料中可以看到,组织变革的推动过程贯穿了企业公司创业过程中的战略、文化、产品与服务以及组织结构四方面在组织层面、员工个体层面的系统内容。

因此,本研究对变革动力特征概念的开发,既体现了企业公司创业的中国组织管理文化的背景,又反映了面对激烈的竞争环境,企业的管理层所采取的组织变革的行动和步骤。

(4)变革动力特征也是对组织变革背景的具体体现

以往对于组织变革的研究指出了组织变革不仅要关注对于组织的变革措施,也必须关注组织变革中员工对于组织变革的反应。Elias(2009)指出,在组织变革执行的过程中会发生组织各个层面的压力,如果没有较好地处理员工的态度和行为问题,就可能会减少员工的工作满意度、组织承诺、信任和动机。Carnall 等(1999)认为,传统上的组织变革被认为是发生在组织水平的过程,代表了组织具体的行动,是组织改变其内部特征、规范性以及适应外部环境变化的过程。

本研究作者在对以往组织变革、变革情境中的动力特征的相关研究进行深入学习与分析的基础上,具备了一定的与研究相关的知识背景。在采用扎根理论方法进行访谈研究时,结合公司创业的具体任务背景,针对公司创业中所面临的最关键问题是什么,公司管理层应该如何应对组织变革过程中的挑战,进行了初步的访谈,在此基础上设计了半结构化的动力特征访谈提纲。经过对公司创业企业的两个阶段的访谈以及相关材料的三个阶段编码,本研究提取出变革动力的特征要素。结合系统理论的观点,本研究的研究结果表明,公司创业中的变革动力是组织在变革过程中,公司管理层通过对企业组织和企业员工从战略、文化、产品与服务、组织结构四个方面发挥的系统作用,推动企业的组织变革的成功实施。

因此,本研究提出的公司创业中的变革动力特征模型,具有清晰而聚焦的实践原型,确保了该理论模型的生态效度,并在扎根理论方法研究结论的基础上,结合以往组织变革管理理论、系统理论的重要成果,进一步提出了变革动力特征的系统概念,使得该研究不仅在理论上取得了进展,在实践上也更具指导意义。

3. 本研究的意义和局限

我们对于组织变革的实施过程与动力机制的认识应该源于我们更好地理解组织变革是在什么情况下发生,它应该发挥什么作用。本研究针对公司创业中企业高管团队成员如何识别组织变革需要,并采取相应行动来推动组织进行公司创业的过程进行了扎根理论方法研究,在结合以往组织变革研究成果的认识上,本研究提出了变革动力特征模型。这个结论为今后的组织变革过程的研究提供了有价值的参考。

当然,首先由于在访谈过程中,被访者易于出现社会称许效应,使得访谈结果不能够做到足够客观,而且本研究没有足够的时间、精力和途径来收集尽可能丰富的相关资料,使得研究不能更精细地完成。其次,在扎根理论方法研究中,研究者本身就是研究工具,研究者本身的知识水平和能力对于理论的深入发掘有着重要的作用,这一方面指出了该领域研究亟待深入的方向,同时也促使作者今后要不断努力提高自己的知识水平,以便做出更为深入有效的研究。

3.3 子研究二:公司创业中组织变革动力特征的验证研究

3.3.1 研究目的

我们在上一个研究环节中采用了扎根理论方法,对 13 个正在进行公司创业的企业的 19 位高管团队成员进行了两个阶段的访谈,在访谈材料和相关企业资料收集的基础上,经过三个阶段的资料的编码和比较分析,识别并提出了变革动力特征概念模型,并初步明确了变革动力特征中各个维度的含义。但是,扎根理论作为一种定性理论研究方法,我们在访谈收集资料的过程中,不可避免地会受到资料收集技术的限制以及访谈过程中各种主观和客观因素的影响和限制,而导致该研究方法的局限性,所以本研究提出的变革动力特征理论还有待我们对它进一步检验。在对理论研究过程中定性和定量研究方法的比较分析的基础上,Strauss 等(1990)提出,除非受到了过度的研究限制,否则有用的研究经常伴随着定性和定量研究方法的不同程度的组合。为此,他们提出的研究忠告是,研究者们应该依据定性和定量方法的交互运用来进行理论思考。

通过扎根理论的研究,本书提出了变革动力特征是个多维的结构概念,包括了愿景驱动、文化塑造、创造突破、架构创新四个方面的内容维度。所以,为了进一步检验本书提出的该变革动力特征概念模型,本章计划采用问卷研究的方法进行概念的进一步检验。本研究在以往相关变革研究的成熟量表和扎根理论研究访谈的基础上,设计变革动力特征问卷,经过试测,确定了本研究的变革动力的问卷量表,之后采用这个量表进行了企业的问卷调查。对问卷调查的结果,我们采用探索性因素分析和验证性因素分析方法的综合运用,对前文研究的结果进行检验,以验证前文研究得出的变革动力特征理论,为本书后续研究奠定基础。

3.3.2 研究方法

问卷法适用的研究问题比较广泛,并且可以系统地获取数据,合理利用问卷调查,人们可以快速有效且经济地收集相关研究数据(陈晓萍等,2008)。本部分研究试图在前面扎根理论方法进行定性研究的结论的基础上,采用问卷调查的方法,对变革动力这一概念进行进一步的研究。问卷法是通过书面问卷的方式,以严格设计的测量问题或项目针对研究对象收集资料和数据的一种方法。

1.调查样本

问卷调查的根本原则是能够准确地让被调查者对被调查问题有清晰的认知,它要求参与者认真参与,并提供真实而坦诚的答案。为此,本研究在调查过程中都是请对当地企业有一定熟悉度的朋友帮助进行发放调查问卷。本研究的问卷调查分为两个阶段,第一个阶段主要是在江西南昌、广东佛山等城市进行的。这个过程共调查企业 59 家,为了确保所调查的企业是公司创业过程中的企业,本研究在问卷 A 中对公司创业的四个类型进行了详细的说明,并请高管人员在这四种经营类型和其他的经营类型中做出选择,符合公司创业四种类型之一或者一种以上的企业即作为本研究的公司创业企业的调查对象,而选择四种类型以外的企业经营类型的企业就不是本研究的公司创业对象。最后有 55 家企业符合本研究中的公司创业企业特征,对这 55 家企业,每个企业请两位高管人员填写高管人员的调查问卷 A 卷,回收的问卷在剔除了空白、关键数据缺失、数据循环、数据极端化等情况的问卷后,本次调查获得企业成套有效问卷的共有 49 家,有效问卷 A 卷 98 份,有效回收率为 89.1%。

本次调研数据用于探索性因素分析。样本的基本统计信息如表 3.5 和表 3.6 所示。

表 3.5 样本基本信息统计表:第一阶段取样企业信息(共 49 家)

高技术	数量	百分比	行业	数量	百分比	所有制	数量	百分比
认定高技术	3	6.1	制造业	34	69.4	国有	4	8.2
非高技术	46	93.9	服务业	15	30.6	民营	37	75.5
						三资	8	16.3

员工人数	数量	百分比	年销售额	数量	百分比			
50 人以下	7	14.3	500 万以下	9	18.4			
51~100 人	15	29.6	500 万~3 亿	25	52.0			
101~500 人	17	35.7	3 亿以上	15	29.6			
501 人以上	10	20.4						

表 3.6 样本基本信息统计表:第一阶段取样高管团队成员(共 98 人)

性别	数量	百分比	年龄	人数	百分比	学历	人数	百分比
男	57	58.2	25 岁以下	7	7.1	高中与中专	19	19.4
女	41	41.8	25~34 岁	43	43.9	大专与本科	52	53.1
			35~44 岁	34	34.7	研究生及以上	27	27.5
			45 岁以上	14	14.3			

为了对第一阶段探索性因素所得到的结构维度进行验证,本研究实施了第二阶段的调研取样。为了提高研究样本的代表性,取样在全国多个地区进行,样本包括了北京、厦门、深圳、佛山、杭州、诸暨、宁波等地区的公司创业型的企业。同第一阶段的样本发放类似,调查也采用了 A 卷,共调查了 145 家企业,本次调查获得样本企业 104 家,有效问卷 A 卷 208 份。高管

样本的基本统计信息如表 3.7 和表 3.8 所示。本次调研数据用于验证性因素分析。

表 3.7　样本基本信息统计表:第二阶段取样企业信息(共 104 家)

企业规模	数量	百分比	年销售额	数量	百分比	所有制	数量	百分比
50 人以下	22	21.1	500 万以下	15	14.4	国有	19	18.3
51～100 人	21	20.2	500 万～3 亿	48	46.2	民营	71	68.3
101～500 人	48	46.2	3 亿以上	41	39.4	三资	14	13.4
501 人以上	13	12.5						
高技术	数量	百分比	行业	数量	百分比			
认定高技术	92	88.5	制造业	55	52.9			
非高技术	12	11.5	服务业	49	47.1			

表 3.8　样本基本信息统计表:第二阶段取样高管团队成员(共 208 人)

性别	数量	百分比	年龄	人数	百分比	学历	人数	百分比
男	154	74.0	25 岁以下	4	1.9	高中与中专	13	6.2
女	54	26.0	25～34 岁	55	26.4	大专与本科	130	62.5
			35～44 岁	112	53.9	研究生及以上	65	31.3
			45 岁以上	37	17.8			

2. 问卷发放和收集

本研究所关注的变革动力特征是一个组织水平的概念,因此我们的以后部分的研究所使用的数据是经过数据聚集以后得到的数据,而在探索性因素分析和验证性因素分析当中我们所使用的则是原始的针对个体问卷所得来的数据。我们之所以认为这样做具有相应的合理性,主要是基于两点考虑:首先,变革动力特征是一种共享性的组织特征,也就是该特征在组织水平和个体水平上具有相同的内容和结构(Klein and Kozlowski,

2000);其次,由于组织水平的研究往往是在相对较少的组织当中选取相对较多的人员来填写问卷,因此为了保证因素分析样本量的充足性,一般也就是使用个体层面的数据进行因素分析检验测量工具的内部结构,而使用组织层面的数据进行后续的深入研究(Gibson and Birkinshaw,2004)。

由于变革动力是对企业在组织层次产生的推动作用,高层领导能够更清晰地把握,比如通过各种报表数据、各个项目的完成情况来把握,所以本研究中,把变革动力特征问题设计为 A 卷,每个企业由两位高管团队成员分别回答。

3.3.3　研究测量

本研究在开发这个变革动力特征量表时,主要依据是根据在扎根理论分析过程中产生的概念中各个维度所代表的现象所表示的概念含义,在这个基础上,本研究也参考了以往文献对于变革管理过程的研究观点和问卷量表。比如,科特对于组织变革过程中领导层应该发挥的作用提出的八个方面的要点。在开发量表的过程中,本研究遵循陈晓萍等(2008)提出的一条规律是:对于研究思路、理论基础、研究假设的确立必须提前于研究方法的设计。在研究设计问卷之前,研究者必须做出如下决策:

问卷中将要调查哪些变量?

问卷中的变量之间是什么关系?

问卷中所含的变量是什么样的结构?

在这个基础上,本研究开发了变革动力特征的问卷。问卷开发出来以后,本研究请了一位企业管理专业的副教授、两位企业管理专业的博士生和一位企业经理共同对这个问卷进行了探讨,大家在明确所要研究的变革动力概念基础上,结合企业公司创业过程中的组织变革实践,对每个问卷题项进行了仔细的研读和讨论,剔除了一些语意不清晰和题项之间区分度较差的项目,并对原有题项的表述进行了重新的修订,以进一步确保问卷尽可能真实反映概念、语意简洁易懂。在此基础上,我们得到的问卷中组织水平的变革动力特征包括了四个维度:愿景激励有 8 个问项,文化塑造有 6 个问项,创造突破有 7 个问项,架构创新有 8 个问项。之后,我们进一步对这套问卷进行测试,我们向 30 个企业发放了初步设计的变革动力特征试测问卷,后来回收了有效问卷共 60 份。在对这批问卷进行初步的探索性分析的时候,发现有一些题项的得分与同类属中的其他题项在得分上相比存在明显偏低,同时发现一些题项在两个以上的维度上都有负荷,并且这些负荷间的差异也较小。因此,我们进一步对上述变革动力特征问卷进行修正,在剔除有问题的选项后得到的变革问卷中组织变革动力包括了四个维度:愿景激励有 4 个问项,文化塑造有 3 个问项,创造突破有 3 个问项,架构创新有 3 个问项。

统计方法:本研究将使用统计软件 SPSS 11.0 进行描述性统计、探索性因素分析,并使用结构方程模型软件 AMOS 5.0 对变革动力特征概念进行验证性因素分析。

3.3.4 变革动力特征模型的探索性因素分析与结果

1. 样本检验

对某个项目的问卷进行探索性因素分析的前提是变量间的相关性,如果变量之间正交,那么它们之间就不会存在公共因素,也就没有必要进行因素分析了。常用的两个表征问卷变量之间相关程度的指标是 KMO 和 Bartlett's 球度检验值,当 KMO 大于 0.9 时效果最好,大于 0.7 以上时效果尚可,大于 0.6 时效果较差,而小于 0.5 的话则不适合进行因素分析了。Bartlett's 球度检验值达到显著水平,我们就可以进行因素分析;反之,则不宜进行因素分析。

我们利用第一阶段调查的数据对变革动力特征问卷进行了 KMO 和 Bartlett's 球度检验,如表 3.9 所示。根据统计结果,本研究的样本充分性和球度检验的结果表明本研究的样本和问卷 A 的项目可以进行探索性因素分析。

表 3.9 组织变革动力的样本充分性和球度检验

项目		
Kaiser-Meyer-Olkin 样本适宜性测量		0.689
Bartlett's 球度检验	χ^2	503.036
	df	66.000
	Sig.	0.000

2. 探索性因素分析与结果

研究中我们对变革动力特征问卷分别采用主成分法提取因素进行探索性因素分析时,根据凯泽(Kaiser)标准,抽取因素特征值大于 1 的因素,使用 Varimax 最大方差方法对坐标轴进行旋转,并结合碎石图的结果对因素进行判断。在方差最大化旋转后,研究分别得到变革动力特征的因素载荷矩阵如表 3.10 所示。

表 3.10　组织变革动力特征探索性因素分析结果

因　素	测量项目	F1	F2	F3	F4
F1 愿景 驱动	VI2 领导层向员工传达了公司的战略发展思路和目标	0.86	0.06	0.13	−0.08
	VI1 领导层对于我们所从事的行业有深入的理解	0.85	0.03	−0.03	−0.11
	VI4 领导层对于我们这个行业的发展具有洞察力	0.83	0.24	0.22	0.00
	VI5 领导层明确地指出了公司的长期发展目标	0.68	0.23	−0.21	0.09
F2 创造 突破	IN6 公司善于发掘利用外部关系资源来开发市场	0.09	0.88	−0.03	0.15
	IN5 公司重视对于行业和市场的分析	0.19	0.78	0.26	−0.04
	IN7 公司在竞争中重视建立并发挥自己的独特主因	0.29	0.71	0.30	0.11
F3 文化 塑造	CU5 领导层本身就具有积极创新的态度和行为	−0.05	0.12	0.82	0.09
	CU6 领导层对于公司内的创新的失误采取宽容的态度	−0.10	0.14	0.75	0.32
	CU3 领导层促使公司的员工感觉到企业的危机意识	0.20	0.13	0.64	0.14
F4 架构 创新	AD2 公司的管理层次较少,有利于提高组织效率	−0.12	0.25	0.06	0.76
	AD8 公司部门之间信息交流比较好	0.06	0.10	0.20	0.73
	AD1 公司根据业务的开发需要成立临时项目团队	−0.05	−0.15	0.19	0.71
各因素解释变异的百分比(%)		21.61	16.50	15.92	13.90
四个因素共解释变异百分比(%)		67.93			

对以上问卷 A 进行探索性因素分析的结果表明,我们可以从问卷 A 中的 13 个题项中提取出 4 个因素。这些因素累计解释的总体变异为 67.93%。根据因素归类中测量项目的内容,结合本研究的理论构思,我们

将这些因素命名为:F1——愿景驱动,解释了总体变异的 21.61%;F2——创造突破,解释了总体变异的 16.50%;F3——文化塑造,解释了总体变异的 15.92%;F4——架构创新,解释了总体变异的 13.90%。四个因素共同解释了总体变异的 67.93%。

在上述研究的基础上,我们对于上述变革动力特征的四个因素分别进行了描述性的统计,如表 3.11 所示。

表 3.11　变革动力特征探索性研究的关键变量描述统计结果

变　量	均值	标准差	愿景驱动	创造突破	文化塑造	架构创新
愿景驱动	5.05	1.20	1			
创造突破	5.17	1.02	0.364**	1		
文化塑造	5.41	0.77	0.179*	0.378**	1	
架构创新	5.25	0.84	0.168*	0.196*	0.388**	1

注:** $P<0.01$,* $P<0.05$。

从表 3.11 我们可以看出大部分维度之间分别在 $P<0.01$ 和 $P<0.05$ 的水平上显著正相关,它们之间的相关系数处于 0.168~0.388 之间,说明维度之间存在中等偏下的相关性,维度之间的共同变异不是很高,因此可以对探索性分析结果进行深入分析。

3.3.5　变革动力特征模型的验证性因素分析与结果

1. 分析目的

探索性因素分析作为一种多元统计分析方法,从众多可观测变量中,概括和推论出少数不可观测的"潜变量",或者称因子,目的在于以最少的因子去概括和解释大量的观测事实,用简洁、概括性的概念,揭示事物之间的本质联系。但是,作为一种统计技术,用来进行理论推导也必然存在着太多的主观加工,这是一个数据驱动的研究范式。验证性因素分析比探索性因素分析更加强调研究的理论基础,它通过具体的限制使理论和测量相互融合(Mcdonald and Marsh,1990)。下面我们将使用验证性因素分析来验证通过探索性分析得到变革动力特征的理论概念,为此,研究将采用更大范围的研究样本的调查数据,来进行分析。

2. 模型与验证

这里要说明的是,本研究所关注的组织变革动力特征都是组织水平的特征,而在前面的因素分析当中我们所使用的数据则是原始针对个体问卷所得来的数据。这样进行数据处理的合理性主要有两个方面：首先，本研究所涉及的组织变革动力特征是一种共享性的组织特征，也就是说，该特征在组织水平和个体水平具有相同的内容和结构（Klein and Kozlowski，2000），因此在探索性因素分析中我们对各个单独样本进行该特征的探索；其次，由于组织水平的研究往往是在相对较少的组织当中选取相对较多的人员来填写问卷，因此为了保证因素分析样本量的充足性，一般使用个体层面的数据进行因素分析来检验测量工具的内部结构，而使用组织层面的数据进行后续的深入研究，如回归分析和结构方程建模（Gibson and Birkinshaw，2004）。因此，本次研究过程仍旧采用个体层面的数据来对变革动力特征的概念模型进行验证。

在产生模型的分析中，我们先提出一个或多个基本模型，检验这些模型是否拟合样本数据，基于理论或样本数据，分析找出模型中拟合最佳的部分，修改模型，整个分析过程的目的是产生一个最佳模型（侯杰泰等，2004）。

因此，在进行验证性因素分析前，首先我们根据探索性因素分析结果和理论推导设定若干个竞争性的假设模型。探索性因素分析得到了含有四因素的组织变革动力特征模型，我们将其作为本研究的基本模型（M3）。本书进一步提出两个组织变革动力特征备择模型 M1 和 M2。其中，M1 是用所有的题项直接表示组织变革动力特征，M2 是把创造突破和架构创新都认为是企业经营中的创新过程，这里把它命名为创新推动。这些模型的结构如图 3.2 所示。

对于模型评价的核心内容是考察模型的拟合性。模型拟合包含的内容是：研究者所提出的变量间关联的模式是否与实际数据拟合以及拟合的程度如何。人们一般选择 χ^2、自由度、RMSEA、NFI 和 CFI 等几个指标（侯杰泰等，2004）。在模型比较时，报告 χ^2/df 比报告 χ^2 受欢迎，χ^2/df 在 2.0～5.0 之间时表示模型是可以接受的；RMSEA 受 N 的影响较小，是比较理想的指数，近似误差指数是越小越好，它的值在 0.08 以下表明模型和数据之间比较好的拟合（侯杰泰等，2004）。Steiger（1990）认为，RMSEA 低于 0.1 表示较好的拟合，低于 0.01 表示是非常出色的拟合，但是在应用上几乎碰不到。Normal Fit Index（NFI）表示模型能够解释总体数据变异的程度。Medsker 和 Lliams 等（1994）认为，只要 NFI 能够大于 0.90，就可以认为模型可以接受。本研究打算使用 χ^2、df、RMSEA、NFI、TLI、CFI 和 IFI 等几个指标来对模型进行拟合比较。

研究使用 AMOS 5.0 结构方程建模软件，对基本模型、备择模型进行

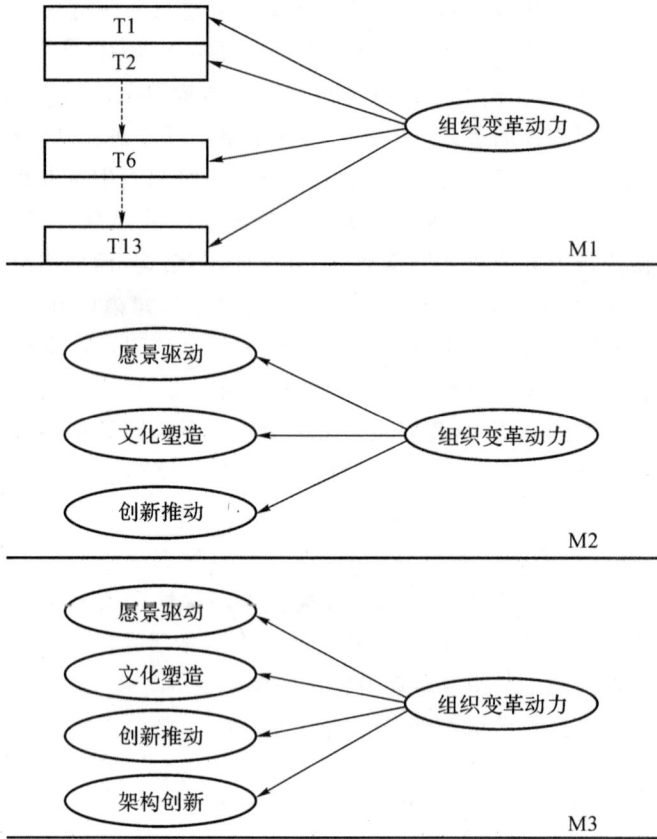

图 3.2　组织变革动力概念的比较模型

了构思验证。

　　我们对这些样本数据进行组织变革动力特征的几个模型拟合的结果见表 3.12。

表 3.12　组织变革动力特征验证性因素分析拟合指数

拟合指标	χ^2	df	χ^2/df	P	RMSEA	NFI	CFI
模型 M1	325.596	66	4.933	0.000	0.138	0.773	0.809
模型 M2	202.110	62	3.260	0.000	0.104	0.859	0.897
模型 M3	173.660	61	2.847	0.000	0.094	0.879	0.917

　　从表 3.12 的数据结果可以看到,模型 M3 的数据拟合要明显好于另外

两个备择模型 M1 和 M2。模型 M3 的 χ^2/df 为 2.847，RMSEA 为 0.094，其他拟合值也都在 0.879 以上。

尽管该模型的各项拟合指数并不是非常高（或低），但是从 χ^2/df 这一比较适合多模型比较数值看，基本模型的值最小，并且在 2.0～5.0 之间，说明模型是可以接受的；近似误差指数 RMSEA 虽然不是很小，但也小于 0.1，按照 Steiger（1990）的观点，已经属于"较好的拟合"；而 NFI、CFI 等相对拟合指数的值尽管都接近 0.90，而且侯杰泰等（2004）曾质疑"0.9"准则多少有点随意，所以结合其他的指数，我们认为该四因素模型对数据的拟合情况是可以接受的。验证性因素分析所得的该模型的维度结构和路径系数情况如图 3.3 所示。路径系数显示，各因素与大多数观测指标之间的路径系数值都较高，说明因素具有较强的代表性和抽象性；同时，各因素与高管团队水平动态能力的构思之间的路径系数都较高，说明这些因素都是该构思的重要组成部分。

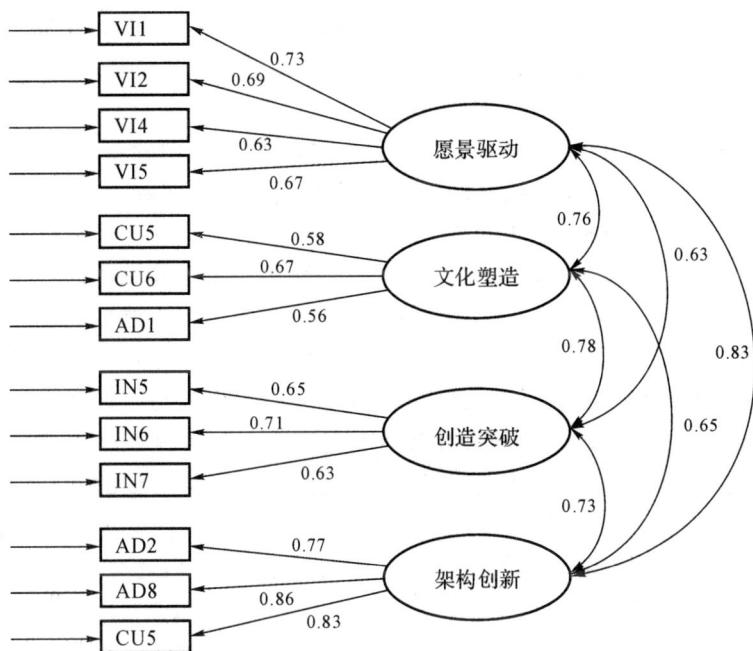

图 3.3　组织变革动力特征的四因素结构模型

从图 3.3 的路径系数可以看出，组织变革动力特征的四个维度的标准因素负荷都较高（四个系数都在 0.79 以上），说明观测指标与测量的潜变量具有较好的效标关联效度。

3. 变革动力特征层次模型中结构维度的信度和效度分析

通过上述研究,本书提出了变革动力特征理论概念,尽管我们在前面已经从理论上探讨了组织变革动力特征的各个维度之间的区别与联系,为了对形成的理论进行进一步的支持,我们在这里将结合探索性研究和验证性研究的结果来分析这个变革动力特征理论概念的信度和效度。分析结果如表 3.13 所示。

表 3.13 变革动力特征各个维度的信度分析

维　度	组织变革动力特征			
	愿景驱动	创造突破	文化塑造	架构创新
α 系数	0.868	0.888	0.643	0.695

由表 3.13 我们可以看到,组织变革动力特征的各个维度的信度最小值是 0.643,最大值是 0.888。因此,从信度分析的结果来看,组织变革动力特征概念的问卷具有较高的信度。因此,从信度分析的结果来看,组织变革动力特征概念的问卷具有较好的信度。

在构思效度方面,坎贝尔和菲斯克于 1959 年提出两种新的效度:聚合效度和辨别效度,从而能用系统的相关证据对构思效度做出推论,这两者成为构思效度的新形式(王重鸣,2001)。而在表 3.10 中我们把组织变革动力特征的所有题项集合在一起,从进行探索性因素分析的结果中可以看到,组织变革动力特征各个维度相对应的题项能够在应属维度上表现出最大的因子负荷,它们共同解释了组织变革动力特征的变异。这就提示我们,从数据结果上我们能够得到这样的结论:组织变革动力特征的四个维度彼此之间是不同的。而验证性分析的过程也说明了这四个维度分别代表着不同的概念。因此,我们可以认为,组织变革动力特征的四个维度之间具有较好的区分效度。

而对于组织变革动力特征这四个不同的维度,我们通过表 3.11 对于组织变革动力特征各个维度的相关分析中可以看到,四个维度之间存在着非常显著的相关,其中最大值为 0.388,最小值为 0.168。这也就告诉了我们,尽管这四个维度之间是有差异的,但是这四个维度之间又彼此存在着一定程度上的联系,它们在一定程度上都是对同一个事物的描述的概念。结合本书的验证性因素分析的结果,这四个维度都是反映了组织变革动力特征的这一概念,它们之间有良好的聚合效度。

因此,我们通过对组织变革动力特征的构思效度的分析,结合我们前面进行的验证性因素分析的结果,本研究可以得到这样的结论,也即是组织变革动力特征包含了四个维度,组织变革动力特征的理论四维度的概念具有较好的构思效度。

综合以上的分析,本研究提出,组织变革动力特征的内容结构上有四个维度,分别是愿景驱动、创造突破、文化塑造、架构创新。上一个研究从扎根理论研究得到的组织变革动力特征的概念得到了证实。

4. 变革动力特征的描述统计与结果

变革动力特征是组织推动企业进行组织变革的能力,它对于组织变革的成功发挥着重要的作用,下面本研究将对收集的各类企业样本进行比较分析,以检验在公司创业过程中不同类别的企业的变革动力特征的差异。见表3.14。

表 3.14　组织变革动力特征的组织间差异比较($N=153$)

高技术	平均值(标准差)				
	企业数量	愿景驱动	创造突破	文化塑造	架构创新
是	95	5.34(0.97)	5.39(0.92)	5.85(0.79)	5.73(0.63)
否	58	4.69(1.01)	4.82(0.97)	5.41(0.69)	5.32(0.62)
总体	153	5.09(1.04)	5.17(0.98)	5.68(0.78)	5.58(0.66)
F 值		3.98	3.61	3.45	3.91
显著性		0.000	0.000	0.001	0.000
行　业	平均值(标准差)				
	企业数量	愿景驱动	创造突破	文化塑造	架构创新
制造业	90	5.00	5.26	5.73	5.55
服务业	63	5.22	5.04	5.62	5.61
总体	153	4.59	5.17	5.68	5.58
F 值		(1.30)	1.39	0.82	(0.56)
显著性		0.20	0.17	0.41	0.58
企业规模	平均值				
	企业数量	愿景驱动	创造突破	文化塑造	架构创新
1～50 人	29	5.11	5.29	5.87	5.68

续表

企业规模	平均值				
	企业数量	愿景驱动	创造突破	文化塑造	架构创新
51～100 人	33	5.22	5.04	5.56	5.39
101～500 人	67	5.06	5.20	5.64	5.62
501 人以上	24	4.99	5.14	5.75	5.58
总体	153	5.09	5.17	5.68	5.58
F 值		0.27	0.37	0.92	1.24
显著性		0.85	0.77	0.43	0.30

从表 3.14 我们可以看到,在高技术企业中,变革动力特征要显著大于非高技术企业。本研究的高技术企业的样本都来自于国家 2008 年认定的高技术企业,并已经颁发高技术企业证书。这些企业注重对于行业内的技术的开发,并不断对现有产品和业务进行完善,并已经在各自行业获得一定的竞争主因。我们从公司创业的视角来看,这些企业已经发展具备了更强的创业能力,因此,我们也就能理解数据上所显示的在高技术企业中,它们的组织变革动力特征要显著高于非高技术创业企业。对制造业和服务业的数据比较发现,这两个不同类别行业的组织变革动力特征之间没有显著的差异,这其中的原因可能有以下几个方面:第一,本研究对于这两个行业的概念划分太宽泛,实际上,制造业里面很多企业也同时具有很大的服务业的特性,而服务业里面的很多企业也有很大的制造业企业的特性。第二,现在由于竞争的发展,导致了这两个行业都面临着同样的竞争环境,导致这两类企业都有着同样迫切的公司创业的需求。第三,当前经济发展过程中,行业之间的边界越来越模糊化,越来越多的企业也都在进行着跨行业的经营。比如,联想集团,它一方面是个计算机行业的制造商,另一方面它又是一个服务商,它必须为顾客提供优良的产品售前、售后服务,才可能满足消费者。从对于企业规模的比较中可以看到,在不同规模的企业中,组织变革动力特征不存在显著的差异,这可能是由于不管什么规模的企业,它们都面临着同样的竞争环境,不管企业规模大小,它们的竞争压力都是同样的,这种情况下,企业的领导团队在领导企业进行公司创业性的经营时对于组织产生的影响没有太大的差异。

3.3.6 研究讨论与小结

本研究的目的是对上一个扎根理论研究提出的变革动力特征的概念理论模型进行检验,在本次研究当中,我们进行了两个阶段的研究采样,对第一个阶段样本进行了探索性因素分析,对第二个阶段的样本进行了验证性因素分析。经过这两次检验,我们探索并验证了公司创业背景下变革动力特征的结构维度,结果变革动力特征的理论模型得到了支持。之后,研究进一步用两个阶段的所有样本检验了变革动力特征在不同的企业技术类型、不同产业和不同规模上的差异。结果本研究的假设都得到验证。

根据这部分研究的结果,我们进一步验证了以下几点主要的研究结论。

1. 组织变革动力特征的结构模型

在前面部分对变革动力特征的扎根理论方法研究的基础上,结合以往组织变革理论及相关测量问卷,本书编制了组织变革动力特征的调查问卷。经过对调查问卷的试测和修改,形成了正式的变革动力特征调查问卷。本次研究分别对 49 家企业的 98 位高管成员的调查问卷进行了探索性因素分析。分析结果表明,组织变革动力特征可以提取四个因素,本书根据这四个因素中包含的项目的含义把它们分别命名为愿景驱动、创造突破、文化塑造和架构创新。

2. 组织变革动力特征的组织间差异

变革动力特征作为一个组织水平的概念,对于不同背景下的企业有不同的差异。其中,高技术公司的组织变革动力特征要显著高于非高技术企业。制造业和非制造业之间在变革动力特征上没有显著差异。

3. 问卷测量工具开发

本研究的组织变革动力特征问卷经过检验,具有良好的信度和效度,可以作为下一步研究的测量工具。

4. 本研究的理论进展

通过上一部分的扎根理论方法研究,我们提出了变革动力特征的理论概念模型,这是建立在以往组织变革理论研究基础上的对于组织变革动力的进一步的认识。但扎根理论方法属于质性研究方法,需要定量的方法来对本理论概念提供佐证。本部分研究通过两个阶段的问卷调查,进行了探索性因素分析和验证性因素分析,结果进一步支持了变革动力特征的概念模型。这是本书研究的核心理论概念,这个理论概念为我们解释了公司创业或者说是组织变革背景下变革动力的概念内涵。从组织系统理论的角度来看,组织中各个要素的作用必须是从属于整个组织系统的运行规律的,对个体作用效果的加总累计并不能解释总体系统的作用效果。

因此,本章提出的变革动力特征的内容模型为今后组织变革管理研究提供了一个理论依据,也是本书研究的一个理论起点。

3.4　本章小结

3.4.1　本章的研究进展

与以外大量针对企业外部的变革动力研究不同,本研究从组织内部推动组织变革的角度,识别组织变革过程中的管理动力特征。因为该问题以往缺乏相应的实证研究,所以本研究首先采用扎根理论方法通过对 13 家企业的 19 位高管人员进行了访谈,并收集相关资料,经过扎根理论的分析过程,提取出变革动力特征的特征要素,结合系统理论的观点,本研究的研究结果表明,公司创业中的变革动力特征是一个作用于组织整体和组织中的成员这两个层次上的概念,在组织变革过程中,变革动力是通过对企业组织和企业员工从战略、文化、产品与服务和组织结构四个方面发挥的系统作用,推动企业的组织变革的成功实施。具体内容包含了四个维度:愿景驱动、文化塑造、创造突破、架构创新。

在此基础上,子研究二通过两个阶段的问卷调查,进行了探索性因素分析和验证性因素分析,实证结果进一步支持了变革动力特征的概念模型。研究进一步对不同的组织的变革动力的差异进行了分析,发现不同背景下的企业有不同的差异。其中,高技术公司的组织变革动力要显著高于非高技术企业。制造业和非制造业之间在变革动力特征上没有显著差异。

本章提出的组织变革动力特征这一概念内容,表现了以下几个特点:

首先,组织变革动力特征是对组织变革系统观的反映。组织变革动力的四个维度分别表明了要驱动组织的变革实践,必须从组织的战略、文化、产品和服务以及组织结构四个系统方面来对组织变革过程进行推进;

其次,变革动力特征概念的开发,既体现了企业公司创业的中国组织管理文化的背景,又反映了面对激烈的竞争环境,企业的管理层所采取的组织变革的行动和步骤。

最后,组织变革动力特征是对组织变革过程的具体体现。本章提出的公司创业中的变革动力特征模型,具有清晰而聚焦的实践原型,确保了该理论模型的生态效度,并在扎根理论方法研究结论的基础上,结合以往组织变革管理理论、系统理论的重要成果,进一步提出了变革动力特征的系统概念,具有坚实的实践基础。

3.4.2 本章的研究局限

在子研究一的扎根理论研究中,首先由于在访谈过程中,被访者易于出现社会称许效应,使得访谈结果不能够做到足够客观,而且本研究没有足够的时间、精力和途径来收集尽可能丰富的相关资料,使得研究不能更精细地完成。另外,在扎根理论方法研究中,研究者本身就是研究工具,研究者本身的知识水平和能力对于理论的深入发掘有着重要的作用,这一方面指出了该领域研究亟待深入的方向,另一方面也促使作者今后要不断努力提高自己的知识水平,以便做出更为深入有效的研究。

在子研究二变革动力的问卷检验阶段的研究中,由于变革动力特征是我们在以往理论基础上提出的一个新概念,对它的测量问卷本研究虽然参考了以往组织变革研究相关问卷,并在扎根理论方法访谈材料基础上,细致分析变革动力特征中各个维度的含义,从而开发出该问卷。然而,该测量工具毕竟是新开发的一个新工具,没有得到足够样本的检验,信度和效度有待进一步提高,才能更加准确测量到变革动力特征,为研究提供有力的工具。

另一个局限性就是在样本选取问题上,由于本书作者进行该研究的时间和资源的有限性,我们在探索性分析阶段的有效企业样本是 49 家,验证性因素分析阶段的有效企业样本是 104 家。其中,每家企业取样的高管成员有两人,因此,样本的数量和样本的代表性对于本章中探索性因素分析和验证性因素分析的结果的有效使用都是有限的。尽管如此,本章还是在公司创业中的变革动力特征的概念研究上还是作出了有益的探索。

4　组织变革的多层组织行为过程研究

4.1　研究目的

　　在前面的研究中,我们通过扎根理论方法提出了多层次的变革动力概念的理论模型,并采用两个阶段的问卷调查对该理论概念进行了探索验证,结果支持了多层次变革动力的特征模型。但是我们还需要进一步探讨的是,在变革动力,包括从战略、文化、产品与服务、组织结构四个方面系统推进的作用下,组织变革的行为过程是如何进行的。虽然对于不同层次的组织变革过程,以往研究提出了大量的研究成果,比如在组织层面,Lewin、科特、卡斯特等学者提出了组织变革的多个不同模型;而在员工个体如何参与并支持变革,Bass(1985)、Spreitzer(1995)、Kanter(1989)等也提出了多个不同的员工参与变革的关系过程。然而,这些研究分别从多个不同角度来研究不同层面的变革现象,缺乏公认的理论基础,其结论也是精彩纷呈,多种多样。因此,组织变革的多层次的过程还需要进行整合。为此,本章将从组织系统理论以及组织变革过程中的动态知识观的角度对以往研究的组织过程进行整合,对组织变革中不同层次(组织、个体)变革的过程进行探索,提出并检验组织变革的多层过程机制。

4.2　文献回顾与假设提出

4.2.1　组织变革是个系统的过程

组织是人类活动的系统。组织的要素就不是直观上呈现出的"人造"部门，其结构不只是部门结构，组织并不简单等同于企业的责权结构，而是企业内部各要素（如战略、文化技术等）之间的协同互动和有机结合（张钢，2000）。在组织中，组织成员间在从事人类活动的时候，会产生相互作用，组织的系统结构是组织中的人的活动关系的总和。

由于组织是系统的，更为重要的是组织是由组织成员在一起活动形成的关系总和，因此，组织的活动总是呈现出系统的特征。对企业组织而言，当它对产品进行调整时，企业不只要考虑该产品的生产调整，它同时也必须对企业中与此相关的诸多工序流程和组织成员的关系进行调整，比如，技术部门、生产部门、销售部门等。

而企业组织变革是适应外部环境变化而进行的，以改善和提高组织效能为根本目的的管理活动。由于企业组织的系统特性，企业的组织变革也是一个系统的过程。Stacey（1995）在谈到组织内部人力网络的相互关系的时候明确指出，"组织就是复杂适应系统"，员工个体就是智能体，他们都对组织整体演化起重要作用。

因此，从系统理论的视角来说，组织变革就不只是包括了组织层面的系统结构方面的变革，更加是包括了组织中的个体层面要素的变革，并且在变革过程中，组织不同层面的诸要素之间也是相互作用的。

根据以上的组织系统的理论分析，本研究提出，组织变革的过程不仅包括了组织层面的系统结构要素的动态变革的过程，也包括了组织最基本的要素——员工参与和支持组织变革的过程。

综上所述，本章将从组织层次和员工层次分别提出并检验不同层次的组织变革过程。

4.2.2　组织变革是对不确定性的探索过程

企业组织变革是在外界环境变化和竞争压力下，对组织系统的各个要素进行改变以取得组织适应的过程，这些改变不仅有组织以及组织内各要素在思维、态度和认知的改变,也有组织在其行动上的改变,这些行动包括了组织的目标、结构、组织的流程和组织诸要素间的关系等方面的内容。

因此,组织变革的最显著特征就是在组织变革的过程中充满着不确定性。组织变革过程中的不确定性主要表现在以下一些方面:

组织变革中所面临问题不清晰、动态变化,并与其他一系列的变革问题相互影响,并因此导致信息收集的复杂性和困难性;

为了适应组织变革的要求,组织中原有的员工职责、角色重新界定,导致变革过程中员工的角色模糊、责任不清、任务不明确;

组织变革中大量的组织活动过程缺乏明确的规定与清晰的指导,任务过程中会频繁出现意外事件,需要依赖于活动过程中的执行者个人主动识别与处理;

由于组织变革对原有的经验和流程进行更改,使得组织任务的绩效标准体系缺乏,在这种情况下,人们需要依赖于个体以及专业技能对任务的成果进行评价。

因此,所有这些不确定性意味着组织原有的组织、流程以及行动方案都面临不断的修改和完善,而如何对组织变革的过程进行管理,以不断识别与解决组织变革过程的不确定性,就成为组织变革成功实施的关键要素。

综上所述,组织变革的不确定性一方面揭示了组织变革中组织学习的重要作用,另一方面也提示了组织变革中员工积极主动参与并付出的重要意义。在这个基础上,本章进一步通过对以往相关文献的回顾来提出本章的假设。

4.2.3 组织层次的变革过程机制研究

组织变革一般来说是由于组织绩效的压力,导致组织不得不进行变革,这也就意味着组织变革对于绩效有显著的影响作用,组织变革的根本动因就是为了追求组织更好的绩效。在以往组织变革研究中,有大量关于组织变革对于组织绩效影响的内容。Bartlett 和 Ghoshall 认为是组织的愿景而非策略对于组织变革中的指导作用具有重要意义,他们认为高管团队的首要责任就是明确界定并告知组织的愿景。领导被看成是组织的元能力,一方面开发组织已有的能力来取得绩效,另一方面探索新的可能性,建立新的能力以适应变化,这两个方面对于企业的持续发展非常重要。

从组织领导的角度而言,组织愿景是一种基于企业高管团队的价值观、信念和经验,反映其对未来组织图像的驱动力(McEwan,1998)。Pillai(1991)的实验研究证实了经历危机的人们更能选择和接受看起来有愿景、有魅力的领导者,因为他们相信,他们在愿景式领导的带领下,组织解决危机的能力会更高,实现理想目标的可能性也更大。Senge(1998)提出愿景的重要性正是在于"它是组织战略的基础"。Nohria(2003)的研究表明,促进企业获得成功的因素是组织中共享的愿景、战略执行、组织文化等因素。愿景指导着企业的经营策略、产品技术、薪酬体系甚至商品的摆放等所有细节,是企业的灵魂。Baum等(1998)研究发现,组织的愿景对组织绩效具有直接的影响,同时通过愿景沟通对组织绩效具有间接的作用;那些没有愿景的公司其绩效显著低于拥有明确愿景的公司。因此,组织愿景是组织绩效的一个核心前因变量。Collins和Porras也已经指出了使命对于组织的重要性,特别是帮助组织理解和平衡组织在保持和变革的问题上。

建立与企业进行公司创业相适应的企业文化,也有助于提升企业之经营绩效,诸如群体生产力、组织承诺及集体效能(Davis,1984;Deal and Kennedy,1983;Kilmann,Sexton and Serpa,1986)。Lau和Ngo(2006)研究发现,发展型文化对组织绩效有积极影响。孙爱英等(2004)指出,在创新型文化强烈的企业中,雇员认为勇于挑战、承担风险、有创造力才是有价值的。创新型文化氛围激励组织成员持续不断地创新和变革。陈崇安(2006)研究指出,组织文化对企业经营绩效有正向积极影响。张旭和武春友(2006)发现组织文化的强度和公司绩效之间存在显著的正相关关系。

组织结构是用以协调组织达成目标的方法,一般而言,组织结构是为企业战略服务的。Chandler(1962)认为,战略决定结构,结构是为战略服务的,其原因在于企业战略的执行需要组织结构设计的支持。组织结构的变革一般是通过改变正式工作结构及职权关系来改善绩效。

企业在产品和服务上的创新能力对于绩效具有最为重要的影响作用,并且为企业提供了竞争优势。如果企业能够预测市场上的变化或需求,并先于竞争对手将新产品或服务引入到市场当中,这一先动优势将为企业带来了更高的绩效(Lumpkin and Dess,2001)。企业善于设置大胆的市场目标、采取不同的做事方式,以及对于产品和服务的重新定位被认为是企业赢得竞争对手的有效方式(Porter,1985)。Bannon(1998)指出市场的先入者如果进行积极的产品、流程以及组织创新,将加强它们的市场地位,增强其盈利能力。

Burns(1978)指出学习是领导的最重要的功能。Bennis(1994)也提出了领导在组织学习中的重要角色,他讨论了领导角色在文化管理中最为独特的魅力就是试图建立一个学习型的组织,从而不论环境如何变化,组织如何转型,组织都能够自我分析、调整和自我管理。通过这个过程,提高组织的竞争力,从而影响组织的绩效。

在激烈的竞争环境中,组织有益于提高企业的盈利能力和增长率(Zahra,1993)。然而,并不是所有进行组织变革的企业都能成功变革。一个重要原因是,组织学习的有效性对于组织变革的顺利执行起了重要作用。组织学习被视为探索、选择和适应新惯例的过程并提高绩效的有效手段(Levitt and March,1988)。许多研究认为组织学习能增强企业的财务绩效,如盈利能力、投资回报率等(Day,1994;Slater and Narver,1995)。公司创业为组织学习提供了基础,使组织达到一个更高水平的绩效(Slater and Narver,1995)。通过组织学习,企业能够学习关于市场的外部环境,如顾客、竞争者和社会经济、技术变化的状况和趋势,以及企业内部环境的状态,从而更好开发企业自身的能力,并进一步增强企业的竞争能力,把握机会,对市场进行及时的反应。企业积极学习关于顾客等的外部环境信息,能为顾客提供更适合和有针对性的产品或服务,因此产生了较高水平的销售增长(Slater and Narver,1995)。组织学习除了对组织经营绩效产生促进作用以外,还能极大提高组织的创新绩效。Edmondson(2001)对医院引入新技术进行学习来打破惯例、进行创新的案例分析,说明了学习的过程对于组织创新的促进作用。许多研究都表明对企业内外部信息的收集与反馈以及研发部门经常进行新产品实验都对绩效有利(Henderson and Clark,1990)。并且,对失败的学习也与组织绩效有紧密关系(Schein,1993),Edmondson(1999)指出进行试验和对差错的分析都能促进绩效的提高。

Edmondson(1999)提出了成功的组织必须是一个能够不断进行学习,从而不断得到提高的学习型组织,当前的组织普遍强调知识员工在企业经营的重要地位,这也是企业所面临的一个基本变革。在过去的组织中,组织投入大量的精力收集信息,而后由管理者把这些信息交给组织的核心群体,由他们对这些组织获取的信息进行加工,来指导组织的经营。与以前有很大不同的是,现在的许多组织把所有这些收集、分析加工并分配知识的过程都交给组织的众多部门共同来进行。学习成为组织各个部门的共同责任。因此,本章提出假设:

假设1:组织学习在组织变革动力与公司创业效能的关系过程中起着

中介作用。

　　本书在前面文献回顾的过程中已经说明了，组织不是一个封闭的系统，而是生存于整个外部系统中的一个子系统，作为子系统的组织变革也就必然会受到外部环境的影响作用。从前面的论述中，本书分析了组织学习对于组织绩效的积极作用，但是，在组织学习影响组织绩效的过程中，我们还必须清醒地认识到，外部环境在这个过程中，也发挥着重要的调节作用。

　　大部分有关组织学习与环境的研究，集中探讨环境与组织学习模式的匹配与协调问题。如吴晓波（1995）、Kim（1997）、Meyers（1990）以产品或技术生命周期为演化环境，对组织学习与环境的关系进行了研究，认为在企业发展的不同阶段，应有不同的组织学习模式与之匹配。同时，也有一些研究关注环境在"组织学习—绩效"关系中的缓冲作用。如 Mintzberg（1990）认为，只有在环境变化迅速并且难以预测的条件下，组织学习对于企业战略的形成才至关重要。李正卫（2003）实证研究表明，高动态性的环境中组织学习对企业绩效的影响明显高于低动态环境中组织学习对企业绩效的影响。

　　不仅组织学习研究重视环境的影响，创业研究更加重视环境的作用。Lumpkin 和 Dess（1996）认为某些创业行为和绩效的关系并不总是十分确定，两者间的关系在不同特征的环境中会表现出差异。根据创业生态观的观点，环境影响到了企业的创业行为，在某些支持性的环境下，创业更容易取得好的绩效。当企业的创业行为适合环境要求时，创业绩效更好（Romanelli and Tushman，1986）。面对一个充满机会的环境，和面对一个充满竞争挑战的环境，组织所表现出来的行动将有很大差异。同时，组织行动与绩效的关系也受到环境差异的影响（Dimitratos，2004）。

　　由于外部环境特征在组织学习的绩效过程中起着重要作用，因此在本章中，我们试图检验环境动态在组织学习与公司创业效能关系中的缓冲作用。本章选取三个环境特征来检验环境动态的缓冲作用，这三个环境特征分别是：竞争强度、技术变化、市场异质性。竞争强度是指环境中资源的稀缺程度，以及对这些资源的争夺状况（Covin and Slevin，1989；Dimitratos，2004）。这些资源包括人力资源、物质资源、客户资源等。研究者认为，环境的竞争强度极大影响到了企业的创业行为，同时在企业的创业行为和创业绩效关系间起到关键的缓冲作用（Zahra and Covin，1995；Zahra and Garvis，2000）。技术变化是指新产品技术发展变化的速度（Glazer and

Weiss,1993;Jaworski and Kohli;1993),它直接关系到行业标准的变换。在外部技术环境变动剧烈的时候,企业面临更大的不确定性,因而,企业只有加大探索性学习的投入,以探索技术发展的方向,在技术上领先于竞争对手;反之,企业则应该加大开发式学习的投入,以不断提高企业对已有技术的掌握,提高企业的效率。市场异质性是指公司经营环境中各种因素的多样性和相互独立性(Dess,1984;Duncan,1972)。或者,市场异质性具体指公司所服务的客户群的多样性、客户对产品需求的多样性以及客户对产品的销售方式需求的多样性(Miller,1984,1987;Mintzberg,1979)。当企业处于多样化的市场时,会采取更多的创新和及时响应的策略,而较少进行整合和规范化的建设(Luo,2001)。在这种市场环境中,企业在创新上面临更多挑战以适应需求多样的顾客。因此,公司必须建立良好的信息搜索、信息加工以及开拓创新的能力,才有利于企业绩效的提高。综上所述,本章提出假设:

假设 2:环境动态在组织学习与公司创业效能的关系过程中起调节作用。

假设 2a:市场异质性在组织学习与公司创业效能的关系过程中起调节作用。

假设 2b:技术变化在组织学习与公司创业效能的关系过程中起调节作用。

假设 2c:竞争强度在组织学习与公司创业效能的关系过程中起调节作用。

根据以上假设,本章得到了组织变革中组织层次的效能过程模型,如图 4.1 所示。

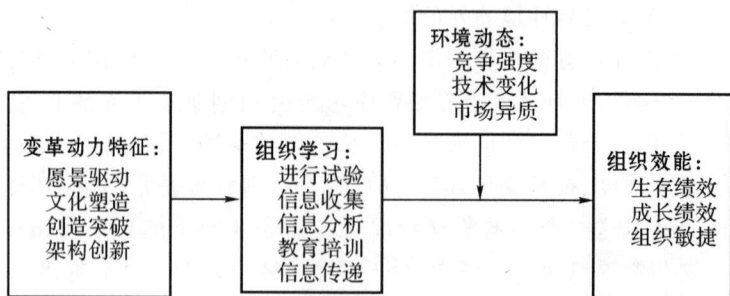

图 4.1　变革中组织层次的变革行为过程模型

4.2.4　组织变革中员工参与变革的过程机制

公司创业作为组织的长期的、持续的变革活动,员工总是最接近组织的问题所在,并且需要不断地自我解决问题,自我决策的过程,组织变革过程的变革影响力会促进员工的内驱力,鼓励员工在长期的组织工作过程中努力去发挥自己的能力,持续地为组织工作努力。这种情况下,领导阶层的授权是一个重要的方面,因为由于公司创业过程的持续性和漫长性,而不是一次性的短期内的激烈变革,使得其对于员工自身的努力和能力发挥有重要的依赖。通过授权可以使得员工自己决定采取怎么样的变革与创造行为去提高工作绩效,为组织作贡献。

只有当员工真正从心理上认识到他们被授予权力的时候,授权才具有真正的价值。比如,当一个人被组织允许自行行动时,他却不相信自己有这个能力或能够做好,那这个授权行动并不能给组织或个人带来绩效的提高。因此,即使从心理学角度来看,授权不是对任务与人的特征的划分,而是一个动态概念,反映了个体对于人—环境关系的认识。因此,心理授权更加真实地反映了组织对员工的授权状况。面对全球竞争的日益激烈,对员工的主动精神和创新精神的迫切要求,心理授权也就显得更为紧要(德鲁克,2002)。

在组织变革的过程中,如果能够改变组织原有的文化、惯例、组织结构等,能够为员工带来对于自身工作的主动性意识,从而可能满足员工的心理需求。然而,要在组织中成功实现员工的心理授权并非易事,如果在变革过程中没有充分考虑到员工所需要的组织支持和组织资源,会导致员工的消极情绪,特别是,这些消极认知会引起员工在工作中的压力。Bowen等(1992)指出在组织变革中如果不能为员工提供适当的组织支持和组织资源,不会给员工带来授权的感知。反之,在组织变革当中没有建立一个良好的变革支持环境,会使得员工缺乏激励,出现消极现象,不利于管理者对于变革实施的控制。Seibert等(2004)也同样指出,在变革当中有必要给予员工在工作中适当的组织支持和所需的组织资源,不然,员工在变革中会产生较高的工作压力。

有研究者们从授权的角度研究了信任与组织绩效的关系。Kanter (1988)认为信任源于不确定条件下的不完全信息,在组织对员工的授权中,信任意味着员工有行动的决定权,组织也应该接受潜在的风险。组织内有两种类型的信任:常规信任和基本信任。基本信任发生在个体对于他们的信任对象所知甚少,并"缺乏活动的评价过程"的情况下,被授权的员工如果辜负了基本的信任则会影响到组织。基本信任一般会产生败德行为而缺乏可操作性,同时由于潜在的渎职风险的存在,使得组织不会去建立基本信任,一个风险规避的组织,更偏好于选择监督和证明,同时借助其他成本较低的手段。Samad 等(2007)从研究结构性授权入手,探讨了组织有效授权所必需的组织制度和信任问题。他们发现,当组织实行充分授权后,会导致员工的决策并不能支持企业的整体目标和方向,结果会导致授权过程中相互信任的降低,增加组织内部的协调成本和工作的被动性,并降低组织的工作效率和绩效。

在组织变革的过程中,领导者们会通过行为和语言激励,提高组织员工的自我效能感、对组织的认同感,与组织的价值观保持一致,并愿意投入他们的工作角色,这些方面又将是提升员工的绩效的强有力的激励力量(Keller and Dansereau,1995)。

Avolio 等人(1988)在对新加坡的大型医院的研究中发现,转化型领导对于员工的心理授权有积极的影响作用,而心理授权是转化型领导和员工组织承诺的中介变量。Xu Huang 等(2006)在对中国国有企业员工的研究中发现,参与式的领导对于员工的心理授权中的工作意义有显著的作用,参与式领导与任职年限的交互作用对于心理授权的能力维度有显著的影响。

当授权能够得到有效的执行时,人们认为它将会产生一系列的影响,包括提高生产率、促进员工的积极性和创造性、提高服务质量、提高员工的反应性和组织承诺,并能够导致更好的决策和问题解决方案(Spreitzer,1995)。

有许多研究者研究后总结提出领导的行为和态度等因素会显著地影响员工对于授权的知觉,并进而显著地影响对于员工的授权。Spreitzer(1996)发现在领导的行为和员工的授权之间存在着一定的联系。Conger总结认为,管理者在管理过程中建立员工信心与信念、鼓励员工提高效能的行为给下属员工发出了授权的信息,促使员工感知到被授权。一旦员工感知到自己被组织授予了充分的工作权力,他们会在工作中付出更多的努力,独立承担工作责任,并对组织有了更高的承诺(Spreitzer,1997)。Thomas 和 Velthouse(1990)也指出,员工被授权之后会具有更高水平的工作专注度、主动承担精神和灵活性,而这些因素又会进一步增强他们的组织承诺。换句话说,如果员工从他们的工作中感觉到了很高的价值的话,他们将对组织有了更高的承诺,并愿意付出更大的努力进行工作(Kanter,1988)。而这些因素,不仅会显著提升员工的工作绩效,同样也对组织变革产生积极的推动作用。因此,我们提出假设:

假设 3:员工的心理授权在变革动力促进员工变革效能提高的过程中发挥着中介作用。

Kanter(1989)提出为了授权,组织应该通过各种途径把更多的信息传递给更多的各个水平的员工知道。Kouzes 和 Posner(1987)指出,如果没有信息,你就不能确定员工是否能够承担责任或者发挥他们创造性的能量。而组织学习为员工获得组织的各个方面的信息提供了一个非常有效的途径。

由于组织变革过程中组织面临的环境存在着很大的不确定性,因此,员工在参与组织变革过程中,如何明确组织的变革要求和方向,并达到与组织变革的要求相一致,从而推进组织变革的进行,就成为员工参与组织变革的一个关键问题。

以往大量研究表明在不确定的条件下人们易于从所处的环境中获得信息,以解决不确定性(Ibarra and Andrews,1993;Meyer,1994;Rice and Aydin,1991a)。对于个体的感知和社会信息加工的研究也进一步支持了人们的这种倾向。

感知观点聚焦于如何发展事件的含义并指导成员的行动。(Drazin,Glynn and Kazanjian,1999)。组织成员并不是简单地从事日常工作的,他们也需要先识别界定他们所处的环境(Gioia and Sims,1986;Greenberg,1995)。Weick(1979)提出,人们会通过与他人的相互交流来得到对于所处环境的认知。当组织处于变革过程中,组织的一些固有模式不断受到冲击,这种情况下,组织成员会重新认识所处的环境并适应新的环境要求(Bartunek,1984)。

Salancik 和 Pfeffer(1978)提出的社会信息加工理论为预测对于员工态度与认知的社会影响提供了理论基础。其理论核心是组织成员采用从组织中交往得到的信息,形成对组织的要求的认识并调整自己的行动(Salancik and Pfeffer,1978)。许多研究说明了社会信息加工对工作感知和工作态度的影响(Dean et al.,1994;Dean and Brass,1985;Rice et al.,1991)。比如,当员工与组织中其他成员有更多机会在一起交流时,他们在认知和行为上会出现更加高度的一致(Dean and Brass,1985)。大量研究支持了个体的态度和认知很大一部分是通过与周围成员的社会比较和社会信息加工过程形成的(Rice and Aydin,1991;Meyer,1994；Rice, 1993；Salancik et al.，1978)。总的来说,社会信息加工理论指出了,尤其是在工作环境不确定的情况下,人们通过与所处工作环境中的其他成员相互交流来形成自己的认知,并指导自己的行为。

组织的学习过程是由组织中的成员来进行的,这些活动通过组织获取和处理数据来使得组织适应和提高。因此,组织学习是组织中成员相互交流信息,并进行加工的过程。通过探索式学习和开发式学习,组织能侦测出环境的变化,学习顾客的需求,提高成员对特定情景的共同理解或者发现以前行动没有预料到的结果(Argyris, 1990)。

Senge(1990)提出,组织学习的目的是通过获得、分配和管理知识而提高企业适应外部环境变化的应变能力,从而赢得组织的未来。组织中共享的系统学习能够对组织的行为事件产生重要的影响(Marsick and Watkins, 2003)。Marsick和Watkins(2003)进一步解释认为,组织学习会在组织的七个方面或者活动中展开,并且首先是个体的学习,其在组织领导者的指导下,在组织的结构框架下进行。组织学习是一个磋商、目标设定以及与环境互动的过程,从而会导致组织对原有活动进行改进并提高组织的绩效。已有研究表明了组织学习对于组织效能以及财务绩效之间有积极的作用(Yang, 2003)。

企业的管理者们在领导组织员工参与组织变革的过程中,虽然企业在战略、文化、产品创新的执行力、协调合作方面,采用各种正式或非正式的制度方式、行为规范、组织活动等方式,不断地激励员工积极投入公司创业的过程中。但是员工之间在智力、理解的角度、兴趣和偏好等各个方面是有很大差异的。即使是在同样的组织背景下,由于组织中各个员工对任务的理解不同,对组织变革要求的认识会产生一定程度的差异,并且,由于公司创业也是公司不断去认识环境、适应环境的过程,组织的战略执行过程也是动态调整的过程。因此,仅仅凭借激发员工的一腔热情并不足以确保公司的所有员工在积极执行公司的任务过程中能与公司在组织层面的战略、文化、产品服务、组织结构的适应等方面的设计和动态演变的要求保持一致。

因此,员工们在工作中进行组织学习实际上就是他们的社会信息加工的过程,在这个过程中,组织学习在员工努力工作的过程中与组织的战略等方面要求保持一致发挥了重要的作用。员工通过组织的开发学习,能够更加明确地理解公司从战略、文化、产品服务、组织结构等方面对公司员工的要求和期望;而通过参与组织的探索式学习,员工能够对公司在战略、文化、产品服务、组织结构等方面的进一步调整进行分析,并根据内外环境的变化要求,共同参与对企业经营方向、经营模式的动态调整。员工们对学习结果信号的讨论和接收将帮助他们认识并理解组织在公司创业的组织变革中从战略、文化、产品和服务、组织结构等各个方面对他们提出的要求,他们所面临的变革挑战以及组织对他们的期望。并且员工接触到的社会信息越突出,与他们越相关、可靠,他们就越重视这些信息(Salancik and Pfeffer,1978;Zalesny and Ford,1990)。这个过程将促进组织的员工调整个体的工作认知和行为,以保持与组织变革的要求一致,并与组织层面变革动力的四个子系统方面产生协同作用,共同推动组织变革的顺利实施。据此,本书提出假设:

假设4:组织学习在心理授权影响组织变革效能的过程中发挥着调节作用。

根据以上假设,本章得到了组织变革中员工个体层次的效能过程模型,如图4.2所示。

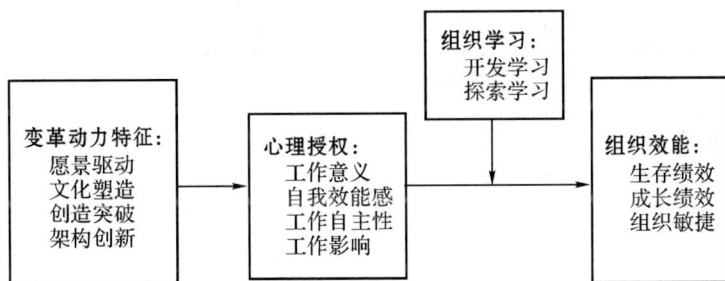

图4.2 变革中员工个体层次的变革行为过程模型

4.3 研究设计

本子研究为问卷研究,采用现场问卷调查的方法,分别向不同行业中正在进行公司创业的企业的高管团队成员、中层管理者以及其他员工进行了大规模的不同类型问卷(问卷 A 和问卷 B)的发放并回收。

4.3.1 样本描述

取样标准:本章的研究对象是正在进行公司创业的企业,研究的样本选择标准是根据 Covin 和 Miles(1999)对于公司创业类型的四种分类。我们在高管成员的问卷上详细说明了四种公司创业类型和其他非公司创业的类型,如果企业的两位高管都在公司创业类型中选择了一种以上的公司创业经营类型,则该企业样本符合本研究的公司创业企业的取样条件。

样本描述:本研究取样在全国多个地区进行,样本包括了南昌、北京、厦门、深圳、佛山、杭州、诸暨、宁波等地区的公司创业型的企业。本次研究共向 267 家企业发放了成套问卷,每家企业发放 2 份高管成员问卷(A 卷),3 份中层及以下员工问卷(B 卷),也就是总共有 317 套问卷。回收后的问卷在剔除问卷缺失不能成套的、空白问卷、数据循环、数据极端化等情况的问卷后,本次调查获得企业成套有效问卷的共有 198 家,有效问卷 A 卷 198 套,B 卷 198 套,有效回收率为 74.1%。表 4.1 是本次研究有效样本基本信息的描述性统计。

表 4.1　企业样本基本信息($N=198$)

企业规模	数量	百分比	年销售额	数量	百分比	所有制	数量	百分比
50 人以下	42	21.2	500 万以下	39	19.7	国有	33	16.7
51～100 人	49	24.7	500 万～3 亿	95	48.0	民营	128	64.6
101～500 人	77	38.9	3 亿以上	64	32.3	三资	37	18.7
501 人以上	30	15.2						
高技术	数量	百分比	行业	数量	百分比			
认定高技术	125	63.1	制造业	109	55.1			
非高技术	73	36.9	服务业	89	44.9			

以上样本是本次问卷调查有效样本企业的基本情况,从表 4.1 可以看到,本次调查企业以民营企业为主,本次调查的高技术企业的区分是以 2008 年我国科技部发起的由各省科技厅进行的一次对各省企业根据国家统一标准进行评估后所认定、并颁发了高技术企业证书的企业。这类企业

在本研究中占有 63.1% 的比例。下面分别对有效样本中填写 A 卷的高管成员和填写 B 卷的其他类别员工进行人口统计变量的描述,如表 4.2 和表 4.3 所示。

表 4.2　高管成员样本信息（N＝396）

性别	数量	百分比	年龄	人数	百分比	学历	人数	百分比
男	263	66.4	25 岁以下	12	3.0	高中与中专	78	19.7
女	133	33.6	25～34 岁	113	28.5	大专与本科	215	54.3
			35～44 岁	186	47.0	研究生及以上	97	24.5
			45 岁以上	85	21.5	初中及以下	6	1.5

表 4.3　中层及以下员工样本信息（N＝594）

性别	数量	百分比	年龄	数量	百分比	学历	数量	百分比
男	337	50.8	25 岁以下	97	16.3	初中及以下	11	1.8
女	267	49.2	25～34 岁	346	58.3	高中与中专	88	14.6
			35～44 岁	89	15.0	大专与本科	413	70.1
			45 岁以上	62	10.4	研究生及以上	82	13.5
职位	数量	百分比	工作年限	数量	百分比			
中层管理者	142	23.9	1 年以下	97	16.3			
基层管理者	231	38.9	1～3 年	297	50.0			
一般员工	221	37.2	3 年以上	200	33.7			

4.3.2　测量工具

变革动力特征问卷:该问卷采用了我们在前面的研究中通过扎根理论研究和问卷研究中自行开发出的问卷。按照之前开发出的变革动力特征问卷,组织变革动力特征问卷中的四个维度中,愿景驱动有 4 个测量题项,文化塑造、创造突破、架构创新各有 3 个题项,共有 13 个测量题项。这些题项都采用李克特七点量表进行计分,其中"1"代表"非常不同意","7"代表"非常同意"。

组织学习问卷:本研究从组织的探索学习和开发学习两个方面来测量组织的学习,根据 March(1991)开发的组织学习量表,设计了本研究的组织学习测量问卷,由探索学习的信息收集、信息分析和试验修正,开发学习的教育培训、信息传递等方面问题的 15 个题项组成。

心理授权:本研究根据 Spreitzer(1995)以 Thomas 等(1990)所提出的四个维度的授权模型为基础,提出的由 12 个项目组成的"心理授权量表",进行适当的修改应用。该问卷包含工作意义(3 个项目,例如:我所做的工作对我来说非常有意义)、自我效能(3 个项目,例如:我自信自己有干好工作上的各项事情的能力)、工作自主(3 个项目,例如:我自己可以决定如何着手来做我的工作)及工作影响(3 个项目,例如:我对发生在本部门的事情的影响很大)四个维度。

市场动态:研究根据 Miller 和 Friesen(1982)研究中所使用的量表测量不确定性、动态性、竞争性中的测量项目,并参照 Miller(1987)对环境动态性、环境竞争性、环境异质性的界定和测量项目,进行适当的修改,编制了包含三个方面的维度(市场异质性、技术变化、竞争强度)总共有 9 个题项的市场动态性的问卷。

公司创业效能:这个概念一方面要说明组织的绩效结果,另一方面要说明组织在公司创业过程中的能力,本研究采用企业生存绩效和成长绩效作为绩效结果测量,对于生存绩效,我们借鉴了 Ciavarella 等(2004)、赵晓东(2006)研究中对于创业生存绩效测量的设计,编制了 3 个项目的公司创业生存绩效问卷。成长绩效测量参考 Haber 和 Reichel(2005)的测量项目,编制了由 3 个项目构成的公司成长绩效测量工具。本研究计划用组织敏捷作为组织能力过程的测量参数。组织敏捷问卷编制参考了沈超红(2006)对于组织敏捷的测量问卷,问卷经过检验有良好的信效度,因此我们在此基础上编制了包含 4 个题项的组织敏捷测量问卷。最后组织效能的问卷共有 10 个题项。

以上问卷测量的题项均采用李克特七点量表进行计分,其中"1"代表"非常不同意","7"代表"非常同意",其他数字含义依次介于这两个数字含义之间。

4.3.3　研究流程和方法

本章采用大规模问卷发放,问卷设计了 A、B 两种问卷,A 卷由每个企业的两位高管团队成员填写,B 卷由每个企业的三位企业中层及以下员工填写。在问卷 A 中,测量的问题主要有组织变革动力特征、组织学习、公司创业效能等;在问卷 B 中,测量的问题主要有心理授权以及个体特征变量等。首先,本章对测量工具的信度与效度进行了检验;其次,对个体水平的数据加总为组织水平数据的适合性进行了检验;最后,在此基础上对公司创业背景下变革动力的作用过程进行了分析。

本章采用了 SPSS 11.0、AMOS 5.0 对数据进行了统计分析处理。

4.4　结果讨论

4.4.1　问卷的信度、效度检验

在我们前面的研究中,已经对变革动力特征的测量问卷进行了检验,结果表明本章研究开发的变革动力特征问卷有较好的信效度,可以用来进行后续研究。而组织学习、心理授权、公司创业效能等概念的测量问卷虽然是根据以往理论提出,并在以往成熟问卷的基础上修正得出的,但是我们所测量的对象、对象所处的组织变革背景都与以往存在差异,所以,本章还需要对这些问卷进行探索分析和检验,以确信这些概念的测量题项能够测量出各自所对应的概念特征。

1.组织学习量表的信效度分析

问卷变量之间相关程度的指标是 KMO 和 Bartlett's 球度检验值,当KMO 大于 0.9 时效果最好,大于 0.7 以上时效果尚可,大于 0.6 以上时效果较差,而小于 0.5 的话则不适合进行因素分析了。Bartlett's 球度检验值达到显著水平,我们就可以进行因素分析;反之,则不宜进行因素分析(张文彤,2002)。

研究首先对组织学习的样本充分性和球度进行了检验,结果如表 4.4所示。

表 4.4　组织学习的样本充分性和球度检验

项目		
Kaiser-Meyer-Olkin 样本适宜性测量		0.92
Bartlett's 球度检验	χ^2	4471.41
	df	105.00
	Sig.	0.00

表 4.4 的结果表明本研究的样本和题项可以进行探索性因素分析。

利用样本数据对组织学习问卷进行探索性因素分析,采用最大方差主成分分析,根据 Kaiser 提出的因素特征值大于 1 的标准,确定抽取的因素项目和数目,组织学习的探索性因素分析的结果如表 4.5 所示。

表 4.5　组织学习的探索性因素分析结果

测量项目	因素 1	因素 2	因素 3	因素 4	因素 5
因素 1:收集信息　α 系数＝0.908					
SE11 公司系统地收集了以下方面的信息:竞争对手	0.85	0.12	0.16	0.21	0.12
SE12 公司系统地收集了以下方面的信息:客户	0.83	0.15	0.25	0.20	0.16
SE14 公司系统地收集了以下方面的信息:技术趋势	0.78	0.24	0.24	0.13	0.18
因素 2:教育培训　α 系数＝0.863					
ED3 经验丰富的员工可以得到定期培训/进修	0.17	0.84	0.15	0.19	0.25
ED4 经验丰富的员工可以得到轮换到新岗位时的培训	0.11	0.83	0.24	0.21	0.24
ED2 公司重视培训	0.25	0.78	0.18	0.10	0.30
因素 3:信息分析　α 系数＝0.910					
AN1 公司鼓励工作讨论中积极的冲突和争论	0.20	0.16	0.82	0.26	0.22
AN3 公司鼓励在讨论中不墨守成规	0.26	0.27	0.79	0.15	0.16
AN2 公司鼓励在讨论中寻求不同的看法	0.26	0.18	0.77	0.20	0.31

测量项目	因素 1	因素 2	因素 3	因素 4	因素 5
因素 4:进行试验　α系数＝0.834					
EX1 公司经常试验新的工作方式	0.02	0.25	0.12	0.83	0.10
EX2 公司经常试验新产品/服务	0.29	0.05	0.26	0.77	0.15
EX4 当尝试新想法时,我所在的部门经常进行试验	0.25	0.13	0.16	0.76	0.15
因素 5:信息传递　α系数＝0.869					
TR1 公司以及各部门经常举行任务事后检查和行动后的总结交流	0.07	0.28	0.17	0.20	0.79
TR5 公司鼓励和创造各种机会帮助员工与来自组织外部的专家进行相互沟通和交流	0.28	0.30	0.27	0.21	0.67
TR4 公司鼓励公司内的专业人员相互分享信息	0.25	0.31	0.28	0.06	0.65
各因素解释变异的百分比(%)	17.31	17.12	16.22	15.06	13.35
累计解释变异百分比(%)	79.06				

　　根据组织学习的以往文献,本研究抽取组织学习的五个因素,分别命名为收集信息、教育培训、信息分析、进行试验、信息传递,五个要素分别解释了 17.31%、17.12%、16.22%、15.06%、13.35% 的变异,五个因素共解释了 79.06% 的变异。

　　根据探索性因素分析的结果,研究对组织学习的五个维度进行描述性统计,结果如表 4.6 所示。

表 4.6　组织学习探索性分析的描述性统计

	平均值	标准差	进行试验	收集信息	分析信息	教育培训	信息传递
进行试验	4.87	1.07	1.00				
收集信息	5.24	1.05	0.49	1.00			
分析信息	5.32	0.99	0.53	0.58	1.00		
教育培训	5.19	1.10	0.45	0.48	0.55	1.00	
信息传递	5.38	0.91	0.47	0.53	0.64	0.69	1.00

注:以上维度之间的相关系数都在 $P=0.01$ 水平上显著。

从表 4.6 中可以看到,组织学习的五个维度之间的系数在 $P=0.01$ 水平上显著相关,因此可以对探索性因素分析的结果进行进一步的验证性因素分析。检验模型的结果如图 4.3 所示。

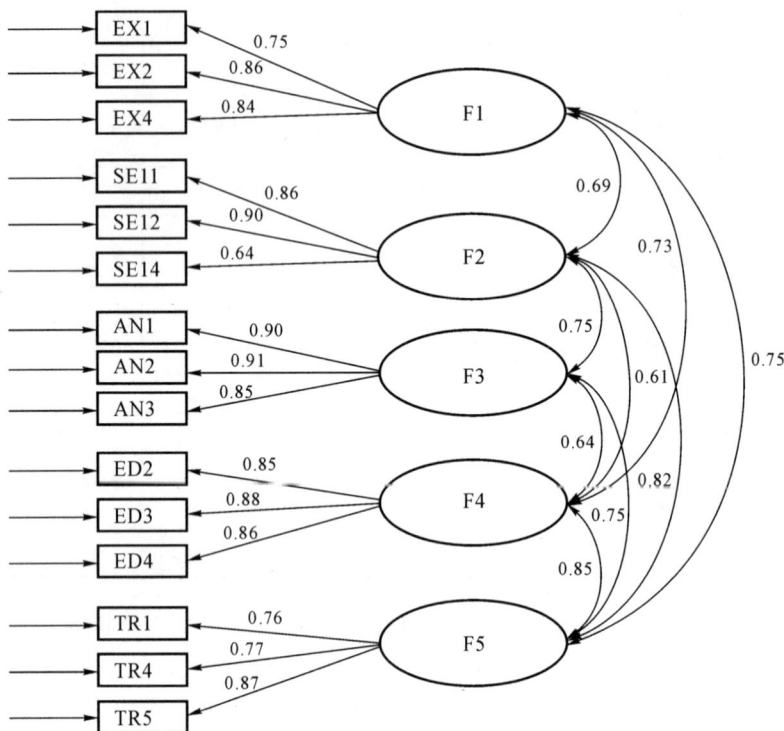

图 4.3　组织学习的一阶验证性因素模型分析结果

其中,F1——进行试验;F2——收集信息;F3——信息分析;F4——教育培训;F5——信息传递。

该模型的验证分析结果如表 4.7 所示。

表 4.7　组织学习的一阶模型验证性因素分析拟合指标

拟合指标	χ^2	df	χ^2/df	P	RMSEA	NFI	CFI
模型 M1	244.638	81	3.020	0.000	0.076	0.916	0.913

从表 4.7 的结果可以看到,组织学习的五因素验证模型拟合度较好,它们的 RMSEA 为 0.076,NFI、CFI 均在 0.90 以上,χ^2/df 的值在 3.02,说明该验证模型拟合良好,组织学习量表有较高的测量效度。

由于这五个维度之间的相关系数都较高,因此我们对这五个因素进一步合并,并进行二阶模型的拟合来进行检验,检验的结果如图 4.4 所示。

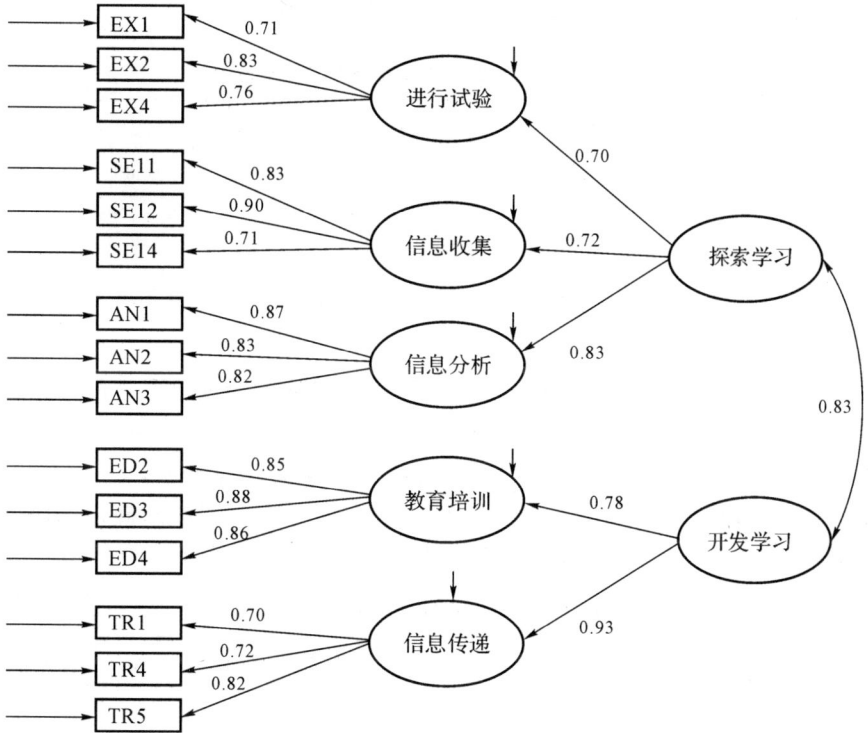

图 4.4　组织学习的二阶验证性因素模型分析结果

该二阶组织学习模型的拟合指标见表 4.8。

表 4.8　组织学习的二阶模型验证性因素分析拟合指标

拟合指标	χ^2	df	χ^2/df	P	RMSEA	NFI	CFI
模型 M2	245.937	85	2.893	0.000	0.064	0.946	0.963

从表 4.8 的结果可以看到,组织学习的二阶验证模型拟合比较好,它们的 RMSEA 等于 0.064,NFI、CFI 均在 0.946 以上,χ^2/df 的值为 2.893,说明验证模型拟合良好,组织学习量表有较高的测量效度。

通过对两个拟合模型的比较我们可以发现一阶模型和二阶模型都能够较好地拟合样本数据,但是从总体上看二阶模型比一阶模型能够更有效地拟合样本数据,并且二阶模型在结构上也比一阶模型更为简洁。这样,我们也就验证支持了组织学习是由两个二阶因素和五个一阶因素所构成的概念。

2.心理授权量表的信效度分析

本研究首先对心理授权的样本充分性和球度进行了检验,结果如表4.9所示。

表4.9　心理授权的样本充分性和球度检验

项目		
Kaiser-Meyer-Olkin 样本适宜性测量		0.83
Bartlett's 球度检验	χ^2	3619.57
	df	66.00
	Sig.	0.00

表4.9的结果表明该研究的样本和测量问卷适合进行下面的探索性因素分析。

我们利用样本数据对心理授权问卷进行探索性因素分析,采用最大方差主成分分析,根据 Kaiser 提出的因素特征值大于1的标准,确定抽取的因素项目和数目,心理授权的探索性因素分析的结果如表4.10所示。

表4.10　心理授权探索性因素分析结果

测量项目	因素 1	因素 2	因素 3	因素 4
因素 1:工作意义　α系数=0.888				
ME2 我的工作活动对于我个人的生活而言有意义	0.88	0.15	0.17	0.23
ME1 我所做的工作对我来说非常重要	0.84	0.13	0.15	0.28
ME3 我的工作对我而言充满乐趣	0.83	0.19	0.12	0.28
因素 2:工作自主　α系数=0.761				
DI2 我能根据自己的意愿决定怎么做我的工作	0.14	0.90	0.19	0.03
DI3 我独立地决定我用什么方式完成工作	0.11	0.87	0.26	−0.01
DI1 我在决定如何做我的工作的问题上有高度的自主权	0.26	0.69	0.22	0.37
因素 3:工作影响　α系数=0.882				
IM2 我对于我的部门发生的事件有较大控制能力	0.17	0.16	0.86	0.13
IM3 我对于我的部门发生的事件有较大的影响力	0.21	0.20	0.89	0.06
IM1 我对于我们部门来说有很大的影响力	0.02	0.50	0.72	0.06

测量项目	因素 1	因素 2	因素 3	因素 4
因素 4:自我效能 α 系数＝0.802				
AB2 我自信拥有做好我的工作的能力	0.17	0.13	0.06	0.83
AB3 我掌握了我的工作所必需的技能	0.23	0.12	0.11	0.80
AB1 我有信心我能做好我的工作	0.43	−0.08	0.04	0.75
各因素解释变异的百分比(%)	21.66	20.62	19.59	18.81
累计解释变异百分比(%)	80.68			

根据心理授权的以往研究文献,本研究抽取心理授权的四个因素,分别命名为工作意义、工作自主、工作影响和自我效能,四个要素分别解释了 21.66%、20.62%、19.59%和 18.81%的变异,四个因素共解释了 80.68%的变异。

工作意义、自我效能、工作自主和工作影响的测量题项内部一致性系数分别是 0.888、0.802、0.761、0.882,表明四个变量的测量项目之间的内部一致性系数较好。我们进一步对该心理授权的概念模型进行验证,采用结构方程进行验证的模型如图 4.5 所示。

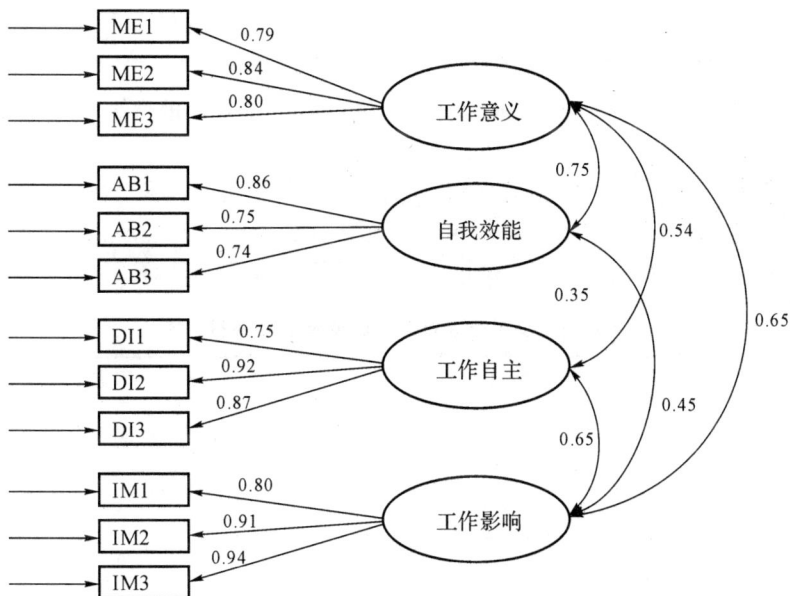

图 4.5 心理授权一阶验证性因素模型分析结果

经过验证分析,得到模型的拟合结果如表 4.11 所示。

表 4.11　心理授权量表验证性因素拟合分析结果

拟合指标	χ^2	df	$\chi^2/$df	P	RMSEA	NFI	CFI
验证模型	223.947	49	4.57	0.000	0.101	0.878	0.889

从表 4.11 的结果可以看到,该模型拟合的 $\chi^2/$df 在 2～5 之间,NFI、CFI 都接近 0.90,RMSEA 的值为 0.101,说明验证模型拟合效果可以接受,心理授权量表具有可以接受的测量效度。

3. 公司创业效能量表的信效度分析

本研究首先对公司创业效能的样本充分性和球度进行了检验,结果如表 4.12 所示。

表 4.12　公司创业效能的样本充分性和球度检验

项目		
Kaiser-Meyer-Olkin 样本适宜性测量		0.881
Bartlett's 球度检验	χ^2	2796.822
	df	45.000
	Sig.	0.000

表 4.12 的结果表明该研究的样本和测量问卷适合进行进一步的探索性因素分析。

我们利用样本数据对公司创业效能问卷进行探索性因素分析,采用最大方差主成分分析,根据 Kaiser 提出的因素特征值大于 1 的标准,确定抽取的因素项目和数目,公司创业效能的探索性因素分析的结果如表 4.13 所示。

表 4.13　公司创业效能的探索性因素分析结果

测量项目	因素 1	因素 2	因素 3
因素 1:生存绩效　α 系数＝0.901			
SU2 公司有较好的竞争能力	0.24	0.85	0.24
SU1 公司产品有较好的市场占有率	0.24	0.84	0.28
SU4 公司有较好的客户满意度	0.27	0.77	0.18
因素 2:成长绩效　α 系数＝0.876			
GR3 公司的规模增长比较快	0.32	0.30	0.86

测量项目	因素 1	因素 2	因素 3
GR1 公司的研发能力比较强	0.32	0.29	0.84
GR2 公司的市场份额增长比较快	0.26	0.25	0.65
因素 3：组织敏捷　α系数＝0.958			
AG4 公司比竞争对手开发新产品的速度快	0.85	0.23	0.25
AG2 公司比竞争对手更早地知道产品的需求趋势	0.84	0.30	0.25
AG1 公司比竞争对手更快地发现客户的需要	0.83	0.27	0.27
AG5 公司比竞争对手更快开发出客户定制的产品	0.82	0.20	0.31
各因素解释变异的百分比（％）	34.42	30.95	17.21
累计解释变异百分比（％）		82.58	

结合以往对于组织绩效以及对于组织过程中的效能的文献研究的结果，本研究抽取公司创业效能的三个因素，分别命名为生存绩效、成长绩效和组织敏捷，三个要素分别解释了 34.42％、30.95％、17.21％的变异，三个因素共解释了 82.58％的变异。

公司创业效能的测量题项的内部一致性系数中生存绩效、成长绩效、组织敏捷的 α 系数分别是 0.901、0.876、0.958，表明三个变量的测量项目之间的内部一致性系数较好。我们进一步对该组织效能的概念模型进行验证，验证的模型结果如图 4.6 所示。

经过验证分析，该验证模型的拟合结果如表 4.14 所示。

表 4.14　公司创业效能量表验证性因素分析结果

拟合指标	χ^2	df	χ^2/df	P	RMSEA	NFI	CFI
验证模型	132.210	33	3.97	0.000	0.097	0.935	0.946

从表 4.14 的结果可以看到，该模型拟合的 χ^2/df 在 2～5 之间，NFI、CFI 都超过了 0.90，RMSEA 的值在 0.1 以下，说明验证模型拟合效果可以接受，公司创业效能量表有可以接受的测量效度。

4. 市场动态性量表的信效度分析

本研究对市场动态性的样本充分性和球度进行了检验，结果如表 4.15 所示。

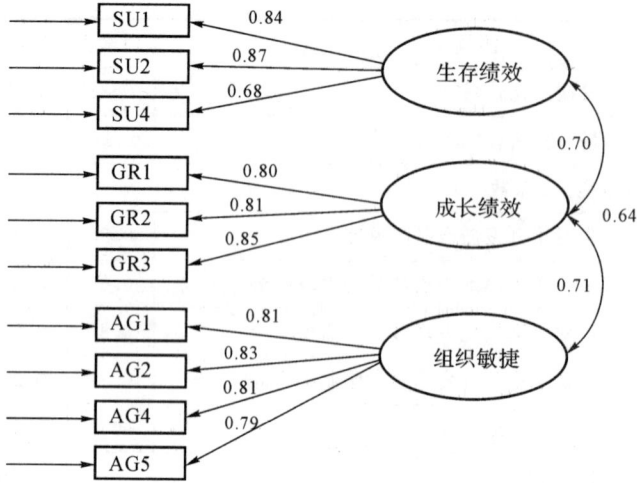

图 4.6 组织效能的验证性因素分析模型

表 4.15 市场动态性的样本充分性和球度检验

项目		
Kaiser-Meyer-Olkin 样本适宜性测量		0.765
Bartlett's 球度检验	χ^2	787.142
	df	36.000
	Sig.	0.00

表 4.15 的结果表明该样本和问卷适合进行下一步的探索性因素分析。

我们利用样本数据对市场动态性问卷进行探索性因素分析,采用最大方差主成分分析,根据 Kaiser 提出的因素特征值大于 1 的标准,确定抽取的因素项目和数目,市场动态性的探索性因素分析的结果如表 4.16 所示。

表 4.16 市场动态性的探索性因素分析结果

测量项目	因素 1	因素 2	因素 3
因素 1:市场异质 α 系数＝0.741			
DE1 我们这个行业中客户的需求变动很频繁	0.82	0.11	0.03
DE2 公司的现有客户总是不断寻求更适合的产品	0.80	0.27	0.18

测量项目	因素 1	因素 2	因素 3
DE3 同老客户比较,公司新客户总是有更独特的需求	0.64	0.23	0.34
因素 2:技术变化　α 系数＝0.796			
TE3 行业的技术发展为行业中的企业提供了很多机会	0.13	0.81	0.15
TE2 本行业两三年后的技术很难预测	0.14	0.75	0.00
TE1 本行业的技术变化比较快	0.39	0.68	0.12
因素 3:竞争强度　α 系数＝0.760			
CP2 我们所在的这个市场竞争非常激烈	0.08	0.09	0.84
CP3 这个行业中,经常听到行业内竞争者有新竞争动向	0.10	0.36	0.75
CP1 行业中厂商新推出的产品,竞争对手也可以快速推出	0.21	−0.09	0.66
各因素解释变异的百分比(%)	22.01	21.82	20.98
累计解释变异百分比(%)		64.81	

根据市场环境动态的以往文献,本研究抽取市场动态性的三个因素,分别命名为市场异质、技术变化和竞争强度,三个要素分别解释了 22.01%、21.82%、20.98%的变异,三个因素共解释了 64.81%的变异。

分别对市场动态性的三个维度的测量题项计算内部一致性系数,市场异质、技术变化、竞争强度的 α 系数分别是 0.741、0.796、0.760,表明三个变量的测量项目之间的内部一致性系数较好。我们进一步对该市场动态性的概念模型进行验证,拟进行验证的模型如图 4.7 所示。

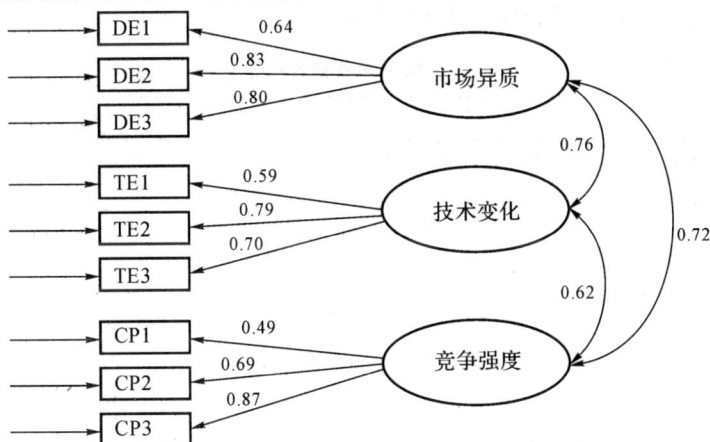

图 4.7　市场动态性的验证性因素分析模型

经过验证分析,得到结果如表 4.17 所示。

表 4.17　市场动态性量表验证性因素分析结果

拟合指标	χ^2	df	χ^2/df	P	RMSEA	NFI	CFI
验证模型	115.882	50	2.315	0.000	0.089	0.855	0.879

从表 4.17 的结果可以看到,该模型拟合数据中 RMSEA 等于 0.089,NFI、CFI 均接近 0.90,而 χ^2/df 的值为 2.315,小于 5,说明验证模型拟合良好,该市场动态性量表有较高的测量效度。

4.4.2　集合水平的数据加总检验

本研究测量的对象,既包括组织水平的变量,也包括了员工个体水平的变量。对于组织水平的变量,我们在进行数据处理前,必须对它们进行个体水平的加总聚集成组织水平的变量。对这些个体水平加总合成之前,首先要对这些数据进行数据合成的合适与否的分析,这里比较好的指标是Bliese(1998)提出的 ICC1 和 ICC2 两个系数。ICC 是对各项目和各群体总体一致性的检验,ICC1 用来评价分组效应可以解释的总变异的程度,以表明分组是否有效,组间变异不能太大,一般小于 0.50 可以接受;ICC2 是各组内均数变化的一致性程度,这个系数一般要高一些,一般大于 0.60 可以接受。

本研究测量的变量中,除了个体水平的员工的心理授权和员工的绩效外,其他变量都要进行数据加总。以下是对本次研究中相关的组织水平变量在组织水平加总适合度的检验,如表 4.18 所示。

表 4.18　加总数据的适合度检验

	ICC1	ICC2
生存绩效	0.37	0.85
成长绩效	0.30	0.83
组织敏捷	0.29	0.75
进行试验	0.22	0.65
信息收集	0.23	0.67
信息分析	0.35	0.62
教育培训	0.28	0.63
信息传递	0.32	0.69

从表 4.18 可以看到,测量问卷中的组织水平的变量的 ICC1 值一般都在 0.50 以下,变量的 ICC2 值一般都在 0.60 以上。说明本研究收集的数据在组间有显著的差异,而在组内有较好的一致性。因此,本研究将对这些组织水平的数据进行聚集之后,在进行研究假设的验证分析。

4.4.3 组织层次的变革过程结果讨论

对于本部分的研究,前面的假设部分共提出了以下的假设:

假设 1:组织学习在组织变革动力与公司创业效能关系中起着中介作用。

假设 2:市场动态在组织学习与公司创业效能的关系中发挥着调节作用。

下文将对这两个假设进行分析处理。

1. 描述性统计

首先对组织变革动力对公司创业中公司创业效能作用过程中的相关变量进行相关分析,如表 4.19 所示。

表 4.19 组织变革动力作用过程中主要变量相关分析

变 量	愿景驱动	创造突破	文化塑造	架构创新	探索学习	开发学习	生存绩效	成长绩效	组织敏捷
愿景驱动									
创造突破	0.267								
文化塑造	0.274	0.598							
架构创新	0.295	0.529	0.718						
探索学习	0.262	0.407	0.349	0.367					
开发学习	0.258	0.378	0.394	0.358	0.844				
生存绩效	0.223	0.421	0.495	0.541	0.332	0.358			
成长绩效	0.300	0.519	0.573	0.527	0.407	0.435	0.858		
组织敏捷	0.311	0.531	0.520	0.456	0.419	0.431	0.635	0.786	

注:$^{**}P < 0.01$,表格中各个相关数据都在 0.01 水平上显著相关。

表 4.19 显示了组织变革动力的四个维度与组织的探索式学习、开发式学习之间显著正相关关系,探索式学习、开发式学习与组织效能的生存绩效、成长绩效、组织敏捷具有积极显著的关系,组织变革动力的各维度与公司创业效能三个维度之间也具有积极而显著的相关关系,这反映了在公司创业过程中,一个企业如果具有较高的组织变革动力,那么它在公司创

业中,通常也会具有较强的组织学习的能力,并取得较好的公司创业的组织适应能力和组织绩效。因此,从组织变革动力的各维度与公司创业效能的几个方面的相关来看,假设1得到了初步的支持。

2.组织学习的中介效应分析

根据本研究前面部分对组织学习的分析,认为在企业进行公司创业过程中,组织变革动力通过组织学习促进组织中全体成员对于变革的目标、过程和要求的深入认识,并进一步在公司创业过程中更深刻地理解公司领导层对于组织变革过程中的要求。因此,本研究认为,一方面组织变革动力直接对公司创业的组织效能有积极的影响作用;另一方面,组织学习是组织变革动力对组织效能影响过程的中介。检验中介变量最常用也最传统的方法是 Baron 和 Kenny(1986)所用的方法,本研究根据 Baron 和 Kenny(1986)提出的三步骤方法对组织学习的中介效应进行检验。

Baron 和 Kenny(1986)提出了中介变量的检验步骤和判定标准:①中介变量对自变量的回归分析,回归系数达到显著性水平。②因变量对自变量的回归,回归系数也要达到显著性水平。③因变量同时对自变量和中介变量的回归分析,中介变量的回归系数要达到显著性水平,自变量的回归系数减小;当自变量的回归系数减小到不显著水平时,说明中介变量起到完全中介作用,自变量完全通过中介变量影响因变量;当自变量的回归系数减小,但仍然达到显著性水平时,中介变量只起到部分中介作用。本研究假设组织学习在组织变革动力影响公司创业效能的过程中起着中介作用,研究时控制企业规模、行业类型和所有制性质三个变量,让它们同时进入方程,并对相关变量进行回归。其结果如表 4.20 所示。

表 4.20　组织学习的中介效应检验

变　量	方程一 组织学习		方程二 公司创业效能		方程三 公司创业效能		
	β 系数	T 值	β 系数	T 值	β 系数	T 值	
组织变革动力	0.22	6.56**	0.40	9.27**	0.31	7.01**	
组织学习					0.16	2.82**	部分中介
调整后 R^2	0.22		0.36		0.38		
F	42.98***		85.89***		48.88***		

注:* $P<0.05$,** $P<0.01$,*** $P<0.001$。

由表 4.20 可以看出,组织学习对组织变革动力,公司创业效能对组织变革动力,以及公司创业效能同时对组织学习和组织变革动力的回归系数都显示显著。而公司创业效能同时对组织学习和组织变革动力进行回归时,组织变革动力的回归系数从 0.40 减小到 0.31,并且仍然在 0.001 的水平上显著,根据 Baron 和 Kenny(1986)的中介效应的判断标准,组织学习只是起了部分中介的作用。

3. 环境动态性的缓冲效应分析

根据本研究的假设,环境动态性在组织学习对公司创业效能的影响过程中会发生调节作用,本部分将对环境动态性的调节作用进行检验。

温忠麟等(2003)认为,当研究自变量 X_1 和干涉变量 X_2 都是连续变量时,可以使用带 X_1X_2 乘积项的回归模型检验两个变量之间的交互效应。回归模型如下:

$$Y = \beta_0 + \beta_1 X_1 + \beta_2 X_2 + \beta_3 X_1 X_2 + e$$

式中:X_1,X_2 为主效应项;X_1X_2 为交互效应项;对假设 HO:如果 $\beta_3 = 0$,做 T 检验,以推断 X_1 和 X_2 的交互效应是否显著,如果 $\beta_3 \neq 0$,且回归系数显著,则交互效应显著。

Baron 等(1986)指出,可以应用逐步回归方法来分析缓冲效应,具体的检验程序包括两个步骤的逐步回归过程:①因变量同时对自变量和干涉变量的回归;②因变量同时对自变量、干涉变量以及它们的交互项的回归。如果交互项的回归系数显著,且第二步回归方程决定系数相对于第一步回归方程的决定系数的增量显著,则说明干涉变量产生了缓冲效应。按照 Yang(1998)的建议,使用因子得分作为潜变量值来进行逐步多元回归分析,分析交互效应。这样可以使得研究过程非常简洁,能较清晰地呈现研究结果,便于理解。

在本研究中,我们应用以上方法分别对环境动态性在组织学习和公司创业组织效能之间关系的缓冲效应进行了检验。首先,我们对相关变量进行了去中心化处理,以更好地处理交互项,减少共线性的影响。其次,我们进行缓冲效应的检验,检验结果如表 4.21 所示。

表 4.21　环境异质性的缓冲效应逐步回归分析

	公司创业效能					公司创业效能			
	方程一		方程二			方程一		方程二	
	β系数	T值	β系数	T值		β系数	T值	β系数	T值
探索学习	0.41	5.52**	0.40	5.36**	开发学习	0.06	0.83	0.06	0.75
市场异质	0.17	1.97**	0.16	2.78**	市场异质	0.43	5.91**	0.43	5.87**
探索学习*市场异质			0.18	2.06*	开发学习*市场异质			0.16	2.56**
校正 R^2	0.16**		0.22**		R^2	0.18**		0.25**	
ΔR^2	0.06**				ΔR^2	0.07**			

注:* $P<0.05$,** $P<0.01$,*** $P<0.001$。

对于探索学习来说,由表 4.21 中可以看到,在不加入交互项时,探索学习和市场异质对于公司创业效能的主效应表现为显著,而在加入交互项之后,公司创业效能对于它们三者回归的方程中,交互项的回归效应表现显著,说明了市场异质在探索学习和公司创业效能之间的关系中缓冲作用明显。

对于开发学习而言,由表 4.21 中可以看到,在不加入交互项时,开发学习对于公司创业效能的主效应并不显著,市场异质对公司创业效能的主效应显著,而在加入交互项之后,公司创业效能对于它们三者回归的方程中,交互项的回归效应表现显著,说明了市场异质在探索学习和公司创业效能之间的关系中缓冲作用明显。

为了分析市场异质如何对组织学习和公司创业效能发挥缓冲作用,我们根据这三个变量的关系作图 4.8。

从图 4.8 中可以看到,随着组织学习(探索学习、开发学习)水平的提高,公司创业效能也同时提升。比较有启发的是(见图 4.8(a)),我们从两条直线的斜率可以看到,在低市场异质性的情况下,探索学习水平的提升对于公司创业效能提升的影响相对比较缓慢,而在高市场异质性的情况下,随着组织中探索学习的水平的不断提升,公司创业效能提升的幅度也显著加大,并且,从探索学习在高异质性和低异质性环境中与公司创业效能的关系图线的斜率可以看到,在对不同异质性的市场环境下,高异质性中组织的探索学习对于公司创业效能的提升要远远高于低异质性环境中探索学习对于公司创业效能的提升作用。

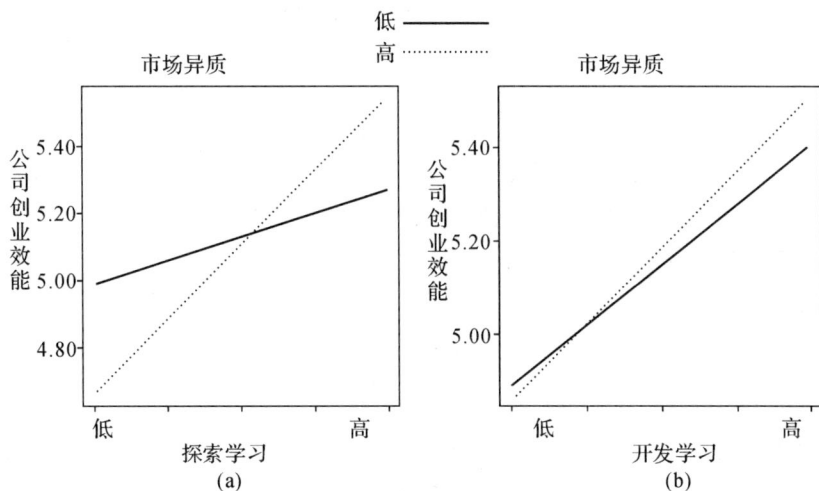

图 4.8　市场异质在组织学习与公司创业效能关系中的缓冲作用

从图 4.8(b)中我们也可以看到,开发学习对于公司创业效能的提升无论是在高市场异质性还是低市场异质性的情况下,多会显著提升公司创业效能,并且在两种不同市场环境下,它们对于公司创业效能的都有提升效果差异,其中还能够,在高市场异质性的环境下开发学习对于公司创业效能的提升大于低市场异质性下开发学习对于公司创业效能的提升效果。这个现象我们可以解释为,开发学习是组织对组织已有的信息和知识进行加工处理,并在组织中贯彻落实,提高了组织应对任何市场异质性情况下的能力,进而提升了公司创业效能。

上述两方面的组织学习受市场异质调节的研究结果不仅说明了在市场环境存在不同差异的情况下,组织学习的重要性,而且进一步强调了在高市场异质性的情况下,探索学习有利于组织更好地探索到市场需求的变动状况并适应市场多样化以及快速变动的需求,提升企业的市场竞争力。这个研究结果对于变革动力的启示是,企业在市场需求变化多样并且快速的环境中,应该加大对于组织探索学习的投入,使组织的领导力得到更好发挥,提升企业公司创业的效能。

在进一步对技术变化的缓冲作用进行检验中,我们先对相关变量进行了去中心化处理,以更好地处理交互项,减少共线性的影响。之后进行缓冲效应的检验,检验结果如表 4.22 所示。

表 4.22　技术变化的缓冲效应逐步回归分析

	公司创业效能					公司创业效能			
	方程一		方程二			方程一		方程二	
	T 值		T 值			T 值		T 值	
探索学习	0.37	4.80**	0.40	5.09**	开发学习	0.40	5.91**	0.42	5.40**
技术变化	0.16	2.10*	0.14	1.80*	技术变化	0.16	1.91*	0.14	1.83*
探索学习×技术变化			0.13	2.65**	开发学习×技术变化			0.06	1.24*
校正 R^2	0.18**		0.25**		R^2	0.14**		0.19**	
ΔR^2	0.07**				ΔR^2	0.05**			

注：$^*P<0.05,^{**}P<0.01,^{***}P<0.001$。

对于探索学习来说，由表 4.22 可以看到，在不加入交互项时，探索学习和技术变化对于公司创业效能的主效应表现均为显著，而在加入交互项之后，公司创业效能对于它们三者回归的方程中，交互项的回归效应表现显著，说明了技术变化在探索学习和公司创业效能之间的关系中缓冲作用明显。

对于开发学习而言，由表 4.22 可以看到，在不加入交互项时，开发学习和技术变化对于公司创业效能的主效应表现均为显著，而在加入交互项之后，公司创业效能对于它们三者回归的方程中，交互项的回归效应表现显著，说明了技术变化在开发学习和公司创业效能之间的关系中缓冲作用明显。

为了分析技术变化如何对组织学习和公司创业效能发挥缓冲作用，我们根据这三个变量的关系作图 4.9。

从图 4.9 中可以看到，随着组织学习水平的提高，公司创业效能也同时提升。图 4.9 中一个比较有意义的现象是，在低技术变化的情况下探索学习对于公司创业效能提升的作用没有高技术变化情况下探索学习对于公司创业效能提升的作用显著，探索学习与公司创业效能之间关系的斜率明显小于后者。说明了高技术变化的市场环境中，加强组织的探索学习对于公司创业效能的提升要明显高于低技术变化的市场环境下组织学习对公司创业效能的提升，这为我们强调了在技术变化激烈的市场环境中，加强组织探索学习对于企业的公司创业顺利实施的重要作用。而从图 4.9(a) 中我们看到，对于开发学习来说，虽然随着组织开发学习水平的

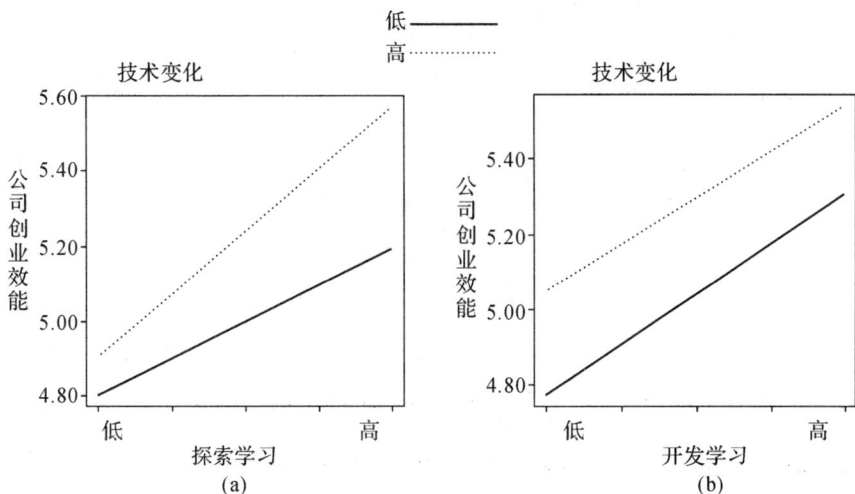

图 4.9 技术变化在组织学习与公司创业效能关系中的缓冲作用

提升,公司效能也会相应提高,但是从两条直线的斜率来看,在高技术变化的环境下,开发学习对于公司创业效能的提升要低于在低技术变化环境下的对公司创业效能的提升。

从这个研究结果中,至少我们可以得到对于变革动力的启示是,在高技术变化的竞争环境中,企业面临着更大的技术上的不确定性,并使得产品的技术提升、功能与品质的创新速度加快。为了适应这种市场环境下的产品需求,企业应该增强对探索学习的投入和努力,以探索企业的产品技术的发展方向,更加及时对市场变化做出反应,以获得产品竞争的优势。从实践中我们也可以发现,特别是在高技术行业中,产品的更新换代速度总是比较快速,而这类行业中的企业对于产品研发的投入、市场需求分析的投入等方面总是远远高于那些技术发展相对缓慢的行业中的企业。并且,那些研发投入高的企业也一般会建立起更强大的市场竞争力。而在低技术变化的市场环境中,开发学习对于组织绩效有更重要的作用。在实践中我们也可以看到,在技术变化缓慢的行业中,企业更加注重对行业现有知识与信息的加工。这个现象与本研究的这部分结论是一致的。

最后,对环境变量中的竞争强度进行缓冲效应检验,我们先对相关变量进行了去中心化处理,以更好地处理交互项,减少共线性的影响。之后进行缓冲效应的检验,检验结果如表 4.23 所示。

表 4.23　竞争强度的缓冲效应逐步回归分析

| | 公司创业效能 | | | | | 公司创业效能 | | | |
| | 方程一 | | 方程二 | | | 方程一 | | 方程二 | |
	β系数	T值	β系数	T值		β系数	T值	β系数	T值
竞争强度	0.05	0.68	0.06	0.82	竞争强度	0.06	0.65	0.03	0.92
探索学习	0.41	5.50**	0.42	5.53**	开发学习	0.44	5.91**	0.44	5.90**
探索学习×竞争强度			−0.03	−0.73	开发学习×竞争强度			−0.02	−0.32

注：$^*P<0.05,^{**}P<0.01,^{***}P<0.001$。

从表 4.23 可以看出，在不加入交互项时，探索学习对公司创业效能的主效应较显著，开发学习对公司创业效能的主效应也是显著的，而在加入交互项之后，组织学习与竞争强度的交互作用并不显著，这个结果显示竞争强度对于组织学习与公司创业效能之间关系的缓冲作用并不明显。而至于其中组织学习没能发挥调节作用的原因，我们认为市场竞争强度反映了市场中产品的供求的不平衡性、市场中竞争者的数量以及他们之间的力量对比、策略博弈的状况，企业对这些因素的反应，更加依赖于企业的具体竞争策略的灵活性和有效性，而组织学习所发挥的作用相对来说，影响不是那么显著。

因此，从以上对市场动态性的三个方面，即市场异质性、技术变化、竞争强度在组织学习和公司创业效能之间关系的缓冲作用检验结果显示，市场异质性、技术变化的缓冲效应假设得到支持，而竞争强度的缓冲效应假设没有得到支持。

4.4.4　员工个体层次的变革过程结果讨论

对于本部分的研究，前面的假设部分共提出了以下的假设：

假设 3：员工的心理授权在员工变革动力与公司创业效能的关系中发挥着中介作用。

假设 4：变革中的组织学习在员工心理授权与公司创业效能的关系中发挥着调节作用。

1. 描述性统计

首先对员工变革动力对员工变革效能作用过程中的相关变量进行相关分析，结果如表 4.24 所示。

表 4.24　员工变革动力对员工变革效能作用过程中主要变量相关分析

变　量	效能激发	理想激励	协作提升	价值认同	工作意义	自我效能	工作自主	工作影响	任务绩效	周边绩效	变革承诺
效能激发											
理想激励	0.688										
协作提升	0.726	0.567									
价值认同	0.343	0.258	0.318								
工作意义	0.375	0.292	0.343	0.120*							
自我效能	0.510	0.465	0.481	0.224	0.413						
工作自主	0.472	0.357	0.319	0.164	0.328	0.297					
工作影响	0.353	0.241	0.340	0.319	0.168	0.233	0.606				
任务绩效	0.544	0.488	0.494	0.308	0.398	0.551	0.355	0.361			
周边绩效	0.453	0.429	0.426	0.215	0.339	0.474	0.291	0.202	0.532		
变革承诺	0.415	0.364	0.305	0.162	0.243	0.354	0.401	0.315	0.373	0.292	

注：* $P<0.05$，未标注的相关数据均为在 0.01 水平上显著。

表 4.24 显示了员工变革动力的四个维度与员工心理授权的几个要素之间显著正相关关系，员工心理授权的几个要素与员工变革效能的任务绩效、周边绩效、变革承诺几个方面具有积极而显著的相关关系，员工变革动力的各维度与员工变革效能三个维度之间也具有积极而显著的相关关系。这反映了在公司创业过程中，一个企业如果具有较高的员工变革动力，那么在公司创业的组织变革过程中，员工通常都会有较高的心理授权，并会取得较好的公司创业的员工参与组织变革的承诺和员工的绩效。本研究的假设 3 得到了初步的支持。

2. 员工心理授权的中介效应检验

采用回归方程，对员工心理授权与员工变革动力两者之间的关系进行回归分析，结果如表 4.25 所示。

表 4.25　心理授权的中介效应检验二

变　量	方程一		方程二		方程三		中介检验
	组织学习		公司创业效能		公司创业效能		
	β系数	T值	β系数	T值	β系数	T值	
员工变革动力	0.58	15.36**	0.56	11.16**	0.43	8.41**	部分中介
心理授权					0.15	2.12**	
调整后 R^2	0.34		0.21		0.48		
F	235.87***		124.50***		215.12***		

注：* $P<0.05$，** $P<0.01$，*** $P<0.001$。

经过上述三次回归的过程得到了表 4.25 的数据，由该表可以看出心理授权对员工变革动力，公司创业效能对员工变革动力，以及公司创业效能同时对心理授权和员工变革动力的回归系数都显示显著。而公司创业效能同时对组织学习和组织变革动力进行回归时，员工变革动力的回归系数从 0.56 减小到 0.43，并且仍然在 0.01 的水平上显著，根据 Baron 和 Kenny(1986)对中介效应的判断标准，心理授权在员工变革动力和公司创业效能的积极相关的关系中起了部分中介的作用。

因此，假设 3 中的心理授权的中介效应得到了部分的支持。

3. 组织学习在心理授权与组织效能之间关系之间的调节作用检验

我们在上面的研究中已经检验并提出了员工心理授权是员工变革动力影响组织和员工效能过程中的中介变量，而因为员工的心理授权及其影响公司创业效能的过程是个个体变量的作用过程，而组织学习是公司创业中组织层次的因素，以它为调节变量来探索心理授权是如何影响公司创业效能的过程是个体变量作用过程受到组织水平变量的调节作用过程。在这种情况下，用一般的多元回归已经不能准确找到答案了(陈晓萍等，2008)。

并且本部分研究的目的是不仅要检验组织学习是否对个体水平的这个作用过程产生调节影响，还希望在有调节作用的情况下，进一步探索这个调节作用效果如何，以便能更加清晰地解释组织学习的调节作用。因此，本部分的研究将采用结构方程模型和对三者关系进行检验。

在多样本分析的构架下，采用结构方程模型测量恒等性就是测量模型在不同的样本间是否相同的一种应用(Thurstone,1947)。实际上，结构模型在不同样本间等同与否,是一种调节效应的概念。以结构方程的术语来说,就是在不同条件下,各结构参数是否相等或不等的检测(邱皓政和林碧芳,2009)。在本研究部分,我们将在心理授权与公司创业效能作用过程中,对四个不同学习群体在路径限定和非限定状况下的结构方程模型进行检验和比较,以检验四个群体在不同学习情况下是否有显著的差异。

首先,根据组织学习中探索学习和开发学习两个方面学习水平的高低,我们把总体的员工样本区分为四个不同组织学习模式的群体,分别是高高(高探索、高开发)、高低(高探索、低开发)、低高(低探索、高开发)和低低(低探索、低开发),本部分研究的总体样本共有 459 人,结果得到四个群体的员工数量分别是 201 人、60 人、45 人、153 人。

其次,我们利用 AMOS 5.0 对这四个群体中的心理授权与公司创业效能之间的关系模型进行检验,待检验模型如图 4.10 所示。

```
┌─────────────┐                    ┌─────────────┐
│   心理授权   │ ─────────────────▶ │  公司创业效能 │
└─────────────┘                    └─────────────┘
```

图 4.10　拟检验的不同组织学习群体的公司创业效能关系模型

本研究对该模型在路径限定和非限定两种情况下的拟合数据进行了比较检验。增加了路径限定后,模型的拟合度降低,$\Delta\chi^2 = 3.83$,$\Delta df = 1$($P < 0.01$),$\Delta\chi^2 / \Delta df = 3.83 > 2$,显示四个不同的学习群体之间在心理授权与公司创业效能的作用过程中存在明显的差异。由此,我们得到结论,组织学习在员工心理授权与公司创业效能的作用过程中发生了调节作用。进一步,我们通过对不同组织学习情况下心理授权与公司创业效能之间的关系图形进行分析以发现组织学习如何发挥调节效应的,如图 4.11 所示。

从图 4.11 中几条直线的斜率可以看到,在不同组织学习模式下,心理授权与公司创业效能的关系有很大的不同。在低低学习群体中,其直线斜率最大,说明随着心理授权水平的提高,其公司创业效能也快速得到提升。只是,这种学习模式的群体的公司创业效能始终远远落后于其他三种组织学习模式的群体。在高高学习群体中,其关系直线斜率最小,显示在高度的组织学习状况下,公司创业效能的水平受个体层次的心理授权的影响也最小。这说明了组织学习的高度投入从组织水平上提高了组织在组织变革中的经验能力,因而导致了个体层次的心理授权对公司创业效能的影响在四种不同组织学习的状况下也最小。但是,它的公司创业效能水平在四种不同组织学习的状况下始终是远远高于其他三个群体的。这进一步说

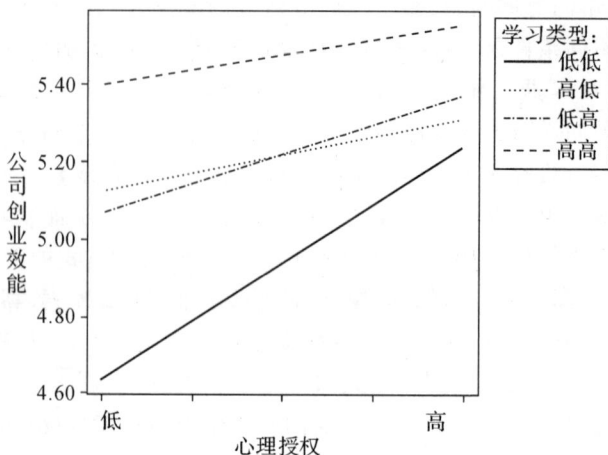

图 4.11　组织学习在员工变革过程中的调节效应

明了组织学习对于个体层次的变革动力与组织变革动力达到协同对于公司创业的重要作用。

4.5　研究结果与讨论

本部分的研究焦点是变革动力的效能机制过程,从组织系统变革的角度来看,变革包括了组织层次的变革和员工个体层次的变革,因此,本研究从组织和员工个体两个层面,进一步提出了组织变革的多层次过程机制。其中,组织层面的变革过程是通过组织学习的过程得以实现的,员工参与变革的过程是通过提升员工的心理授权水平来实现的。

4.5.1　公司层次的组织变革效能机制过程

组织变革动力对公司创业效能产生影响的过程机制,主要包括了两个方面的问题:组织学习在组织变革动力和组织变革效能之间关系的中介效应,环境动态性的缓冲效应研究。

1. 公司层次的组织变革过程

本研究在对以往文献回顾的基础上,进一步提出了组织学习在组织变革动力与公司创业效能之间关系中的中介作用。公司创业是组织在动态的市场环境条件下,组织不断开发自身的能力,探索组织面对的市场竞争途径的组织变革过程。不少学者也都认为,应对不确定性的环境的唯一和有效的途径是提高组织学习的效能(Edmondson,1999,2004)。而许多学者,比如 Minnitt 和 Bygurve(2001)也强调,创业学习是一种校准机制,由于创业过程中的环境、任务和目标状态的变化,组织成员阶段性的认知缺乏,都会增加创业的不确定性,而学习可以促进组织对于其所面临问题的认知。因此,本书认为组织变革动力通过企业组织学习的过程,促进了组织变革动力从组织系统的四个方面推动组织的变革行动,并通过其中的探索学习,进一步探索与提出企业变革行动的方向与路径,从而对公司创业效能产生了积极的影响。

组织变革动力虽然从系统的四个方面对整个组织及其成员产生了影响,但是,它更多是为组织与员工指明了努力的方向,仅仅只靠它的影响力并不必然导致公司创业效能的提高,它还必须落实到组织日常的创业行动过程中去发挥作用,而组织学习是把组织变革动力的影响落实到组织行动上的有效的途径。从组织学习的含义我们知道,组织学习包括了认知和行为两种内容(Argyris and Schön, 1978;Miller, 1996)。Newman(2000)认为学习有利于组织进行变革。组织需要通过学习来吸收组织已有的经验,了解事情运作的差距,洞察环境中的变化,并进一步从外界环境中寻求新信息,从顾客和其他人那里获得信息并进行分析,并通过这个过程提高组织自身的适应性和对环境的即时反应能力,调整组织应对环境压力下的行为和发展更强的能力来提升组织的绩效(Argyris and Schön, 1978;Huber, 1991;Meyers,1990;Edmondson, 1999)。

因此,组织变革动力的影响,通过组织学习的这个过程得以落实到组织的公司创业行动过程中。愿景驱动为组织战略的实施与调整指明了方向,促使组织战略得到有效的实施。文化塑造也通过组织学习的过程,进一步明确组织创业型文化的价值,推动了公司创业企业文化的形成。而与公司创业相匹配的企业文化,将进一步推动公司创业的成功实施。创造突破激励了组织及其成员不断收集利用外部信息,投入丰富的资源和精力进行市场分析与研发活动,不断提高组织的竞争能力,并为市场提供适应的产品和服务,从而提升公司创业效能。架构创新为组织结构适应公司创业战略的实施提供了明确的指导,组织通过对以往经验信息的总结,通过对企业未来战略变革的需求,不断探索与组织的公司创业相适应的弹性组织结构,为公司创业战略的成功实施提供有力保障。综上所述,组织学习为组织变革动力在组织的公司创业过程中的具体实施提供了一个极其有价值的桥梁。

本研究中,组织学习的中介效应检验的数据结果支持了这一观点。

2. 市场环境的调节作用

组织是开放环境系统中的一个子系统,因此,组织变革的过程也必然受到外部环境的调节。Mintzberg(1990)认为,只有在环境变化迅速并且难以预测的条件下,组织学习对于企业战略的形成才至关重要。李正卫(2003)实证研究表明,高动态性的环境中组织学习对企业绩效的影响明显高于低动态环境中组织学习对企业绩效的影响。Lumpkin 和 Dess(1996)认为,某些创业行为和绩效的关系并不总是十分确定,两者之间的关系在不同特征的环境中表现出一定的差异。根据创业生态观的观点,环境影响到了企业的创业行为。在某些支持性的环境下,创业更容易取得好的绩效。当企业的创业行为和组织活动符合环境要求时,创业绩效更好(Romanelli and Tushman,1986)。面对一个充满机会和竞争挑战的环境,组织所表现出来的行动将有很大差异。同时,组织行动与绩效的关系也受到环境差异的影响(Dimitratos,2004)。

本研究以市场环境中的市场异质、技术变化和竞争强度三个因素为调节变量,对组织变革动力和组织学习对公司创业效能的作用过程进行了检验,研究结果支持了市场异质和技术变化的调节作用,而没有支持竞争强度的调节作用。并且进一步的对市场异质、组织学习、公司创业效能三者关系的分析表明,在不同异质性的市场环境下,高异质性中组织的探索学习对于公司创业效能的提升要远远高于低异质性环境中探索学习对于公司创业效能的提升作用。开发学习对于公司创业效能的提升无论是在高市场异质性还是低市场异质性的情况下,都会显著提升公司创业效能,并且在两种不同市场环境下,它们对于公司创业效能的提升效果差异不大。这个研究结果不仅说明了在市场环境存在不同差异的情况下,组织学习的重要性,而且进一步强调了在高市场异质性的情况下,探索学习有利于组织更好地探索到并适应市场多样化以及快速变动的需求,提升企业的市场竞争力。这个研究结果对于变革动力的启示是,企业在市场需求变化多样并且快速的环境中,应该加大对于组织探索学习的投入,才能使组织的领导力得到更好的发挥,并促进组织的公司创业行动更为有效,提升企业公司创业的效能。

我们通过进一步对技术变化、组织学习、公司创业效能三者关系的分析发现一个比较有意义的现象是,在低技术变化的情况下探索学习对于公司创业效能提升的作用没有高技术变化情况下探索学习对于公司创业效能提升的作用显著,探索学习与公司创业效能之间关系的斜率明显小于后者,说明了在高技术变化情况下探索学习对于企业的重要性。而对于开发学习来说,虽然随着组织开发学习水平的提升,公司效能也会相应提高,但是从技术变化水平的高低来看,在高技术变化的环境下,公司创业效能的水平要明显高于低技术变化环境下的公司创业效能。只是,公司创业效能增长的速度比较一致。从这个研究结果中,至少我们可以得到对于组织变革的启示:在高技术变化的竞争环境中,企业面临着更大的技术上的不确定性,并使得产品的技术提升、功能与品质的创新速度加快。为了适应这种市场环境下的产品需求,企业应该增强对探索学习的投入和努力,以探索企业的产品技术的发展方向,更加及时对市场变化做出反应,以获得产品竞争的优势。

4.5.2　员工层次的组织变革效能机制过程

1.员工层次的组织变革过程

公司创业中的变革动力能够从总体上规定了组织变革的内容与方向,但是公司创业的具体实施却是充满了不确定性的,因此,公司创业是要依靠组织中的员工来不断推进。而员工在公司创业过程中,在变革动力的指引和影响下,他们又是如何发挥作用,他们发挥作用的过程是怎样的,这是本部分研究的一个重要内容。

在关于领导者对于员工的影响并进而影响员工的绩效的过程研究方面,已经有许多学者指出了领导者的作用过程。Sosik、Avilio 和 Kahai (1997)的研究指出,转化型领导能激励员工充分发挥潜能,不论是从个体水平还是群体水平,努力使工作成果超出绩效预期。Davidhizer 和 Shearer (1997)指出,领导者的内在、外在、关系的行为都与员工的内在激励相联系,领导者的行为为员工提供了内在激励的模型,当他们在聆听、注视领导者时,能感觉到领导者的激励,从而帮助他们的发展,并让他们感受到有力量。这些领导者能吸引并给予员工内在激励,鼓舞他们的使命感,促进他们的思考(Keller,1995)。本书根据公司创业背景下,组织及其员工所面临的任务特点,提出变革动力会通过员工的心理层面的心理授权,激发员工充分发挥个体的能动性,完成组织赋予的任务,提升个体在公司创业中的效能,并同时推进公司创业行动的有效实施。问卷研究的结果表明,心理授权在员工变革动力和员工变革效能之间起到了部分中介作用,心理授权在员工变革动力和公司创业效能之间也起到了部分的中介作用。

上述研究结果表明了,变革动力对于促进组织员工积极参与组织变革过程,提升员工变革效能和公司创业效能的重要性。员工心理授权的中介作用表明,要使得员工变革动力在组织变革过程中真正充分发挥具体作用,必须关注对员工心理授权水平的提升。这个结果提示企业管理者在领导组织变革过程中,必须通过工作任务的设计、制度设计和各种企业文化建设活动的方式,来提高对于员工的心理授权水平。

2. 组织学习在员工变革过程中的调节作用

组织变革中的员工心理授权对于促进员工参与变革,提升变革效能有积极的作用,是员工变革过程中重要的中介变量。但是作为组织中的员工,其心理授权水平对于变革绩效的影响也会受到组织中其他因素的调节。本部分研究结果支持了组织学习在调节员工变革过程中的重要作用。

进一步,我们通过对不同组织学习情况下心理授权与公司创业效能之间的关系进行分析并发现,在不同组织学习模式下,心理授权与公司创业效能的关系有很大的不同。在低低学习群体中,其直线斜率最大,说明随着心理授权水平的提高,其公司创业效能也快速得到提升。只是,这种学习模式的群体的公司创业效能始终远远落后于其他三种组织学习模式的群体。在高高学习群体中,其关系直线斜率最小,显示在高度的组织学习状况下,公司创业效能的水平受个体层次的心理授权的影响也最小。这说明了组织学习的高度投入从组织水平上提高了组织在组织变革中的经验能力,因而导致了个体层次的心理授权对公司创业效能的影响在四种不同组织学习的状况下也最小。但是,它的公司创业效能水平在四种不同组织学习的状况下始终是远远高于其他三个群体的。这进一步说明了组织学习对于个体层次的变革动力与组织变革动力达到协同对于公司创业的重要作用。

4.6 本章小结

针对两个层次组织变革的作用过程,本章采用问卷调查的方法,分别对公司层次组织变革的作用过程、员工层次组织变革变革的作用过程进行了研究,研究结果对本章的假设验证情况如表 4.26 所示。

表 4.26　本章假设验证情况统计

假设内容	检验结果
假设 1:组织学习在组织变革动力与公司创业效能的关系中起着中介作用	部分支持
假设 2:市场动态在组织学习与公司创业效能关系中发挥着调节作用	
假设 2a:市场异质性在组织学习与公司创业效能的关系过程中起调节作用	支持
假设 2b:技术变化在组织学习与公司创业效能的关系过程中起调节作用	支持
假设 2c:竞争强度在组织学习与公司创业效能的关系过程中起调节作用	不支持
假设 3:心理授权在员工变革动力与公司创业效能的关系中发挥着中介作用	部分支持
假设 4:组织学习在心理授权影响组织变革效能的过程中发挥着调节作用	支持

　　虽然本章基于以往相关研究,从组织变革的系统性理论出发,采用问卷调查的方式,通过统计检验,支持了组织变革中多层次的组织变革过程及其动态机制,但是从严格的意义来讲,本章仍有不少需要改进的地方。

　　首先,本章是个横截面的研究,因此本次数据的采集对本书研究存在问题;其次,尽管我们在问卷设计中,注意了分别对组织的高管领导层和中层及以下员工设计相应的测量题项,但是,这只是在消除共同方法偏差问题上作出了一定的改进。因此,本章的研究结论仍然需要以后的研究进一步提供支持。

5 基于组织学习与心理授权的变革多层协同效应研究

在本书的文献综述中,已经说明了变革是个系统的过程。而从上个研究的结果来看,组织变革不但包括了组织层面的变革过程,也包括了组织中的基本要素——员工参与变革的过程。从系统理论的角度来看,这两个不同的多层次的变革过程应该是相互作用、相互影响的,那么,它们之间是如何产生相互作用的,这是本章试图回答的问题。

5.1 研究问题的提出

组织是由组织成员在一起活动形成的关系总和,因此,组织的活动总是呈现出系统的特征。企业组织变革是适应外部环境变化而进行的,以改善和提高组织效能为根本目的的管理活动。外部环境的变化是企业组织变革的最大诱因,那么,由于企业组织的系统特性,企业的组织变革也是一个系统的过程。Stacey(1995)在谈到组织内部人力网络的相互关系的时候明确指出,"组织就是复杂适应系统",员工个体就是智能体,他们都对组织整体演化起重要作用。因此,我们在研究组织变革的过程中,不仅要关注组织层面的系统变革过程和员工层面的变革过程,更必须关注组织变革作为一个系统过程,组织层面的因素是如何同员工个体层面的因素发生作用,确保组织变革行动的系统推进的。

在本书上一章的研究中,提出并检验支持了组织变革的系统过程不仅包括了组织层面的变革过程,也包括了员工个体层面的员工参与变革的过程。其中,组织变革的过程是通过组织学习来实现的,员工参与变革的过程是通过提升员工的心理授权来实现的。因此,结合系统理论的观点,组织的变革与员工参与变革是个相互作用、相互影响的过程,而它们之间相互作用、影响会产生一个什么样的结果,这也是探索并揭示组织变革系统过程的重要问题。

从本书的文献研究中我们知道,组织变革是一个充满不确定性的过程,而为了不断探索并消除组织变革的不确定性,从组织层面来说,就必须不断进行组织学习,包括开发式学习和探索式学习,来推动组织变革的顺利实施。而组织学习的主体是组织中的员工,要形成积极的组织学习氛围,组织中必须形成适合的组织员工的心理状态。那么,员工在组织变革中的积极参与和员工能动性的充分发挥,就成为组织学习能否有效进行的根本了。从这个意义上,组织学习就和员工的心理授权紧密联系在一起了。同时,员工的心理授权的水平,反过来又受到组织学习的调节和影响,这可以从心理授权的内容中找到原因。心理授权包括了工作意义、工作能力(或自我效能)、自我决定和工作影响四个方面,通过组织学习,能够显著提升组织在变革中的效能水平,促进员工的任务顺利完成和能力水平的提升,由此,组织学习的有效进行也会促进员工心理授权水平的提高。

综上所述,组织层面的变革过程(组织学习)和员工参与变革的过程(心理授权)是一个互相影响、互相促进的过程,从协同理论的角度来看,也就是在组织变革中,组织层面的变革与员工个体层面的变革过程产生了协同,更有力的推动组织变革的顺利进行。因此,探索并检验组织变革过程中组织层次与员工个体层次的协同效应成为本章研究的核心内容。

5.2 研究目的与内容

在第 4 章的研究中,本书提出并验证了在组织变革的驱动过程中,组织学习和员工心理授权分别是组织变革过程中组织层面和员工层面变革绩效过程的中介变量,说明了这两个变量在组织变革过程中对不同层次变革的推动作用。然而,组织变革中的组织学习、心理授权分别呈现什么样的特征,在变革过程中组织层面与员工个体层面之间到底有没有联系?它们在组织变革的过程中是否会发生协同效应？这是本章研究的焦点。

根据上面提出的问题，本章计划运用问卷研究的方法，首先对公司创业背景下的组织学习、心理授权的特征的现状进行比较分析，探索在不同的组织背景下，组织学习具有什么样的特征，以及不同类别的组织之间，在组织学习上有什么样的差异；组织变革中的员工心理授权具有什么样的特征，对于不同类别的员工人群而言，在心理授权水平上有什么差异。

在对组织变革过程中不同类型的企业和不同类别的员工的组织学习、心理授权现状分析的基础上，本章将进一步探索组织学习与心理授权之间的相互关系及其作用的效果，检验它们之间是否会发生协同效应。为了检验两者之间的协同效应，本章将通过两个步骤来对组织学习与心理授权之间的关系进行研究处理。

第一个步骤是对两个变量之间的交互效应及其对公司创业效能的影响显著性来检验不同层面的两个变量是否产生了交互效应。在这个过程中，利用问卷数据，先进行多元回归分析，以检验组织学习、心理授权及其交互对公司创业效能影响的显著性，并初步比较组织学习、心理授权以及组织学习和心理授权之间的交互这三者对公司创业效能的回归效应的大小。但是多元回归是一种静态的回归，在回归处理过程中把其他变量作为不变的，因此多元回归的比较不能够比较出不同自变量对因变量影响效应的强弱(Azen and Budescu,2003)。

因此，协同效应研究的第二个步骤是在两个变量产生了交互效应的基础上，进一步采用 Budescu(1993)提出的主因分析方法(dominance analysis)考查两个变量间的交互效应对公司创业效能的影响是否强于两个变量分别对于公司创业效能的影响。如果两个变量的交互效应对公司创业效能的影响强于两个变量分别对于公司创业效能的影响，那么就可以认为，两个变量的交互对公司创业效能的影响产生了"1+1>2"的协同效应。

5.3 研究方法

本章将采用问卷方法对公司创业中的组织学习和心理授权的现状及其协同效应进行检验。采用问卷调查的方法，分别向不同行业中正在进行公司创业的企业的高管团队成员、中层管理者以及其他员工进行了大规模的不同类型问卷(问卷 A 和问卷 B)的发放并回收。本章数据采用 SPSS 软件进行统计处理。

5.3.1 研究样本

取样标准:本章研究的对象是正在进行公司创业的企业,研究的样本选择标准是根据 Covin 和 Miles(1999)对于公司创业类型的四种分类。我们在高管成员的问卷上详细说明了四种公司创业类型和其他非公司创业的类型,如果企业两位高管都在公司创业类型中选择了一种以上的公司创业经营类型,则该企业样本符合本研究的公司创业企业的取样条件。

样本描述:本研究取样在全国多个地区进行,样本包括了南昌、北京、厦门、深圳、佛山、杭州、诸暨、宁波等地区的公司创业型的企业。本次研究共向 204 家企业发放了成套问卷,每家企业发放 2 份高管成员问卷(A 卷),3 份中层及以下员工问卷(B 卷),也就是总共有 204 套问卷。回收后的问卷在剔除问卷缺失不能成套的、空白问卷、数据循环、数据极端化等情况的问卷后,本次调查获得企业成套有效问卷的共有 153 家,有效问卷 A 卷 153 套,B 卷 153 套,有效回收率为 75%。表 5.1 是本次研究有效样本基本信息的描述性统计。

表 5.1　企业样本基本信息($N=153$)

企业规模	数量	百分比	年销售额	数量	百分比	所有制	数量	百分比
50 人以下	29	18.9	500 万以下	24	15.7	国有	23	15.0
51~100 人	35	22.9	500 万~3 亿	73	47.7	民营	108	70.6
101~500 人	65	42.5	3 亿以上	56	36.6	三资	22	14.4
501 人以上	24	15.7						
高技术	数量	百分比	行业	数量	百分比			
认定高技术	95	62.1	制造业	88	57.8			
非高技术	58	37.9	服务业	65	42.2			

以上样本是本次问卷调查有效样本企业的基本情况,从表 5.1 中可以看到,本次调查企业以民营企业为主,本次调查的高技术企业的区分是以

2008 年我国科技部发起的由各省科技厅进行的一次对各省企业根据国家统一标准进行评估后所认定、并颁发了高技术企业证书的企业。这类企业在本研究中占有 62.1% 的比例。下面分别对有效样本中填写 A 卷的高管成员和填写 B 卷的其他类别员工进行人口统计变量的描述,如表 5.2 和表 5.3 所示。

表 5.2 高管成员样本信息(N=306)

性别	数量	百分比	年龄	人数	百分比	学历	人数	百分比
男	211	69.0	25 岁以下	11	3.6	高中与中专	31	10.1
女	95	31.0	25～34 岁	98	32.0	大专与本科	182	59.5
			35～44 岁	146	47.7	研究生及以上	92	30.1
			45 岁以上	51	16.7	初中及以下	1	0.3

表 5.3 中层及以下员工样本信息(N=459)

性别	数量	百分比	年龄	数量	百分比	学历	数量	百分比
男	233	50.8	25 岁以下	68	14.8	初中及以下	2	0.4
女	226	49.2	25～34 岁	297	64.7	高中与中专	58	12.6
			35～44 岁	73	15.9	大专与本科	355	77.4
			45 岁以上	21	4.6	研究生及以上	44	9.6
职位	数量	百分比	工作年限	数量	百分比			
中层管理者	103	22.4	1 年以下	57	12.4			
基层管理者	177	38.6	1～3 年	217	47.3			
一般员工	179	39.0	3 年以上	185	40.3			

5.3.2 测量工具

本章的测量工具同第 4 章。

5.3.3　研究流程和方法

本章采用大规模问卷发放,问卷设计了 A、B 两种问卷,分别由每个企业的两位高管团队成员填写,三位企业中层及以下员工填写。在问卷 A 中,测量的问题主要有组织变革动力特征、组织学习、公司创业效能等;在问卷 B 中,测量的问题主要有心理授权等。首先,本章对测量工具的信度与效度进行了检验;其次,对个体水平的数据加总为组织水平数据的适合性进行了检验;最后,在此基础上对公司创业背景下变革动力的作用过程进行了分析。

本章采用了 SPSS 11.0 对数据进行了统计分析处理。

5.4　研究结果与讨论

5.4.1　变量间的描述性统计分析

首先,本章对组织学习、心理授权和公司创业效能进行了描述性统计分析,结果见表 5.4。

表 5.4　组织学习、心理授权和公司创业效能的描述性统计

变量	平均值	标准差	工作意义	自我效能	工作自主	工作影响	探索学习	开发学习	生存绩效	成长绩效	组织敏捷
工作意义	5.342	1.02									
自我效能	5.450	0.77	0.413								
工作自主	5.313	0.92	0.328	0.297							
工作影响	4.958	1.07	0.168	0.233	0.606						
探索学习	5.181	0.64	0.334	0.462	0.478	0.461					
开发学习	5.262	0.69	0.350	0.450	0.393	0.377	0.544				
生存绩效	5.395	1.01	0.398	0.551	0.355	0.361	0.332	0.358			
成长绩效	5.234	0.98	0.339	0.474	0.291	0.202	0.407	0.435	0.543		
组织敏捷	5.071	0.99	0.243	0.354	0.401	0.315	0.419	0.431	0.382	0.296	

注:表内相关系数均为在 $P < 0.01$ 水平显著。

从表 5.4 可以看到,组织变革过程中心理授权的四个维度与探索式学习、开发式学习之间具有显著正相关关系,而心理授权的四个维度以及探索式学习、开发式学习都与公司创业效能的三个维度之间具有显著正相关关系。因此,我们可以得到初步的结论:在组织变革过程中,组织学习与员工心理授权之间存在着积极的相互作用关系。下面,本章将进一步比较在组织变革的过程中不同组织间在组织学习水平上的差异以及组织中不同类别的员工之间在心理授权上的差异。

5.4.2 组织变革中组织学习的组织间差异

为了考察在不同技术类型、行业特征和企业规模状况下组织学习水平的差异,本章采用方差方法对不同组织间的组织学习水平进行比较。由于在研究四中本书已经对组织学习的加总数据进行了检验,这里就直接采用方差分析对不同性质的组织间的组织学习水平的差异进行比较检验。

表 5.5　组织变革中组织学习的组织间差异比较($N=153$)

高技术(A)	企业数量	平均值				
		进行试验	信息收集	信息分析	教育培训	信息传递
是(1)	95	5.34	5.26	5.25	5.23	5.33
否(2)	58	4.69	4.82	5.01	5.16	5.03
T 值		4.98**	4.57**	3.15*	1.91	2.17*
组间比较		(1)>(2)	(1)>(2)	(1)>(2)		

行业(B)	企业数量	平均值				
		进行试验	信息收集	信息分析	教育培训	信息传递
制造业(1)	88	5.24	5.09	5.05	5.23	5.27
服务业(2)	65	5.18	5.42	5.32	5.21	5.31
T 值		1.08	3.61**	2.43*	0.93	1.13
组间比较			(1)>(2)	(1)>(2)		

企业规模(C)	企业数量	平均值				
		进行试验	信息收集	信息分析	教育培训	信息传递
1~50人(1)	29	5.38	5.49	5.35	4.45	5.33
51~100人(2)	35	4.78	4.93	5.03	5.22	4.86
101~500人(3)	65	4.95	4.72	4.73	5.42	5.02
501人以上(4)	24	5.28	5.25	5.24	5.65	5.22
F 值		5.13**	3.15*	2.43*	2.96**	1.54
组间比较		(1)>(4)>(3)>(2)	(1)>(4)>(2)>(3)	(1)>(4)>(2)>(3)	(4)>(3)>(2)>(1)	

注:*$P<0.05$,**$P<0.01$。

通过对表 5.5 不同背景的组织学习水平的比较,本章进行如下讨论:

(1)根据表 5.5(A)显示,高技术企业的组织学习水平在多个维度上要显著高于非高技术企业,这可能是因为高技术企业所处行业面临着更为快速变化的技术上的挑战,促使它们必须不断开发新产品、应对更为动态激烈的竞争,因此,该类企业的组织学习水平也显著地高于一般的非高技术企业。而在教育培训方面两类企业没有显著差异,这可能是因为教育培训属于组织对已有知识的开发性学习,对于两类企业都有重要作用,有助于员工掌握所需要的技能,明确公司对于员工的要求,并适应公司的文化。

(2)根据表 5.5(B)显示,制造业和服务业在大部分的组织学习的维度上都不存在显著的差异,只是在信息收集和信息分析这两个维度上,服务业的得分水平要显著高于制造业。其原因可能是对于制造业,一般来说,生产流程和市场都相对要稳定,而服务业面临着市场更为多样化的需求,市场的竞争又相应需要不断进行调整,以适应动态的市场与竞争的需要。因此,在信息收集和信息分析上有较高的得分,以保证企业能随时掌握市场动态,适应市场的竞争。

(3)根据表 5.5(C)显示,不同规模的企业在组织学习的水平上存在着显著的差异。50 人以下的小企业的组织学习水平相对要高,其原因是小企业还处于创业期,业务和市场、技术等方面都远未成熟,相对于大中型企业来说,企业生存还存在着困难,因此必须保持高度的学习状态,抓住市场可能的机会,求得生存。但是小企业的教育培训得分是最低的,这是因为小企业的现有知识积累少,资源有限,因此它们一般要求招聘来的员工必须具备相对的技能和经验,马上就能上岗操作,以降低培训费用。而 500 人以上的大企业,一般市场和经营流程都相对成熟,各项信息传递和转移以及培训制度都相对完善,所以组织学习水平也属于较高的,特别是在教育培训上,大企业表现最为突出。

5.4.3 组织变革中员工心理授权的个体间差异

为了考察在不同性别、年龄、工作年限以及学历水平的员工在组织变革过程中的心理授权水平的差异,本章对在公司创业的组织中不同类别的员工的心理授权水平的差异进行了方差比较,结果见表 5.6。

表 5.6 员工心理授权的不同类别个体间差异比较($N=459$)

性别(a)	数量	平均值			
		工作意义	自我效能	工作自主	工作影响
男(1)	233	5.33	5.62	5.47	4.86
女(2)	226	5.36	5.25	5.11	5.03
T 值		0.47	2.54*	3.14**	1.23
群体间比较			(1)>(2)	(1)>(2)	

年龄(b)	数量	平均值			
		工作意义	自我效能	工作自主	工作影响
25 岁以下(1)	68	5.56	5.43	5.02	4.75
25~34 岁(2)	297	5.36	5.46	5.33	4.93
35~44 岁(3)	73	5.19	5.26	5.44	5.09
45 岁以上(4)	21	5.14	5.27	5.87	5.13
F 值		1.68*	1.36	2.83*	1.54
群体间比较		(1)>(2)>(4)>(3)		(4)>(3)>(2)>(1)	

学历(c)	数量	平均值			
		工作意义	自我效能	工作自主	工作影响
初中及以下(1)	2	4.65	4.57	4.86	4.66
高中与中专(2)	58	4.83	5.24	5.13	4.83
大专与本科(3)	355	5.36	5.48	5.33	4.96
研究生及以上(4)	44	5.67	5.84	5.76	5.27
F 值		4.33**	1.76*	4.74**	2.83*
群体间比较		(4)>(3)>(2)>(1)	(4)>(3)>(2)>(1)	(4)>(3)>(2)>(1)	(4)>(3)>(2)>(1)

工作年限(d)	数量	平均值			
		工作意义	自我效能	工作自主	工作影响
1 年以下(1)	57	5.77	5.34	5.17	4.89
1~3 年(2)	217	5.32	5.48	5.27	4.99
3 年以上(3)	185	5.36	5.44	5.36	4.92
F 值		1.83*	0.31	0.86	0.27
群体间比较		(3)>(2)>(1)			

注:* $P<0.05$,** $P<0.01$。

通过对表 5.6 中不同员工个体特征的心理授权水平的比较,本章进行如下讨论:

(1)根据表 5.6(a)显示,在组织变革过程中,男性员工比女性员工在自我效能和工作自主性方面要显著较高,而在工作意义和工作影响两个维度上男性与女性并没有显著的差异。这说明在组织变革中,男性员工更容易受到管理层变革的激励,更愿意发挥自身的能力,并愿意去尝试新的任务和工作方式;而在面对组织变革的时候,女性员工相对有保守的思想,没有男性员工那样冲动。

(2)根据表 5.6(b)显示,工作意义的得分比较表明,员工中年龄越年轻者一般更容易接受并投入变革,年龄越大的员工在工作意义上的得分显著较低,说明他们在组织变革中具有较大的影响力,在组织变革中往往面临着他们已有的地位、权力受到挑战,因而对于变革的意愿也往往相对较弱,容易成为变革中的阻力。所以,组织变革过程针对他们进行变革激励也就显得尤为重要。而在工作影响和自我效能上,不同年龄段的员工并没有显著差异。

(3)根据表 5.6(c)显示,在组织变革中,员工学历程度的高低对员工的心理授权的各个维度都有显著的影响。一个普遍现象是高学历者总是在心理授权的水平上要高于低学历者,分析其中的原因,学历高的员工具有更强的能力,并有更强的学习能力,从而确保他们能不断学习,提升他们对于变革的适应能力,并促进变革的顺利进行。这个研究结论也提示管理者要注重组织变革过程中对于知识员工的激励的重要作用。

(4)根据表 5.6(d)显示,在组织变革中,组织员工的工作年限对于心理授权并没有多少影响作用。只是在工作意义上,新员工具有更高的认识水平。这其中的原因可能是通过组织变革,改变了原有的组织结构与组织地位的惯性,有利于新员工发挥自己的价值,从而激励了新员工对于变革的认同和对于所承担任务的重视。

5.4.4　组织学习与心理授权及其交互的回归效应分析

在交互效应回归的比较中,本章采用员工层面的回归。也就是使用 459 个员工的心理授权问卷结果,与此对应的是把组织层面的组织学习认为对该企业员工产生的是一致的效果,与员工的心理授权进行交互处理。组织学习是根据问卷 A 中每个企业两个高管填写结果平均而得出该企业的组织学习结果的,因而可以应用于各个相应企业员工的组织学习结果。

为了检验组织学习和心理授权之间的交互效应,本章将以组织学习、心理授权的各个维度以及组织学习与心理授权各维度间的交互项,对公司创业效能进行逐级回归,如果交互项的回归效应显著,则说明了它们之间存在交互效应。

第一,对工作意义与组织学习(开发学习、探索学习)逐级回归的检验结果如表 5.7 所示。

表 5.7 工作意义与组织学习的逐级回归结果

变　量	公司创业效能				
	方程一	方程二	方程三	方程四	方程五
	β 系数	β 系数	β 系数	β 系数	β 系数
工作意义	0.327**	0.216**	0.156**	0.138**	0.167**
探索学习		0.232**		0.174**	
开发学习			0.191**		0.153**
工作意义× 探索学习				0.183**	
工作意义× 开发学习					0.188**
调整后 R^2	0.153***	0.195***	0.187***	0.253***	0.205***
F	21.573***	36.562***	23.862***	47.817***	38.646***

注:** $P<0.01$,*** $P<0.001$。

在表 5.7 中,本章以公司创业效能为因变量,分别对工作意义、探索学习、开发学习回归,之后对工作意义和探索学习的交互项回归。结果发现,在最后一个回归的方程四中,工作意义和探索学习的交互项的回归系数为 0.183,并且在 $P<0.01$ 水平上显著,并且该回归方程调整后的 R^2 大于方程二中的 R^2。这一现象至少说明了两个问题:一是说明工作意义和探索学习的交互项在对因变量的回归中发挥了显著的作用;二是说明在加入交互项后,回归方程对效标的解释量有了显著的提高。

同样的道理,从表 5.7 的方程五中也可以看到,工作意义和开发学习的交互项在对因变量的回归中也发挥了显著的作用,加入交互项后回归方程对于效标的解释量也有了显著的提高。

概括以上结果,工作意义分别和探索学习、开发学习都发生了显著的交互作用,并且它们交互后对于公司创业效能都有显著的提高。

第二，对自我效能与组织学习（开发学习、探索学习）逐级回归的检验结果如表 5.8 所示。

表 5.8 自我效能与组织学习的逐级回归结果

变　量	公司创业效能				
	方程一	方程二	方程三	方程四	方程五
	β 系数	β 系数	β 系数	β 系数	β 系数
自我效能	0.297**	0.213**	0.206**	0.136**	0.187**
探索学习		0.205**		0.158**	
开发学习			0.169**		0.105**
自我效能×探索学习				0.237**	
自我效能×开发学习					0.158**
调整后 R^2	0.146***	0.193***	0.145***	0.273***	0.218***
F	24.451***	31.578***	26.134***	47.586***	37.378***

注：** $P<0.01$，*** $P<0.001$。

在表 5.8 中，本章以公司创业效能为因变量，分别对自我效能、探索学习、开发学习回归，之后对自我效能和探索学习的交互项回归。结果发现，在最后一个回归的方程四中，自我效能和探索学习的交互项的回归系数为 0.237，并且在 $P<0.01$ 水平上显著，并且该回归方程调整后的 R^2 大于方程二中的 R^2。这一现象至少说明了两个问题：一是说明自我效能和探索学习的交互项在对因变量的回归中发挥了显著的作用；二是说明在加入交互项后，回归方程对效标的解释量有了显著的提高。

同样的道理，从表 5.8 的方程五中也可以看到，自我效能和开发学习的交互项在对因变量的回归中也发挥了显著的作用，加入交互项后回归方程对于效标的解释量也有了显著的提高。

概括以上结果，自我效能分别和探索学习、开发学习都发生了显著的交互作用，并且它们交互后对于公司创业效能都有显著的提高。

第三，进一步对工作自主与组织学习（开发学习、探索学习）逐级回归，其检验结果如表 5.9 所示。

表 5.9 工作自主与组织学习的逐级回归结果

变 量	公司创业效能				
	方程一	方程二	方程三	方程四	方程五
	β系数	β系数	β系数	β系数	β系数
工作自主	0.185**	0.107**	0.118**	0.094**	0.097**
探索学习		0.234**		0.179**	
开发学习			0.226**		0.134**
工作自主×探索学习				0.189**	
工作自主×开发学习					0.072
调整后 R^2	0.096***	0.153***	0.165***	0.164***	0.152***
F	21.573***	27.56***	36.756***	27.893***	19.862***

注：$^{**} P<0.01$，$^{***} P<0.001$。

在表 5.9 中，本章以公司创业效能为因变量，分别对工作自主、探索学习、开发学习回归，之后对工作自主和探索学习的交互项回归。结果发现，在最后一个回归的方程四中，工作自主和探索学习的交互项的回归系数为0.189，并且在 $P<0.01$ 水平上显著，并且该回归方程调整后的 R^2 大于方程二中的 R^2。这一现象至少说明了两个问题：一是说明工作自主和探索学习的交互项在对因变量的回归中发挥了显著的作用；二是说明在加入交互项后，回归方程对效标的解释量有了显著的提高。

同样的道理，从表 5.9 的方程五中也可以看到，工作自主和开发学习的交互项在对因变量的回归中的回归系数并不显著，说明工作自主和开发学习的交互对公司创业效能并没有产生显著的影响。

概括以上结果，工作自主和探索学习发生了显著的交互作用，并且它们交互后对于公司创业效能都有显著的提高；而工作自主与开发学习的交互作用并不显著，它们的交互没有对公司创业效能产生积极而显著的影响。

第四，进一步对工作影响与组织学习（开发学习、探索学习）逐级回归，其检验结果如表 5.10 所示。

表 5.10　工作影响与组织学习的逐级回归结果

变　量	公司创业效能				
	方程一	方程二	方程三	方程四	方程五
	β 系数	β 系数	β 系数	β 系数	β 系数
工作影响	0.238**	0.187**	0.162**	0.083**	0.112**
探索学习		0.194**		0.158**	
开发学习			0.207**		0.137**
工作影响×探索学习				0.059	·
工作影响×开发学习					0.196**
调整后 R^2	0.133***	0.186***	0.195***	0.167***	0.218***
F	30.577***	34.752***	29.309***	24.097***	36.964***

注：** $P<0.01$，*** $P<0.001$。

在表 5.10 中，该多级回归模型以公司创业效能为因变量，分别对工作影响、探索学习、开发学习回归，之后对工作自主和探索学习的交互项回归。结果发现，在最后一个回归的方程四中，工作影响和探索学习的交互项的回归系数为 0.059，并且不显著，说明工作影响和探索学习的交互项在对因变量的回归中没有对公司创业效能发挥显著作用。

同样的道理，从表 5.10 方程五中也可以看到，工作影响和开发学习的交互项在对因变量的回归中的回归系数显著，说明工作影响和开发学习的交互对公司创业效能产生了积极而显著的影响。

概括以上结果，工作影响和开发学习发生了显著的交互作用，而它与开发学习发生的交互作用显著影响了公司创业效能。工作影响和探索学习没有发生显著的交互作用。

综合以上心理授权四个维度分别对探索学习与开发学习及其之间的交互进行的逐级回归的结果，除了个别的两者交互产生的回归效应不明显外，其他绝大部分的心理授权与组织学习之间都发生了显著的交互效应。

5.4.5　组织学习与心理授权及其交互回归效应的比较(主因方法)分析

在上面的回归检验中我们发现，大部分心理授权和组织学习两个维度之间的交互效应的回归系数都要大于单独的组织学习或者心理授权的回归系数,并且回归方程对因变量变异的解释量也显著的增加(ΔR^2)。而在这三者同时进入回归方程后,交互效应的回归系数处于显著的水平,也就是说,组织学习与心理授权之间存在显著的交互效应。该效应采用回归方程可表示为:

$$Y = \beta_0 + \beta_1 X_1 + \beta_2 X_2 + \beta_3 X_1 X_2 + e$$

式中:Y 为创业效能;X_1 为组织学习;X_2 为心理授权。

我们把该方程认为是公司创业效能受到三个自变量的影响,分别是 X_1、X_2 和 $X_1 X_2$,然而,本章还想进一步分析在这三个自变量中,哪个变量是对公司创业效能产生支配作用的影响变量。如果三个变量中 $X_1 X_2$ 是支配性的影响变量,那就支持了组织学习和心理授权的交互产生了协同作用,对公司创业效能产生了比单一层面的组织学习或者心理授权分别产生作用时更为积极的影响,是影响公司创业效能的主导因素。

虽然在本章的多层回归方程中,都显示了加入交互项之后各变量回归系数的大小以及回归模型解释变异量的大小(ΔR^2)。但是,在多元回归中各个自变量系数的简单比较并不能用来解释各自变量的重要性程度。Azen 和 Budescu(2003)指出,在多元回归方程中某个变量的回归系数只是在当其他自变量保持不变的情况下该变量与因变量的标准差关系,因此,该回归系数没有反映两个或多个自变量彼此相互影响下回归过程的强弱关系。当然,如果各个自变量之间非相关,那么它们的回归系数不受影响,可以解释彼此之间的回归效应大小;而当自变量之间彼此相关时,各自变量的回归系数对于解释彼此之间的效应大小就没有意义了(Azen and Budescu,2003)。而在本章中,三个自变量之间是显著相关的。因此,本章下一步将采用 Budescu(1993)提出的主因分析方法(DA)对这三个自变量的回归效应的强弱进行比较,以明确组织学习和心理授权的交互是否是其中最重要的因素。如果是的话,那就说明了组织学习和心理授权在组织变革中的交互效应是影响公司创业效能的主要因素,组织学习和心理授权只是影响公司创业效能的次要因素。那么,这个结果就进一步揭示了心理授权和组织学习产生的协同作用才是推动公司创业成功实施的关键。

Budescu(1993)在对多个预测变量在对因变量影响的重要性(importance)严格定义的基础上,提出了检验预测变量重要性的主因分析方法(dominance analysis,DA)。他提出要识别预测变量的相对重要性的方法需要遵循以下三个原则:第一,重要性应该从变量对预测效标的"差误减少"的条件来定义;第二,该方法必须直接比较变量间的相对重要性而不是靠测量推论;第三,重要性应该反映变量的直接效应(如单一变量考虑)、总体效应(如考虑所有方程中的变量存在)和局部效应(如考虑其他变量分别存在的条件下的效应)。根据这个原则,进而他提出了主因分析方法,主因(dominance)被定义为在多变量回归模型中的所有 $p(p-1)/2$ 对变量中成对变量的关系,当存在下面的条件时,就对所有与自变量 xh(xh 为除前两个变量以外的其他变量)的复相关系数平方进行比较,认为如果成对变量中,即 x_i 和 x_j 两个回归变量中 x_i 比 x_j 有优势,x_i 的回归效应更加重要,需要满足如下复相关系数平方两两比较的公式:

$$\rho_{y \cdot x_i x_h}{}^2 \geqslant \rho_{y \cdot x_j x_h}{}^2$$

DA 方法考虑了所有自变量的子模型来进行自变量回归效应的强弱比较,它识别了变量比较中的极为关键的问题:在选定的多元回归模型中变量 x_i 是否比变量 x_j 在回归中是否更为重要? 对变量重要性的定义也简明了——如果变量 x_i 在预测回归效应中比变量 x_j 有更多的预测量,那么变量 x_i 就比变量 x_j 更重要。Azen 和 Budescu(2003)认为该方法比现有绝大部分的变量相对重要性的比较方法要优越,它提供了对预测变量重要性进行比较的普遍适用的方法。

按照 Budescu(1993)的主因分析方法,在本章的比较中,总的回归模型中共有组织学习、心理授权、组织学习与心理授权的交互三个对公司创业效能的回归变量(这里为了简便起见,并适合于从总体上进行分析,不采用组织学习、心理授权各个维度之间进行单独的回归效应比较,而直接采用两个变量先进行两两回归的比较),设它们分别为 X_1(心理授权)、X_2(组织学习)和 $X_1 X_2$(两者交互)。对这三个变量共有 7 个子模型进行两两之间加入额外变量的复相关系数平方进行比较,比较的内容如表5.11 所示,该表中的第一栏(变量)表示该子模型中包含的变量,第二栏表示该子模型的适合度(复相关系数),而后面的三个变量栏是指子模型中加入了某个变量该模型的子模型适合度的增量。根据这 7 个比较模型中的变量的回归效应,本章对 X_1、X_2 和 $X_1 X_2$ 三个变量回归效应的复相关系数平方进行不同条件下的两两比较,得到主因分析(DA)的结果如表5.11 所示。

表 5.11　三变量回归子模型的增量复相关系数比较结果

变量	主因因素分析			
	模型比较增量贡献			
	P^2	心理授权	组织学习	两者交互
—	0	0.11	0.08	0.13
心理授权	0.11	—	0.06	0.12
组织学习	0.08	0.09	—	0.12
两者交互	0.13	0.07	0.09	—
心理授权,组织学习	0.19			0.16
心理授权,两者交互	0.22		0.13	
组织学习,两者交互	0.24	0.11		

本章根据 Budescu(1993)的比较方法,从表 5.11 对 7 个回归模型中的复相关系数在加入不同变量条件下的两两比较的结果可以看到,X_1X_2 比 X_1 的贡献量更大(0.13＞0.11),并且在加入变量 X_2 的情况下它仍然比 X_1 大(0.12＞0.09),因此,X_1X_2 比 X_1 更为重要。同样的,X_1X_2 比单独的 X_2 贡献量更大(0.13＞0.08),并且在加入变量 X_1 的情况下它仍然比 X_2 大(0.12＞0.06),所以,X_1X_2 比 X_2 更为重要。根据上述结果,我们得出结论,三个自变量在对效标影响的过程中,X_1X_2 最为重要,在三个自变量对公司创业效能的回归效应中具有最重要的影响。

该结果进一步说明了,在组织学习、心理授权、组织学习与心理授权的交互对公司创业效能的回归过程中,组织学习与心理授权的交互对效标产生的影响作用最为强烈,要强于组织学习、心理授权分别从组织层面、员工个体层面对于效标产生的影响作用。从协同理论的观点来看,就是在组织变革过程中,组织层面的组织学习和员工个体层面的心理授权产生了协同作用,而对公司创业效能产生了更为强烈的影响。

5.5　本章小结

本章首先对公司创业背景下的组织学习、心理授权的特征进行比较,探索了在不同的企业技术类型、产业类别以及企业规模背景下,组织学习具有什么样的特征，以及不同类别的企业之间，在组织学习上有什么样的差异；探索了在组织变革的过程中，员工的心理授权具有什么样的特征，对于不同类别的员工人群而言，在心理授权水平上有什么差异。

该方面的研究结果表明，可能是因为高技术企业所处行业面临着更为快速变化的技术上的挑战，促使它们必须不断开发新产品、应对更为动态激烈的竞争，因此，该类企业的组织学习水平也显著地高于一般的非高技术企业。制造业和服务业在大部分的组织学习的维度上都不存在显著的差异，只是在信息收集和信息分析这两个维度上，服务业的得分水平要显著高于制造业。其原因可能是因为服务业面临着市场更为多样化的需求，市场的竞争又相应需要不断进行调整，以适应动态的市场与竞争的需要。因此，在信息收集和信息分析上有较高的得分，以保证企业能随时掌握市场动态，适应市场的竞争。而不同规模的企业在组织学习的水平上存在着显著的差异。50人以下的小企业由于一般还处于创业生存期，探索学习的水平相对要高。大企业由于经营流程、市场与竞争相对要成熟，在开发学习的水平上表现出较高的特征。

在员工的心理授权的表现方面，男性员工比女性员工在自我效能和工作自主性方面要显著较高，而在工作意义和工作影响两个维度上男性与女性并没有显著的差异。工作意义的得分比较表明，员工中年龄越年轻者一般更容易接受并投入变革，年龄越大的员工在工作意义上的得分显著较低，说明他们在组织变革中具有较大的影响力，在组织变革中往往面临着他们已有的地位、权力受到挑战，因而对于变革的意愿也往往相对较弱，容易成为变革中的阻力。学历高的员工具有更强的能力，更加能够适应变革的要求，因而他们在心理授权的水平上要显著高于低学历者。组织员工的工作年限对于心理授权并没有多少影响作用。只是在工作意义上，新员工具有更高的认识水平。这其中的原因可能是组织变革改变了原有的组织结构与组织地位的惯性，新员工能获得更多在组织中发展的机会。

在对于组织变革中组织学习、心理授权在不同背景下的特征的认知基础上，本章进一步检验组织层次的组织学习和员工层次的心理授权在组织变革过程中的关系，这一部分的研究包括：

首先，对组织学习、心理授权、公司创业效能进行了相关分析，分析结果说明，三个变量在两两之间存在着显著的相关，尤其是在组织学习和心理授权之间存在着显著的相关效应。在此基础上，本章进一步关注两者之间有什么关系,两者之间相互关系导致的作用效果是什么。由于两个变量分别是组织变革推动过程中影响公司创业效能提升的中介变量,为此,我们采用了层级回归的方法,探索两者是否会发生交互作用。

其次,通过组织学习、心理授权、组织学习和心理授权的交互三个要素分别对公司创业效能的层级回归,本章得到结论:在组织学习和心理授权影响公司创业效能的过程中,组织学习和心理授权产生了显著的交互效应,共同推动了公司创业效能的提高。

最后,为了进一步识别在组织学习、心理授权、组织学习和心理授权的交互对公司创业效能的影响过程中,哪一个自变量的影响最为重要,本章采用了主因分析方法(DA)对7个子模型中的变量进行成对比较,比较结果显示,组织学习和心理授权的交互在三个自变量中是回归模型中贡献度最大的、最为重要的变量。

经过上述三个步骤对于组织学习和心理授权之间关系的检验,结果显示了两者的交互作用是影响公司创业效能最为重要的因素,由此,支持了本章得到以下结论:在组织变革过程中,只有当组织层面的组织学习和员工层面的心理授权产生协同作用的时候,才会对组织变革的效能产生更为积极的影响。

该协同作用可以解释如下:

协同效应,就是指协调两个或者两个以上的不同资源或者个体,协同一致地完成某一目标的过程,并产生了两者配合一致大于两者单独作用所发挥的效应,简单地表示就是产生了"1+1>2"的效应。

在公司创业过程中,组织学习从组织层面促进公司创业效能提升,心理授权从员工个体层面促进员工投入变革,从而提升公司创业效能。从哈肯(2005)的协同理论观点来看就是组织学习和心理授权属于不同的组织子系统中的作用要素,它们在不同的子系统中发挥作用,分别从组织层面和员工个体层面进行推动,达到推动公司创业效能提升的这一目标。

而组织学习与心理授权在创业过程中的交互效应,说明了两者在公司创业过程中发生了相互的配合与加强。从两者交互的结果来看,两者的交互效应是对公司创业效能产生影响的三个要素中的最重要的要素。该交互效应能同时促进公司的组织层面和员工个体层面的变革,并且它们的交互效应强于两者单独时分别从不同组织层面对公司创业效能的影响。也就是说,两者的交互产生了"1+1>2"的协同作用效果。

对于组织学习与心理授权之间交互的过程,我们可以从组织的公司创业中的组织知识的角度来理解。公司创业也是企业在环境压力下进行的一个持续的组织变革过程，从文献回顾中知道，这个过程是由许多小的变革所组成的。因为在环境变化冲击下，组织变革过程面临诸多的不确定性，而企业应对这种不确定性的办法是组织不断采取变革行动实践，从而发展足够的弹性适应能力以与环境的快速变化相匹配，以保持企业的竞争力（Laursen，2006）。而组织要发展这些能力必然依赖于组织对于持续变革过程中的组织学习与知识的掌握。根据 Davenport（2005）的观点，组织逐渐成为了不断增强的包含了员工、流程和技术方法的知识型组织，这也突出了员工在组织中的重要地位。这个过程可以用基于动态知识观的行动理论进行解释。

从动态知识的理论观点来看，知识是通过在一系列的背景因素——实践的特征、工具和技术的影响下，通过组织员工的实践而获得的。因此，组织如何获得更多知识要依赖于个体的认知过程、集体的成员以及知识分享的组织结构。组织学习确保了组织对于公司创业以应对不确定性过程中知识的不断积累，而组织学习又依赖于员工积极的变革实践参与以及对组织学习过程的不断推进。

因此，从行动理论的视角看待公司创业中的过程，是组织不断通过员工的活动，来获得对于适应环境、增强自身竞争力的知识，从而推动组织持续变革的顺利进行的。按照行动理论的观点，建立一个良好的促进组织内员工以及组织中的群体认知过程与知识分享的组织结构与背景，是员工积极参与工作实践，促进知识的创造和信息的解释有效进行的重要条件。在组织变革过程中，公司创业的背景以及采取的推动公司创业行动的一系列的制度与行为，推动了员工的变革实践行动，为组织学习提供了良好的条件。由于知识的情境依赖性，并且包含了组织行动过程中的前后逻辑关系，因此，在公司创业的环境中，组织不断通过员工实践，推动组织学习的进行，而获得更多的组织如何变革的知识，不断减少组织所面临的不确定性，推动组织变革的持续深入。

而以往大量关于员工心理授权的研究指出，通过给予员工心理授权，能使员工产生更多的组织承诺，更多的自我效能感，提升员工的积极主动性。因此，在公司创业的组织变革过程中，组织创造一个良好的组织环境，促进员工的变革参与和组织学习过程，促进组织学习的有效开展并获得越来越多的变革实践知识，从而可以不断提高企业环境适应能力和自身竞争力。而这样的结果又会反过来提升员工的工作价值认识，提升员工的心理授权水平,使得组织的学习环境得到进一步的加强,使得组织学习以及知识的获取进入一个良性循环的轨道。

因此,从这个角度来讲,组织学习和员工心理授权的交互作用。使得它们对组织能力与绩效产生的作用大于它们各自单独的作用,从协同理论的角度来看,也就是说,两者产生了协同作用,共同推动公司创业的顺利进行。

6 基于组织学习与心理授权的 多层变革行为协同过程研究

6.1 研究目的

组织学习和心理授权分别作为企业在组织变革中组织层面和员工个体层面的过程变量,是本书探索组织变革过程中多层次协同的关键。在第5章的研究中,本书检验了组织学习与心理授权之间的交互效应,并通过组织学习、心理授权以及两者交互对公司创业效能的影响效果的重要性进行了比较,结果是组织学习与心理授权的交互作用对公司创业效能的影响最为重要。这一结果支持了在公司创业过程中组织层次与员工层次的变革过程发生了协同作用的观点,也说明了组织变革中组织层面与员工个体层面的变革在变革过程中发生了协同效应。那么,本书试图进一步揭示的是组织层次与员工层次的变革过程中的协同作用是如何发生的,随着组织变革过程的深入,组织学习与心理授权两者间的相互作用又会产生什么样的进一步的变化。也就是说,我们要研究组织变革中不同层面之间在组织变革过程中的协同机制。深入认识组织学习与心理授权协同作用的产生过程及其演进结果,对我们理解组织变革的过程及对变革过程的管理有着重要的意义。

6.2　研究内容与方法

本章的内容在于研究变革过程中组织层次与员工层次之间的相互作用的过程及其演进结果,为此,本研究打算采用两个子研究来进行。

子研究一:变革过程中组织层次与员工层次行为的作用关系研究。

本部分研究计划采用多重案例研究的方法,通过对具体的公司创业关键事件中组织学习和心理授权的具体作用过程,来探索组织学习与心理授权之间是如何发生作用的。

子研究二:变革过程中组织层次与员工层次行为关系的演进研究。

本部分研究计划采用纵向问卷调查的方法,收集两个不同阶段组织学习、心理授权与公司创业效能的问卷数据进行比较,以检验在公司创业的持续过程中,随着组织变革过程的深入、组织学习与心理授权相互之间作用的进程,组织学习、心理授权与公司创业效能在数据水平上有什么样的改变,通过不同阶段数据变化的比较,说明组织学习、心理授权相互作用的演进过程与结果。

6.3　子研究一:变革过程中组织层次与员工层次行为的作用关系研究

6.3.1　研究方法

虽然在第5章的研究中验证并提出在组织变革的过程中组织学习与心理授权之间产生了协同作用,对公司创业效能产生了更积极的影响,但是上述结论是建立在横截面问卷数据统计基础上得出的结果,并不能反映两者相互作用的过程性质。而对于组织学习与心理授权两个要素在组织变革过程中到底是如何相互影响、相互作用、产生协同的,我们还需要通过对公司创业过程中的具体事件中两个变量间的作用过程来认识。因此,我们计划采用多重案例分析的方法,根据对公司创业背景中组织学习、员工心理授权的具体作用过程的分析,来探索两者之间的作用过程机制。

作为一种定性研究方法,案例研究是建构社会理论的重要工具(Eisenhardt and Graebner,2007)。案例研究方法通过对案例企业的访谈、观察、数据收集来对事件进行分析,从而得出有普遍性的结论。因此通过案例研究,人们可以对现实中的未知的、复杂的问题进行追踪和深入考察,它常用来研究现实生活中事物的过程性、因果关系等问题。人们通过案例研究可以对这些复杂的具体事物进行描述和探索,并且能够在此基础上建立起新的理论或者是对既有理论进行检验、发展和修订(Yin,1994)。

Yin(1994)提出,根据研究目的不同,案例研究一般可以分为探索型的案例研究、描述型的案例研究和解释型的案例研究。探索型案例研究是在事物问题和理论构思都不明确的情况下进行的一种探索,通过这个过程帮助研究者明确所要研究的对象的特征和提出研究的假设;解释型案例研究一般是通过对案例的多维变量之间的逻辑关系进行分析和解释,以支持相关理论的构思,它适合于对因果关系进行检验;描述型案例研究要求事先设定明确的理论框架,并根据理论构思来界定分析单元,以进行深入的探讨。多案例研究的案例数量并不是由抽样的逻辑来决定,而是案例内容能否反应被研究对象的关键特征。并且案例研究的目的并不是从小数目的案例事件推论到全体,而是进行理论上的扩展或概括。

由于本研究的对象——组织学习与心理授权在组织变革中的相互关系缺乏以往研究的理论基础,案例研究为我们提供了公司创业的现实事件中的真实反映,有助于我们对组织学习与心理授权之间相互作用的过程进行构造、解释,从中得出的结论也更有现实时效性(Eisenhardt,1989)。因此,根据本研究所面临的问题性质,我们将采用探索型案例研究方法来探索组织学习与心理授权在公司创业过程中的相互作用特征。在进行多案例比较分析时,本书聚焦于在公司创业的关键事件中组织学习与心理授权作用过程中的特征和结果,以揭示两者之间的动态作用机制。

6.3.2　研究设计

子研究一的目的是探索在公司创业过程中企业的组织学习与员工心理授权的具体表现特征及其相互的关系。本案例研究的分析单元是公司创业中的关键事件,并对该事件中的组织学习与员工的心理授权特征及其关系过程特点与结果进行分析。

案例研究的样本并不遵从统计意义上的抽样原则,在案例选择中,我们结合研究初期的访谈,选取公司创业特征比较明显的企业作为案例研究的对象。经过分析比较,我们选择了浙江 YY 特钢有限公司①作为本案例研究的对象。

本研究的案例企业数据主要来源于四个方面:对企业的核心员工的深度访谈资料;企业的文档资料;企业的内部刊物;企业网站等。

6.3.3 案例分析

浙江 YY 特钢有限公司总投资 6 亿多元人民币,公司占地面积近 20 万平方米,建筑面积 25 万多平方米,现有员工 500 人左右。公司目前年生产各种特殊钢坯材达 60 万吨,主要产品为不锈钢、合金钢等特殊钢种的带、线材等。公司产品应用领域涵盖医疗器材、厨房用品(餐具、橱柜)、汽车配件、食品工业、农业等。在刚投产时的 2005—2006 年,公司的主流产品是不锈钢的低端产品,主要因为两个方面原因:一是公司刚刚成立,其技术能力、研发能力、生产能力还很不足,即使花费相当的时间和精力,也难以达到高端品质和量产的要求;二是当时的低端市场非常好。所以当时公司看准了这个条件,明确了当时的目标,所有相关部门,包括技术研发部、销售部、生产部,都是围绕着低端产品来做的。通过这个阶段,公司的技术能力、生产能力、营销能力、管理能力都渐渐得到了提升。到了 2007 年,公司各方面的能力都上来了,公司就考虑新的阶段的目标了,要转型了。外部原因也促进了公司的转型。由于 2005—2006 年市场太好了,有许多的小企业也进入了这个行业,这就必然导致了行业内部的价格战,利润空间也越来越小了。并且,这些小企业他们对质量的控制不是那么严格,价格也就可以更低,这也损害了市场的正常发展,他们的产品可能用了两三年,问题就出来了,就必须更换了。因此导致了公司再做低端产品,从价格上、企业理念上都不适宜了。所以从 2007 年以来,公司就转变了经营重心,主要产品就是高端产品了,主要产品是不锈钢的无缝钢管、不锈钢的线材等。

公司首先把进行战略转型的信息传递给全公司每个成员,让他们都必须认识到,我们要做一流的公司、一流的产品,让客户对我们的产品放心。在 2006 年末到 2007 年,公司采用多途径、多批次的方式把公司进行这次战略转型的信息及其重要价值向公司的员工进行了传递,如多次召开大大小小的中高层管理会议以及各类的员工会议、通过公司内部刊物的形式宣传公司的新战略。其次,公司领导层认识到要促进公司战略转型的顺利实

---

① 应企业方面要求,略去企业的具体名称。

施，其根本还是需要公司员工的自动自觉的努力投入与创新，因此，公司从制度设计上，鼓励员工的投入与奉献精神，奖励公司内的创新；并且，通过各种方式，宣传符合公司当前的战略转型的行为与事件。经过公司这两年的努力，在公司里已形成了一个良好的创新导向、品质导向、客户导向的经营氛围。而在新战略的实施过程中，公司原有的组织结构也越来越显得不合时宜。因为原有组织结构是相对独立的职能性部门，各个部门主要是关注自身的成本与效率，导致了部门之间联系较少。而新的战略要求企业必须以客户、产品为导向，这就要求对部门之间的原有职能进行调整，加强部门之间的联系。公司新产品开发与技术水平的升级是我们公司战略转型的根本，也是本公司的未来，所以公司在技术研发与产品创新领域，进行了大量的投入，不断加强公司在这个方面的力量。并且，在研发过程中，公司还充分利用外部的技术力量，包括高校等科研机构、外聘专家等。

本研究者对该企业进行访谈调查研究是在 2008 年下半年，此时公司正处于战略转型的关键时期，因此，适合作为本案例研究的对象。

关键事件一　抗腐蚀无缝钢管（GB/T 系列）的研发与量产

抗腐蚀无缝钢管（GB/T 系列）的开发是在 2007 年年初进行的，为了促进这个项目的顺利开发，由公司谢副总经理任直接领导，成立了专门的研发小组。该项目计划为四个阶段：成分设计、冶炼工艺、轧制工艺和热处理工艺。然而，经过了几周的前期工作，谢总发现该项目进展较为迟缓，连第一步成分设计都还远没有得到可以试样的结果。经过几天的工作观察，谢总觉得研发小组只是徒有其形，没有其神，小组员工尽管也都在忙碌地工作、试验，但是员工还是按照原有的组织惯例在做事：凡事都在等待、请示，按照直接上司的指示按部就班地工作，不会也没有机会提出自己的想法和建议。所以，虽然有了项目小组，希望发挥团队的协作力量，但是结果却由于组织惯性和员工固有延续的对工作的认知，项目小组没能发挥真正的效率。

谢总认识到，光靠提出怎么样公司创业转型，进行表面上的组织结构、任务安排，其实际运行效果还是很不够的，必须真正激发起员工的工作意愿和热情，项目小组才可能发挥员工集体的智慧，才能发挥群体的力量。为了达到充分激励员工，全心全意投入项目开发的目的，谢总主要做了两方面的工作：首先，对原有的管理制度进行了修订，比如项目管理中的决策制度，在项目开发中科研专家有充分的权力；考核制度和绩效奖励制度等，以促进科研人员把该项目与自己的收入、价值、成就结合到一起。其次，在落实管理制度以外,谢总不定期通过会议以及会谈等多种形式,向项目小组成员传达与沟通了公司的制度精神,强调了该项目小组不仅是为当前的项目服务,更是对企业未来,也对员工自己的发展起着重要的作用。

谢总的激励策略在项目小组产生了积极的作用,小组各成员相较以往的被动按指示工作逐步有了真正意义上的转变:积极主动地为自己,也为企业的未来努力工作,这使得项目的进展得到迅速加快。然而在项目过程中,另一个问题就是由于大家只关注自己个体所承担的工作,而忽视了项目各个环节之间的有机联系,陷入了单打独斗。还好通过一段时间的实践摸索,大家也都意识到了项目之间的联系性和个人力量的有限性,群体讨论、群体智慧的发挥就成为项目过程中的常态了。虽然在研发探索过程中遭遇了诸多的失败,也给大家带来了巨大的压力,但是项目小组的成员没有人退却。毕竟项目已经完全交给了大家做,项目的进展关系到公司的发展和大家的切身利益,因此,诸多的失败也同时成为了项目小组的压力和动力。大家通过这个过程,利用多种途径去解决问题,比如大量查阅资料、咨询行业专家等,获得的认知越来越多,知识经验积累越来越深厚,离真理也越来越近。

经过项目小组两个月的努力,小组通过大量资料分析,在低 C、Mn 钢基础上加入 Nb、Ti 两种微合金化元素,并引入 Al 作为合金化元素,达到了产品的经济性和性能要求。经过多次的研究分析和试验,项目小组确定了该产品的热轧工艺和热处理工艺,之后该产品放样生产成功并投入了量产。该产品后来成为了公司的一个主导产品,为企业带来了良好的收益。

从该次产品的研发成功并投入生产的结果来看,它为公司的战略转型从管理、市场、技术、产品、人才等诸多方面奠定了坚实的基础。首先从公司的技术水平来看,通过这次研发,公司积累了很多试验资料、分析过程等,项目小组对这个过程进行了归纳总结,这些技术积累为公司今后的研发提供了有力的支持;其次从对员工的激励来看,项目成功不光得到了物质上的奖励,更进一步提升了项目成员的工作信心,使他们真正感知到个人职业生涯努力的成果和个人价值追求的落实,从而在以后的工作中表现出了更强的积极主动性。

案例评价:

该事件说明了公司研发部门在公司转型战略的指导与推动下,初期开发新产品的过程。然而当项目按照公司的战略思路进行开发的时候,公司面临的一个重要的困难就是员工和组织的以往惯例的延续。在员工层面上，员工习惯于按照以往的工作方式、任务认知来执行项目工作；在组织层面上，原有的组织管理结构虽然转变为项目制的结构，但是在功能上并不能产生管理者预期的任务完成效果。这些问题也说明了要进行组织战略转型，光从战略、组织等方面进行调整还远远不够，更必须从功能运作上，发挥公司战略调整的效果。面对项目小组中的这些困难，促进项目小组从结构型向功能型任务团队的转变，在谢总的领导下，公司重点从员工激励的角度出发，从制度上更加明确了员工的职责权力、考核奖惩，并充分利用多种手段与员工沟通，促使他们明白他们所承担的责任对于公司、对于员工自身的重要价值，意识到他们的积极主动才是公司的期望，也是攻克项目问题的关键。

只有当员工真正从心理上认识到他们被授予权力的时候，授权才具有真正的价值。德鲁克（2002）指出，在竞争的日益激烈环境中，迫切需要员工的主动精神和创新精神，心理授权就是表现员工主动精神的关键心理特征。我们从以上公司对员工的激励过程中可以看到，公司对员工的激励与沟通，促使员工获得了较高的心理授权水平，从而有积极的意愿做好项目的开发工作。

而在项目开发的过程中，小组成员发现依赖员工个人的力量太单薄了，并且项目研发的各个子课题之间是相互联系的，因此必须依靠集体的力量，共同对问题进行分析和讨论，并有效地利用外部资源，比如外部资料库和专家等。实际上，表现了项目小组在成员的心理授权的驱动下，成员想方设法提高项目研发效率的过程，这个过程充分表现了探索式学习的特征，包括收集信息、分析信息、进行试验，因此，在组织变革的过程中，员工心理授权对组织的探索式学习有积极的推动作用。

该项目的成功实施同样也为企业的战略转型和竞争力的提升带来了正反馈的作用。从对组织的过程影响来看，项目的研发过程为企业积累了许多的管理经验和技术资料，而对这些资料项目小组都进行了归纳和总结，重要的技术信息都进行了存档整理，建立了企业的技术档案库。而这些经验和知识，无论是对于企业的管理效率的提升、员工的培训、今后的研发项目，都提供了有力的支持。所以从这个案例中我们也能得到结论，就是员工心理授权的结果不仅表现在对当时项目过程中组织探索式学习的推动，同样也推动了组织的开发式学习的进行。

从对员工的影响来说，其一，促进了员工的技术能力的加强，为他以后的工作增强了自我效能感；其二，使得员工对于所从事的项目过程有了更清晰的认识,明白了自己在工作中的积极主动的角色;其三,项目的成功以及带来的公司效益、个人获得的奖励,也让他对于项目的意义有更加强烈的感受,也进一步明白工作及其成就对于个体以及对于公司的影响。总之,项目的成功实施带来了对于员工心理授权水平的进一步强化。

关键事件二　营销模式的转变

在公司成立的初期,由于公司的主要产品是低端的产品,在当时国内市场钢材需求比较旺盛,产品供不应求,顾客也一般都强调价格的低廉,对质量没什么要求,当然产品的利润也不高。所以公司对市场营销部门的职能要求也是以销售为主,以产品销量来进行部门的绩效考核。自从 2007年公司实施战略转型以来,根据公司战略的要求,公司的产品定位和客户定位都发生了重大的变化,强调产品品质符合客户需求,营销部门从推销模式转化为客户导向的销售模式,必须去理解客户的消费特征,满足客户的需求,并更好地为客户服务。

以叶总为领导的公司市场营销部门,根据战略转型期的公司要求和公司的产品与服务内容的特点,不断地探索有效的新时期公司市场营销的模式。市场营销部门从市场信息和客户特征入手,首先,建立了一个信息总结与分享的制度,要求本公司在各销售地区的办事处每周必须总结一周来当地的市场状况与公司产品销售信息简报。这些信息收集上来之后,为公司营销部提供了非常有价值的参考,营销部每周在对这些最新信息的分析总结的基础上,积极地整理出报告,送交公司总部并下发到公司每一个部门。而每一个月度,公司都有一个办公会议,在会上,各个部门都要通报部门的经验进展、面临的问题。通过这些过程也使得营销部门人员知道了公司经营过程中的特征和可能的问题,为他们的市场营销活动的针对性开展提供了知识支持。一般公司产品品种与内容的信息是公司管理层综合分析来决定的,有些是公司鼓励市场部人员通过各种交流(如展览会、同行会议)发现了某种新型产品,然后,向研发部门提出。有些是由市场开发人员根据他们对于市场的开发,认为某种产品市场看好,就由他们的部门提出,然后,经公司再决定要开发的项目品种。

以往各部门间也是相互独立的,产品在顾客处发生了问题往往导致了公司的各个部门相互推诿。针对这种情况,公司也做了许多工作,在研发过程、产品生产过程、销售过程以及售后过程,公司进行了很多的安排设计,其目的就是加强公司各个部门之间的配合。通过类似情况的不断处理,极大提高了营销部门在处理该方面问题的能力,并且为他们对产品品质的认识与服务质量的不断提升提供了非常有益的学习机会。比如,在售后,如果出了问题,我们是销售方面出一个人,质量方面出一个人,生产各个方面出一个人,成立服务售后小组去解决,经过这个过程,营销人员对于产品的各种问题也有了更清晰的把握,处理起来也越来越得心应手了。为了解决部门间的配合问题,公司每周也要开例会,各个部门坐到一起来,共同商量,再由领导层来拍板。在这些处理问题中获得的富有成效的知识和经验,公司都会记录存档,营销部门人员有需要可以随时参考。

就如作者在访谈该企业营销部员工的时候,该员工谈到,在公司营销模式的转变过程中,公司通过各种方式,提供机会给营销部门的员工参考、学习,并鼓励该部门员工积极主动,敢于提出新思路,试验新想法。因此,该部门员工经过了这些学习、实践、总结、再学习的过程,工作的积极主动性、工作的信心、对工作成就感的追求不断提升,形成了一个很好的良性循环的部门工作气氛。

案例评价:

该案例说明公司营销部门根据战略转型的要求,进行业务模式转变的过程。而在该业务模式转型的过程中,对于营销部门如何协调各部门行动以适合市场需求、市场信息如何分析利用、产品销售与服务如何开展,反映了组织的"探索式学习"的特征。在该过程中,营销部门建立了组织的信息汇总与分析制度,由各部门共同对信息进行分析和处理。在销售服务过程中,通过不断的例会和问题处理(试验学习),形成有效的问题解决措施和模式,并把获得的这些知识经验进行存档,为今后的销售服务提供支持,这也反映了该过程中组织"开发式学习"的特征。通过这一系列的过程,员工对新营销模式的认识越来越清晰,对顾客需求的特征掌握得越来越充分,在公司管理层的鼓励下有大量不断试验的机会,市场营销能力不断得到增强,营销中所获得的成就也越来越多。这个过程充分反映了在组织学习的推动下,员工心理授权水平不断提高的状态。

关键事件三 培训价值的提升

在公司提出战略转型之后,为了适应公司战略转型对于公司人力资源的要求,充分利用人力资源,开发人力资本,提升企业的竞争力,培训成为了企业提升人力资源管理效率,提高企业竞争力的一个重要手段。

培训的内容也是结合公司的实际经营来选择的。首先在思维理念层面,公司的战略愿景、企业文化,随着这两年的发展也越来越成熟了,公司也就不断把这些方面的内容进行提炼,并落实到培训中去。在生产操作方面,公司发动了全员参与提建议,并把操作流程不断归纳完善,做成了操作规范手册。在生产技术方面,公司也不断把已经取得的知识归类存档,为以后的相关专业人员的培训和以后的产品开发提供支持。在市场业务开展方面,公司在客户导向的指导方针下,不断对企业的市场开发和客户服务的知识进行归纳和提炼,形成文档,这在公司在市场人员的培训过程中发挥了重要的作用。

同时,公司培训还采用"请进来,走出去"的策略,选派骨干员工到外地的兄弟企业或者到高校去进行短暂的参观学习,并不时邀请外面的专家到企业来为员工进行讲课。

在访谈中被访者谈到,公司当前的培训策略发挥了原先预期的作用。公司内部的员工通过基于公司知识实践的技能培训,能力水平普遍都有了较大的提高,在生产操作过程中也表现更加稳定、更加主动积极了。而通过就公司目前战略转型期间的战略思路和文化理念的培训,更加强化了员工的变革实践者的角色,在日常经营过程中积极主动的创造和创新更加充分地表现了对公司创业的行动支持。

案例评价:

该案例说明了企业适应战略转型对人力资源的要求,结合企业实际进行员工培训的设计安排,这个过程充分反映了组织的"开发式学习"的特征。在这个过程中,公司不断把企业在战略、文化、技术和生产方面的知识进行归纳总结,并把这些知识固化下来,通过岗位知识培训,把这些知识传递给公司的员工,从而提高了企业的员工对于知识技能的掌握,提升了员工的自我效能感,通过公司实践案例分析,促进员工更具体地理解公司创业中对员工问题导向、自我决策的要求。同时,对员工进行公司的经营理念的教导,树立员工与公司相一致的价值观,把个人的工作、个人的职业生涯发展与企业的发展相联系,去努力投入,追求个体的职业价值。总之,这个过程是公司通过"开发式学习"的培训方式,提升员工的心理授权,以促进公司战略转型得到员工的不断理解和深化,推动公司战略转型的成功实施。

6.3.4 案例讨论与结论

本案例针对浙江 YY 特钢有限公司的战略转型过程进行了分析,从案例过程中我们看到,经过了前面两年公司成立初期的企业知识和能力的积累后,公司领导层适时地对公司的经营进行了战略转型。而在企业战略转型之初，公司领导层着眼全局，从企业的战略、文化、组织结构、产品服务四个方面系统地进行了制度安排和实施推动。

从本案例中的三个关键事件中，我们可以发现组织学习与员工的心理授权在公司进行企业战略转型过程中的重要作用。在此过程中，组织不断面临着各种各样的组织变革中的问题，而在解决这些问题，完成公司战略转型中的关键事件中，员工的心理授权的四个要素、组织学习的两种模式（五种学习类型）得到了充分的展现，并通过员工心理授权、组织学习的相互作用，对企业在战略转型中的新产品开发与企业竞争力的提升发挥了积极的影响作用。表 6.1 是对本案例关键事件中组织变革过程特征的总结分析。

表 6.1 浙江 YY 特钢有限公司案例事件中组织变革过程的分析

变革事件	面临关键问题	变革手段	事件过程特征	事件结果
新产品开发	组织惯性导致效率低下	自我决策 自我效能 工作意义 工作影响	信息收集 信息分析 进行试验 信息传递	开发成功 信息传递 心理授权水平进一步提升
营销模式转变	从推销导向转为客户服务导向		信息收集 信息分析 进行试验 信息传递	员工工作认知与工作方式的转变： 自我决策 自我效能 工作意义 工作影响
员工培训	提升员工技能，培养员工变革意识	教育培训，包括： 操作手册 文档学习 知识提炼 案例学习 外部培训		员工能力提升，变革价值认同： 自我决策 自我效能 工作意义 工作影响

通过表 6.1 我们可以进一步清楚地看到，在新产品开发过程中，面临着以往组织惯性导致的新的变革措施难以落实，新产品开发效率低下的情况，管理者采用了制度和沟通的方式，显著提升了员工在心理授权四个要素上的水平，而员工心理授权水平的提高，又促进了员工在新产品开发中积极努力，通过探索性组织学习的途径，有效地开发出了新产品。这个结果一方面推动了企业的开发式学习（信息传递），另一方面又进一步提升了员工心理授权水平。

在营销模式转变的过程中,组织学习(包括开发式学习、探索式学习)积极推动了员工对新的营销模式、工作开展的认知,并促进了员工原有工作方式的转变。这些转变充分体现在员工心理授权的四个方面(自我决策、自我效能、工作影响、工作意义),显著提升了销售部门员工的心理授权水平。

在员工培训事件中,公司根据以往的实践经验总结,通过多种方式教授员工知识技能,培训员工参与公司变革的理念,增强员工工作能力,并认同支持公司在当前战略转型背景下对员工积极主动、与公司共同成长的价值观。通过教育培训,这些能力和认知的提升,充分表现了员工在心理授权上得到的提高。

总结上述案例分析的结果,本研究得到以下命题:

命题一:在组织变革的过程中,员工心理授权对组织学习有积极的影响作用;

命题二:在组织变革的过程中,组织学习对员工心理授权有积极的影响作用。

这两个命题明确地说明了在组织变革过程中,组织学习和员工心理授权两者之间相互影响、相互促进、循环往复、螺旋上升的关系。

6.4 子研究二:变革过程中组织层次与员工层次行为关系的演进研究

6.4.1 研究假设的提出

在子研究一中提出了在组织变革过程中组织学习和员工心理授权之间相互影响、相互促进的关系,那么我们从两者之间的关系可以得出推论:在组织变革中,只要管理层持续地推动组织的变革实施过程,那么这两者相互作用、相互促进会导致组织学习和心理授权的水平不断得到提高,从而导致组织变革效能的提高。因此,本研究提出假设:

假设1:随着公司创业活动的进行,员工心理授权水平不断提高;

假设2:随着公司创业活动的进行,组织学习的能力也不断提升;

假设3:随着公司创业活动的进行,公司的创业效能也不断得到增强。

本部分研究计划采用纵向问卷调查的方法,收集两个不同阶段组织学习、心理授权与公司创业效能的问卷数据进行两两比较,以检验在公司创业的持续过程中,随着组织变革过程的深入,组织学习、心理授权与公司创业效能在数据水平上有什么样的改变,通过这种不同阶段数据变化的比较,说明组织学习、心理授权相互作用的演进过程与结果。

6.4.2 研究方法

本研究为纵向问卷研究,对上一个研究问卷回收的 153 家企业在 8 个月后再次发放问卷,问卷包括 A 卷和 B 卷。

问卷第二次发放后,回收的问卷在剔除了空白、关键数据缺失、数据循环、数据极端化等情况的问卷后,本次调查获得企业成套有效问卷的共有76 家,有效问卷 A 卷 152 份,B 卷 228 份,有效回收率为 49.9%。该次问卷为第二阶段问卷,第二阶段问卷为第一阶段过去 8 个月后得到的问卷。

因为心理授权是员工个体层面的变量,本研究将采用个体层面的数据进行比较;而组织学习、公司创业效能是组织层面的数据,本研究将先聚合这两个数据到组织水平,再进行纵向比较。

6.4.3 数据的加总检验

这里先检验前后两次回收问卷的组织学习、公司创业效能是否可以进行组织层面的加总,采用 Bliese(2000)提出的 ICC1 和 ICC2 两个系数。ICC 是对各项目和各群体总体一致性的检验,ICC1 用来评价分组效应可以解释的总变异的程度,以表明分组是否有效,组间变异不能太大,一般小于0.50 可以接受;ICC2 是各组内均数变化的一致性程度,这个系数一般要高一些,一般大于 0.60 可以接受。数据检验结果如表 6.2 所示。

表 6.2　组织水平数据加总检验

	第一次数据		第二次数据	
	ICC1	ICC2	ICC1	ICC2
成长绩效	0.33	0.81	0.35	0.82
生存绩效	0.38	0.82	0.32	0.77
组织敏捷	0.31	0.78	0.29	0.79
进行试验	0.26	0.69	0.28	0.61

续表

	第一次数据		第二次数据	
	ICC1	ICC2	ICC1	ICC2
信息收集	0.25	0.63	0.22	0.63
信息分析	0.34	0.66	0.37	0.66
教育培训	0.30	0.65	0.27	0.60
信息传递	0.31	0.71	0.33	0.68

从表 6.2 中可以看到,测量问卷中的两个阶段的组织水平变量的 ICC1 的值一般都在 0.50 以下,变量的 ICC2 一般都在 0.60 以上。这说明本研究收集的数据在组间有显著的差异,而在组内有较好的一致性。因此,本研究将对这些组织水平的数据进行加总。

6.4.4 两个阶段数据的差异比较

本研究把第一、第二阶段问卷中的组织学习、心理授权和公司创业效能进行比较,并采用 T 检验来分析两个不同阶段组织以及员工在这些变量上是否存在差异。首先,我们先来比较心理授权在不同阶段的差异,其结果见表 6.3。

表 6.3 不同阶段心理授权水平比较

样本阶段	平均值			
	工作意义	自我效能	自主决策	工作影响
第一阶段(1)	5.31	5.39	5.28	4.97
第二阶段(2)	5.39	5.68	5.66	4.92
T 值	0.07	3.56	2.73	1.17
显著性	0.29	0.0098	0.036	0.83

表 6.3 表示了在两个不同阶段中,员工心理授权的四个维度的平均值以及它们之间的差异比较。工作意义是员工对与他们的工作目标和期望价值的认识,数据显示工作意义在两个阶段的差异性较小,并且 T 检验显示两者之间的差异不显著,说明随着组织变革的持续进行,员工对自己的工作目标及其价值的认识变化不大。自我效能是员工对于自己的能力以及执行任务的信心,从数据比较来看,自我效能(2)>自我效能(1),并且 T

检验显示两者之间的差异在 $P<0.01$ 水平上显著,说明随着组织变革的持续进行,员工的自我效能水平明显得到提升。自我决策是员工对于执行工作并根据需要进行调整过程中自治方面的感知(Deci,Connell and Ryan,1989),反映了员工工作中的自主性。数据显示,自我决策(2)>自我决策(1),并且 T 检验显示两者之间的差异在 $P<0.05$ 水平上显著,说明随着组织变革的持续进行,员工的自我决策的倾向明显得到提升。工作影响是员工的行为在多大程度上在完成工作目标或者努力获得意图的效果上能产生不同的显著差异(Thomas and Velthouse,1990),也就是员工对其工作结果对于组织的贡献的感知。数据显示,工作影响在两个阶段的差异性较小,并且 T 检验显示两者之间的差异不显著,说明随着组织变革的持续进行,员工对自己的工作结果对于组织的价值和贡献的认识变化不大。

其次,我们来比较在公司创业的不同阶段,组织学习水平的差异,其结果见表 6.4。

表 6.4 不同阶段组织学习水平的比较

样本阶段	平均值				
	探索学习			开发学习	
	进行试验	信息收集	信息分析	信息传递	教育培训
第一阶段	5.02	5.24	5.29	5.27	5.08
第二阶段	5.29	5.42	5.66	5.51	5.21
T 值	2.35	2.07	4.69	3.19	1.34
显著性	0.00	0.78	0.00	0.04	0.65

表 6.4 表示了在两个不同阶段中,组织学习中的探索学习(进行试验、信息收集、信息分析)和开发学习(信息传递、教育培训)的平均值以及它们之间的差异比较。

在探索学习中的进行试验和信息分析的要素得分上,第二阶段要显著高于第一阶段,并且它们间的差异在 $P<0.01$ 的水平上显著,该结果说明了随着公司创业的进行,组织成员能够更加积极地进行信息的分析讨论,并且更愿意去尝试新的东西,创新的活动与思维也越来越活跃。而从信息收集的得分比较来看,两个阶段的差异并不显著,说明随着公司创业活动的进行,对信息的收集活动差异不大。

而在开发学习中信息传递的得分比较看,第二阶段的得分要高于第一阶段的得分,并且它们之间的差异在 $P<0.05$ 水平上显著,说明组织中的成员更加注重对已有知识与信息的归纳总结与共享。而在教育培训的得分上,两个阶段差异并不明显,说明了组织的教育培训工作并没有随着公司创业的进行而有显著增多的现象。

最后,我们来比较一下,随着公司创业行动的持续开展,公司创业的效能在不同的阶段有什么变化,其结果见表 6.5。

表 6.5　不同阶段公司创业效能的比较

样本阶段	平均值		
	生存绩效	成长绩效	组织敏捷
第一阶段	5.37	5.29	5.06
第二阶段	5.43	5.14	5.56
T 值	1.32	−0.68	4.92
显著性	0.19	0.95	0.00

表 6.5 表示了在两个不同阶段中,公司的创业效能的三个不同维度(生存绩效、成长绩效、组织敏捷)的平均值以及它们之间的差异比较。

从生存绩效和成长绩效的跨阶段比较来看,它们随着公司创业活动的进行,差异并不大,甚至有所下降,但是并不显著。说明企业近 10 个月来在利润水平以及市场增长的水平上并没有发生显著的改变,这个现象与本书的起始假设存在一定的冲突,有待于本书在下一步骤中进一步讨论。

而组织敏捷是反映企业在信息处理机制、积极的市场导向、灵活的生产程序、快捷的物流渠道、技能多样的员工队伍等方面状况的公司创业效能的过程变量,反映的是企业的过程能力。从数据比较的结果来看,组织敏捷在第二阶段要明显高于第一阶段的得分,而且在 $P<0.01$ 的水平上显著,该结果说明了随着公司创业的进行,企业在市场竞争中的行动能力得到了显著的加强。

6.4.5　研究结果讨论

在本部分的研究中,作者采用纵向问卷调查的方法,收集两个不同阶段组织学习、心理授权与公司创业效能的问卷数据,分别进行两两比较,以检验在公司创业的持续过程中,随着组织变革过程的深入,组织学习、心理授权与公司创业效能在数据水平上有什么样的改变,并采用 T 检验来分析两个不同阶段组织以及员工在这些变异是否显著。

在对员工心理授权的四个维度的平均值以及它们之间的差异比较中发现,第二阶段员工自我效能的水平显著大于第一阶段,说明随着组织变革的持续进行,员工的能力和对于任务的积极主动性都有了显著的提高;而自我决策水平在第二阶段的提高,说明员工更愿意去承担工作,解决工作中的问题,充分发挥个体在公司创业中的主动精神。但是本研究的数据显示,员工对工作意义和工作影响两个方面的认识在两个阶段的差异性较小,并且 T 检验显示两者之间的差异不显著。本书进一步分析两个要素的含义及其会否产生的原因,工作意义是员工对于自己所从事工作、承担的任务的价值的期望和认知,也就是期待自己的工作和任务会对企业产生更重要的价值。按照它的这个定义,两个阶段在员工工作意义认知上变化不大的原因,主要是随着员工的工作、承担任务的开展,最后的效果没有产生更大的价值提升,因而影响了员工在这方面认识水平的显著提高。我们可以从公司创业效能的阶段比较得到参考,第二阶段企业的生存绩效和成长绩效都没有显著的提高。这说明了在员工持续的工作过程中,工作的结果没有为企业利润和市场增长带来更加显著的提升,因而员工的工作价值没有显著的为企业带来更大的贡献。这样导致的结果就是尽管有公司创业动力的不断驱动,组织学习过程的不断促进,而员工对于工作产生的价值却没有发生显著的变化。对于工作影响没有显著的变化也同样是如此,由于公司的生存绩效和成长绩效都没有得到显著的提升,说明了员工所承担的任务并没有为企业带来更多的收益,因此员工对于工作影响的认知也就没有显著的变化。

因此,从员工心理授权在不同阶段的变化比较得出初步结果,自我效能和自我决策两个维度有显著的提升,工作意义和工作影响没有显著的变化,这个结果部分支持了本研究的假设 1。

对两个不同阶段中组织学习中的探索学习(进行试验、信息收集、信息分析)和开发学习(信息传递、教育培训)的平均值以及它们之间的差异比较发现,随着公司创业的进行,探索学习中的进行试验和信息分析的两种学习行为要显著高于第一个阶段,说明企业的探索学习行为得到了不断的增强,组织成员更加愿意对问题进行分析讨论,并且更加愿意进行创新活动,这些学习行为也会极大地推动公司创业活动进一步取得成效。当然,探索学习中的信息收集这一要素上的得分在第二阶段并没有得到显著的提高,这可能与企业创新活动的进展有关,也可能与本研究样本收集的时间间隔不够长有关。

在组织学习的开发学习中,组织学习中的信息传递得到了显著的提升,说明在公司创业过程中,组织员工越来越认识到了对组织以外知识经验的保存和学习以及员工之间相互交流、共同学习的重要性,使得组织中的信息传递行为不断得到加强。而在教育培训要素上不同阶段的得分差异并不显著,其原因有可能在以下两方面:首先,教育培训是一种相对正式的学习行为,而组织不一定时时刻刻都有时间和精力来经常为所有员工安排正式的培训学习的机会,并且除了新员工,企业中其他的员工一般也都是在岗,不一定有专门的时间参加培训,所以,企业的教育培训不一定是规范化的。其次,教育培训不一定要求有固定的形式,有的教育培训可能是企业有意识的促进行为,却不一定被员工当成是教育培训。比如,安排项目小组的工作,不定期的讨论会议,促进不同部门间的交流和理解,指导人计划,等等。

所以本书根据在不同阶段组织学习要素的变化比较得出初步结果,进行试验、信息分析和信息传递这三个维度有显著的提升。由于一些组织学习中其他因素的影响,可能会导致信息收集和教育培训没有显著的变化,因此,本书认为结果基本支持了本研究的假设2。

在对公司创业效能的三个维度的平均值以及它们之间的差异比较中发现,两个阶段中的生存绩效和成长绩效都没有得到显著的提升,从表面来看,这与本研究的假设以及企业公司创业过程的结果存在着冲突。经过进一步分析本书认为,公司创业行动并不必然导致公司绩效的提升,作为周围环境中的一个子系统,企业的绩效必然受环境因素的影响,公司创业行动只是解释企业绩效的一个内在重要变量。作者对问卷调查两个阶段企业所面临的环境背景的角度对企业两个阶段的绩效差异进行了一个分析,认为本研究在第一个阶段取样时间是2008年10月左右,当时是全球金融危机的初期,它对企业的影响有滞后性,而本研究第二个阶段的取样时间是在2009年下半年,也正是金融危机的影响逐步显现的时候。需知金融危机对大部分的国内企业打击都比较大,像作者在最近几个月询问的几个企业老总以及管理者,向我透露的基本是这半年来企业的业务量减少了30%以上。因此,本研究认为第二阶段的公司创业效能中的生存绩效和成长绩效正好反映了金融危机这半年以来的企业经营状况,被调查的这些企业在利润和销售额上没有明显的下降,已经说明了这些企业有竞争力了。据此,本研究认为公司的生存绩效和成长绩效不能完全反映企业当前的绩效状况。

进一步本研究对公司创业中的过程绩效,也就是组织敏捷这一变量的分析发现,组织敏捷在第二阶段要明显高于第一阶段的得分,而且在 $P<0.01$ 的水平上显著。该结果反映了公司创业企业在信息处理机制、积极的市场导向、灵活的生产程序、快捷的物流渠道、技能多样的员工队伍等方面状况有了显著的改善,对市场的反应更为敏捷了,说明随着公司创业的进行,企业在市场竞争中的行动能力、竞争力得到了显著的加强。

因此,根据以上公司创业效能数据比较以及数据分析的结果,本研究认为,本部分研究的假设 3 基本得到支持。

6.5 本章小结

本章的目的是试图进一步揭示组织学习与心理授权在组织变革过程中的协同作用是如何发生的,随着组织变革过程的深入,组织学习与心理授权又是如何进一步演进的。为此,本部分演进采用了两个子研究来探索这个问题。子研究一的目的是通过多案例描述的方法,分析公司创业中组织学习与员工心理授权之间相互作用的过程;子研究二是通过两个不同阶段的问卷数据,检验公司创业中组织学习与员工心理授权导致的结果。

子研究一采用多案例研究的方法,对公司创业中的浙江 YY 特钢有限公司战略转型过程中的三个关键事件进行了分析,该企业的战略转型过程是在公司管理层从企业的战略、文化、组织结构、产品服务四个方面系统地进行了驱动的。

在新产品开发的事件过程中,由于原有的组织惯性导致的新的变革措施难以落实,组织变革的意图和采取的各种变革的组织形式还只是停留在表面形式上,不能真正得到落实。为了促进组织变革的活动从形式向真正的功能型转变,管理者首先从激励员工的变革参与热情上采取行动。在事件过程中,管理者采用了制度和沟通的方式,显著提升了员工在心理授权四个要素上的水平,而员工心理授权水平的提高,又促进了员工在新产品开发中积极努力,通过探索性组织学习的途径,有效地开发出了新产品。这个结果一方面推动了企业的开发学习(信息传递),另一方面又进一步提升了员工的心理授权水平。

在营销模式转变的过程中,组织学习(包括开发式学习、探索式学习)

177

积极推动了员工对新的营销模式、工作开展的认知,并促进了员工原有工作方式的转变,这些转变充分体现在员工的心理授权的四个方面(自我决策、自我效能、工作影响、工作意义),并显著提升了销售部门员工的心理授权水平。

在员工培训事件中,公司根据以往的实践经验总结,通过多种方式教授员工知识技能,培训员工参与公司变革的理念,增强员工工作能力,并认同支持公司在当前战略转型背景下对员工积极主动、与公司共同成长的价值观。通过教育培训,这些能力提升和认知提升,充分表现了员工在心理授权上得到的提高。

总之,在公司转型中的三个关键事件中,研究发现组织学习与员工的心理授权及其之间的相互作用贯穿了公司战略转型过程。在此过程中,组织不断面临着各种各样的组织变革中的问题,而在解决这些问题,完成公司战略转型的关键事件中,员工的心理授权的四个要素、组织学习的两种模式(五种学习类型)得到了充分的展现,并通过员工心理授权、组织学习的相互作用,对企业在战略转型中的新产品开发与企业竞争力的提升发挥了积极的影响作用。从子研究一中案例分析的结果,本研究得到以下命题:

命题一:在组织变革的驱动过程中,员工心理授权对组织学习有积极的影响作用;

命题二:在组织变革的驱动过程中,组织学习对员工心理授权有积极的影响作用。

这两个命题明确地说明了在组织变革过程中,组织学习和员工心理授权两者之间相互影响、相互促进的关系。本研究从案例中还得到进一步的认识,就是要使得组织变革顺利实施,首先要提升员工的心理授权水平,只有员工得到心理授权了,管理推动的组织学习才会从形式上的学习向功能型组织学习转变,真正实现组织学习的功能;而组织学习的开展又会进一步推动员工心理授权水平的提升。

子研究二通过收集公司创业企业两个阶段的问卷,来检验组织学习与员工心理授权相互作用的结果。

经过对两个不同阶段员工心理授权的四个维度的平均值以及它们之间的差异比较中发现,自我效能和自我决策两个维度有显著的提升,工作意义和工作影响没有显著的变化,这个结果部分支持了本研究的假设1。

根据对不同阶段组织学习要素的变化比较得出结果,其中组织学习中的进行试验、信息分析和信息传递这三种形式有显著的提升。由于一些组织学习过程中组织进行创新变革的阶段性影响,以及组织变革的特定环境中,存在一些其他隐性的教育培训内容不能受到员工的感知,可能会导致信息收集和教育培训没有显著的变化。因此,本书认为本研究的假设2基本得到了支持。

在对公司创业效能的三个维度的平均值比较中发现,两个阶段中的生存绩效和成长绩效都没有得到显著的提升,从表面来看,这与本研究的假设以及企业公司创业过程的结果存在着冲突。经过进一步分析本书认为,作为周围环境中的一个子系统,企业的绩效必然受环境因素的影响,公司创业行动只是解释企业绩效的一个内在重要变量。由于本研究两个阶段的取样正值金融危机发生并产生滞后影响的时段,因此,作为结果变量的生存绩效和成长绩效不能充分说明公司创业的结果,并且,公司创业企业没有发生显著的业绩下降(而同期大多数企业的绩效都大幅下降)已经说明了公司创业的良好绩效。而本研究对公司创业效能的过程绩效,即组织敏捷的比较分析结果表明,经过一段时间后,创业公司的组织敏捷水平得到了显著的提升,表明公司创业企业在信息处理机制、积极的市场导向、灵活的生产程序、快捷的物流渠道、技能多样的员工队伍等方面状况有了显著的改善,对市场的反应更为敏捷,说明随着公司创业的进行,企业在市场竞争中的行动能力、竞争力得到了显著的加强。因此,该子研究的假设3得到了支持。

对本章研究的两个子研究进行总结,本书得到了以下结论,见表6.6。

表6.6　本章研究的初步结论

	研究假设或命题	结　果
阶段一	命题一:在组织变革的驱动过程中,员工心理授权对组织学习有积极的影响作用	
	命题二:在组织变革的驱动过程中,组织学习对员工心理授权有积极的影响作用	
阶段二	假设1:随着公司创业活动的进行,员工心理授权水平不断提高	部分支持
	假设2:随着公司创业活动的进行,组织学习的能力也不断提升	部分支持
	假设3:随着公司创业活动的进行,公司的创业效能也不断得到增强	部分支持

从表 6.6 中可以看到,在组织变革的过程中,组织学习和员工心理授权之间是相互影响,相互促进的关系;而从结果来看,随着公司创业过程中两者相互促进,导致了组织学习能力和员工心理授权水平不断得到提升,同时,又促进了公司创业效能的进一步增强。当然,组织学习、心理授权两者的相互促进、共同提高的过程并不是简单、直接的关系,它们在这个过程中可能会存在曲折,可能会呈螺旋式上升,这在案例研究以及问卷研究的数据中已经得到了初步的说明。

虽然本研究通过多案例研究以及纵向的问卷研究对组织变革过程中的组织学习与心理授权的动态作用过程与结果进行了探索,初步解释了组织变革过程中组织学习与员工心理授权的动态关系机制。但是,本研究也存诸多局限。

在案例研究中,案例访谈应该更加深入细致,并且多选择一些关键事件中的访谈对象才能更清晰地把握关键事件中的逻辑关系。并且,由于员工心理授权是个心理层面的特征,而本研究是通过对员工的行为特征表现的辨别来推出该员工的心理特征的,这也有待今后的研究进一步发掘更好的鉴别方法。

在问卷研究中,由于作者的能力、时间和精力的局限,使得问卷数量有限,特别是组织层面的数据数量偏少,导致了统计检验可能存在误差。而且问卷研究是纵向研究,两个阶段的数据研究显得太单薄,难以充分说明组织学习、心理授权在多阶段的演进过程,如果今后能够收集多阶段的大样本数据,对多层次变量的数据及其发展趋势进行检验,那么能得到对研究对象更加合理而充分的解释。

7 总 论

在当今全球化与科技飞速发展的背景下,组织变革是企业提升竞争力以及长期生存发展所必需的战略行动,唯有进行主动的变革企业才有机会获得更强的市场竞争力,赢得生存发展的空间,公司创业也就成为越来越多企业的必然选择。

然而,组织变革究竟如何进行,虽然已有大量研究指出了组织变革的类型、变革的阶段特征、变革的领导特征、变革的内容特征等,但对于变革过程中具体的组织行为过程机制,到现在理论进展仍是极为不足,使得具体的组织变革行为过程成为一个"黑箱",亟待人们通过研究来揭示以指导变革实践。

正是基于这个目的,本书针对公司创业的企业进行了一个系列研究,研究的焦点是试图回答两个问题:第一,公司创业中组织变革的行为过程是如何进行的;第二,变革过程中不同组织层次——组织层次和员工个体层次的变革行为在组织变革过程中的动态关系机制及其结果。

为此,本书通过了以下四个方面来探讨这些问题:第一,在公司创业的行动过程中,组织变革动力的内容是什么? 第二,在变革动力的驱动下,组织系统进行组织变革的行为过程是如何进行的? 第三,从系统的观点看,组织变革过程中的不同层次之间是否会产生相互作用、相互影响? 第四,组织变革中不同层次(组织层次和员工个体层次)变革过程中相互作用、相互影响的动态机制是怎么样的?

在本书的系列研究中,分别运用了访谈、问卷和案例研究的方法进行了深入的探索、分析和总结,取得了一些有价值的研究结论。以下将从四个方面来对本书系列研究的结果进行总结,包括:①研究取得的主要理论进展;②研究的实践意义;③研究不足与研究展望;④研究结论总结。

7.1　本书的主要理论进展

7.1.1　提出了基于组织系统观的变革动力的内容特征

由于企业组织的系统特性,企业的组织变革也是一个系统的过程。Stacey(1995)在谈到组织内部人力网络的相互关系的时候明确指出,"组织就是复杂适应系统",员工个体就是智能体,他们都对组织整体演化起重要作用。

有大量组织研究的学者指出了公司管理团队在组织变革中的变革行动内容。比如,Boal 和 Hooijberg(2000)认为,战略领导者的关键活动和能力包括:愿景展望、战略制定、推动组织关键能力的建立、为组织创造愿景和意义。Kotter(1998)提出了管理者推动组织变革的八个重要步骤:创造危机意识、组织坚强的变革团队、构建远景、广泛沟通远景、授权员工为远景而努力、创造近期战果并奖励有关人员、巩固战果并再接再厉、将新行为模式深植于企业文化。Cao 和 Clarke 等(2002)提出了组织变革的四维度理论,将组织变革系统分为组织流程子系统、组织结构子系统、组织文化子系统和组织行政子系统,组织内四个子系统的变革被认为是高度内部协同的动态过程,因为这四个维度在方法和整体上都是彼此依赖相互制约的。

本书从组织内部推动组织变革的角度,识别组织变革过程中的管理动力特征。由于该问题以往缺乏相应的实证研究,所以本书首先采用扎根理论方法通过对 13 家企业的 19 位高管人员进行了访谈,并收集相关资料,经过扎根理论的分析过程,提取出变革动力内容的四方面的特征要素。结合组织系统理论的观点,本书的研究结果表明,公司创业中的变革动力是由组织中的高管领导层发起的,作用于组织整体和组织中的成员这两个层次,推动组织变革实施的作用力概念,在组织变革过程中,变革动力是通过对企业组织和企业员工从战略、文化、产品与服务和组织结构四个方面发挥的系统作用,推动企业的组织变革的成功实施。具体内容包含了四个方面的维度:愿景驱动、文化塑造、创造突破、架构创新。

在此基础上,子研究二通过两个阶段的问卷调查,进行了探索性因素分析和验证性因素分析,实证结果进一步支持了变革动力内容的概念模型。研究进一步对不同的组织的变革动力的差异进行了分析,发现不同背景下的企业有不同的差异。其中,高技术公司的组织变革动力要显著高于非高技术企业,制造业和非制造业之间在变革动力特征上没有显著差异。

本书提出的组织变革动力特征这一概念内容,表现了以下几个特点:

第一,组织变革动力特征是对组织变革系统观的反映。组织变革动力的四个内容维度分别表明了要驱动组织的变革实践,必须从组织的战略、文化、产品和服务以及组织结构四个组织系统的方面来对组织变革过程进行推进。

第二,组织变革动力特征概念的开发,既体现了企业公司创业的中国组织管理文化的背景,又反映了面对激烈的竞争环境,企业的管理层所采取的组织变革的行动和步骤。

第三,组织变革动力特征是对组织变革过程的具体体现。本书提出的公司创业中的变革动力特征模型,具有清晰而聚焦的实践原型,确保了该理论模型的生态效度,并在扎根理论方法研究结论的基础上,结合以往组织变革管理理论、组织系统理论的重要成果,进一步提出了变革动力特征的系统概念,具有坚实的理论和实践基础。

7.1.2 探索并检验了组织变革的多层次变革过程

从组织变革过程中的动态知识的观点来看,组织学习是公司创业企业获得对市场竞争、技术、消费者需求以及新产品开发等方面知识的重要途径。企业在组织学习的基础上,才能极大地降低公司创业过程中的不确定性,确保公司创业行动的顺利进行。而组织学习的过程又是由组织中的员工来承担的,因而员工对组织变革的投入又极大地影响着组织学习的效果、组织对于公司创业过程中的知识的开发和探索。德鲁克(2002)指出,面对全球竞争的日益激烈,对员工的主动精神和创新精神的迫切要求,心理授权也就显得更为紧要。

因此,本书从系统理论的思路出发,提出了并检验了组织变革不仅包括了在组织层面的组织变革过程,也包括了从员工层面推动组织变革进行的思路。对于不同组织层次的组织变革过程是如何进行的,本书在对以往相关研究的基础上,提出并检验了基于组织学习和心理授权的组织变革的多层次行为过程。在变革的组织层次,公司的高管是通过组织学习来推动组织变革的顺利进行的,而在这个过程中,环境动态性调节了组织学习对于公司创业效能的影响效应,说明了在推动组织学习的过程中,公司一定要关注环境动态的影响,根据环境动态的特征,相应采取组织学习的探索模式和开发模式。而在推动员工参与变革的个体层次,本书提出并检验了心理授权对于员工参与变革的重要中介作用,而在员工参与组织变革的过程中,组织学习又扮演了重要的角色,调节了员工的心理授权对于员工参与变革的效能的影响。这个结果有两个方面的启示,一个方面,说明了要推动员工的变革,赋予并提升员工的心理授权水平,对于组织变革的重要意义;另一个方面,说明了员工的心理授权不会是简单由组织给予或者自动就会产生的,它在组织变革的过程中,会受到其他变革过程因素——组织学习的影响,随着组织变革过程的深入,员工通过组织学习,能够提升他们的能力水平和对变革过程的认识,提升他们的变革效能感,从而对他们的心理授权又有积极的提升作用。

7.1.3 提出并验证了变革中组织层次与员工参与变革行为过程的协同效应

从系统的观点来看,组织变革是一个系统的过程,在组织变革中,不同层次的变革行为存在着相互作用、相互影响。Weick(1990)指出,在战略变革过程中不仅要对组织原有战略、流程、结构等进行调整,还包括了对组织员工的工作惯例、态度、技能、关系和期望的改变。因此,组织变革也就必然包含了组织层面与个体层面要素之间的相互作用、相互影响,并推动组织变革的顺利实施。

对于变革中组织层次和员工个体层次之间的关系,一方面本书从组织变革所面临的最大问题——变革不确定性来进行了探讨。解决组织变革不确定性的手段就是通过组织层面的组织学习,包括探索学习和开发学习,来寻找和发现更为有效的变革方法和流程。另一个方面,组织学习的具体实施者又是组织中的员工,员工对于变革的支持与参与,是组织学习能否顺利进行并取得成效的根本。

因此本书认为,两个层次之间在变革过程中可能会存在着协同关系。为了分析并检验不同层次组织变革行为之间的系统效应,本书采用问卷方法,通过相关分析、交互效应检验以及主因分析(dominance analysis)三个步骤进行检验,研究结果显示组织学习与心理授权之间存在显著的相关,并对公司创业效能产生了显著的交互效应。在此基础上,本书采用主因分析方法,经过对多重模型中组织学习、心理授权、两者的交互对于公司创业效能回归效应的两两比较,主因分析的结果表明心理授权和组织学习的交互作用是影响公司创业效能的三个因素(组织学习、心理授权、组织学习和心理授权的交互)中最为重要的因素。说明单独的组织学习或者心理授权对于公司创业效能的影响都没有组织学习和心理授权两者交互作用后对公司创业效能的影响大,组织层次的变革过程与员工层次的变革过程的交互作用,才是影响组织变革效能的最为重要的因素。因此,这个结果支持了组织层次的变革与员工层次的变革在组织变革过程中产生了协同作用的观点。

7.1.4 深入分析了组织变革行为过程中多层协同的动态过程机制

由于组织在公司创业过程中充满了不确定性,这就要依赖组织学习来不断探索和开发企业的未知领域,不断通过学习来获得相关领域的知识。而知识是在组织中群体工作实践、员工协作和日常的问题处理过程中产生的,知识内含于实践过程中(Cook and Brown,1999)。知识是高度活跃、情境依赖并且包含了前后逻辑关系的,员工在其中发挥了知识创造和信息解释的作用(Nonaka,1994)。因此,以往研究也给我们提出了启示,就是通过激励员工积极投入组织实践,能够极大地推动组织学习的效果,促进组织获得更多解决未来不确定性的知识,应对不确定的变革未来。

在本书中,为了进一步分析组织变革中组织层次与员工层次在变革中的协同作用是如何产生并进一步发展,以推动组织变革的进程的,本书采用了多案例研究和纵向问卷研究的方法对两个不同变革过程中的关键过程变量——组织学习和心理授权,它们两者之间的作用过程及其作用结果进行了探索。

在研究四的子研究一中,本书通过对具体的公司创业关键事件中组织学习和心理授权的具体作用过程的分析,结果表明在公司创业过程中组织学习和员工心理授权之间是相互影响、相互促进。而且研究进一步发现,在公司创业之初,企业要从形式上的变革转换为真正功能意义上的变革,首先必须增强员工的心理授权水平,只有员工拥有了参与积极主动性,才能克服组织惯性,提升组织运作(包括组织学习)的效率。

在研究四的子研究二中,本书采用纵向问卷调查的方法,收集两个不同阶段组织学习、心理授权与公司创业效能的问卷数据进行比较,以探索两者之间相互作用的结果。研究发现,员工心理授权在不同阶段的变化中,自我效能和自我决策两个维度有显著的提升,工作意义和工作影响没有显著的变化;不同阶段组织学习要素水平的变化比较表明,进行试验、信息分析和信息传递这三个维度有显著的提升,而由于一些组织学习中其他因素的影响,可能会导致信息收集和教育培训没有显著的变化。虽然第二阶段的公司创业效能中的生存绩效和成长绩效与第一阶段的相关绩效相比没有显著的增加,但反映了金融危机爆发半年以来的企业经营状况,被调查的这些企业在利润和销售额上没有显著的下降,已经说明了这些企业有竞争力了。而公司创业中的过程绩效指标——组织敏捷在第二阶段要显著高于第一阶段的得分,反映了公司创业企业在信息处理机制、积极的市场导向、灵活的生产程序、快捷的物流渠道、技能多样的员工队伍等方面状况有了显著的改善,对市场的反应更为敏捷了,说明随着公司创业的进行,企业在市场竞争中的行动能力、竞争力得到了显著的加强。

综合这两个子研究的结果,在组织变革的过程中,组织学习和员工心理授权之间是相互影响、相互促进的关系;而随着公司创业过程中两者相互促进,结果导致了组织学习能力和员工心理授权水平不断得到提升,同时,又促进了公司创业效能的进一步增强。当然,组织学习、心理授权两者的相互促进、共同提高的过程并不是简单、直接的关系,由于组织环境等因素的影响,它们在这个过程中可能会存在曲折,可能会呈螺旋式上升,这在案例研究以及问卷研究的数据中已经得到了初步的说明。

综合以上一系列的理论研究结论,本书提出基于组织变革动力的组织变革中多层次协同机制的整合模型,如图 7.1 所示。

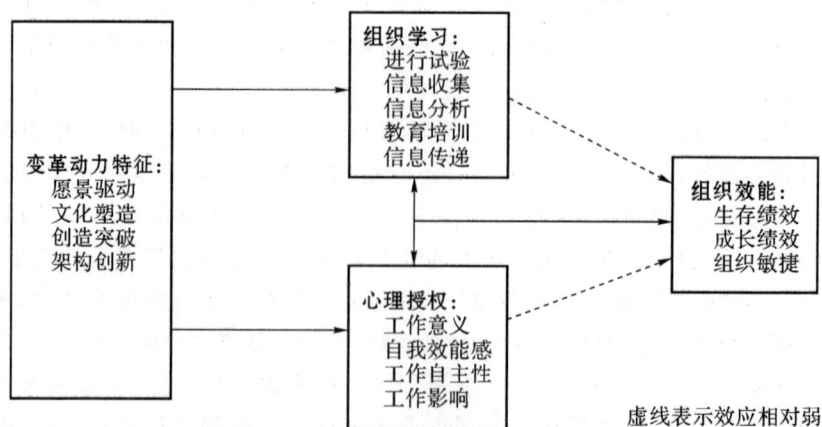

图 7.1 组织变革中多层次协同机制的整合模型

7.2 本书的实践意义

本书的研究核心是以公司创业型企业为例,探索并揭示组织变革过程中的多层次变革协同机制。因此,围绕组织变革中的两个关键问题进行了一个系列研究:第一,公司创业中组织变革驱动力量的内容特征;第二,变革中两个关键过程变量——组织学习和心理授权之间的动态关系机制及其结果。研究的结果揭示了四个方面的成果:第一,在公司创业的行动过程中,组织变革动力的特征;第二,在变革动力的驱动下,组织层次以及员工个体层次的变革行为过程机制;第三,组织变革过程中的关键行为过程变量——组织学习和心理授权之间的关系;第四,不同层次组织变革行为过程——组织学习和心理授权发生协同过程的机制与结果。以上研究结果为企业进行组织变革的过程提供了一个具体而清晰的指导思路。

7.2.1 管理层如何推动组织变革

本书提出了组织变革动力是一个系统的概念,根据该理论思路,提出了在组织变革当中,企业的高管团队应该采用制度、企业活动、行为示范等方式,从组织的战略、文化、产品服务、组织结构四个方面系统地指导并推动整个组织投入到组织变革的过程中,来提高企业在组织变革的效能。其具体内容应该包括:

第一,是组织的愿景激励。很明显,管理者们要善于表达组织的愿景。管理者作为组织的激励者或者说是教练,应该向组织成员清晰指出组织的愿景并与员工沟通,而不仅仅是告知他们关于组织的战略目标,管理者必须通过在组织传达并促使组织全体成员认识到组织的愿景与其价值,才能更好地鼓舞组织员工对于组织愿景的持续承诺,为组织的不断的变革和成功做出更大的努力。

第二,从组织文化的角度来看,管理者扮演着一个关键的角色,来推动企业的文化的动态发展,尤其是在变革背景下,推动组织学习文化的形成和发展。组织的管理者们应该在组织的经营过程中,通过引导和整合组织中行为和态度,通过组织中的共同学习,促使一些行为准则的形成和制度化,促进组织准则文化的形成。

第三,随着技术的快速发展,人们需求的多样化,市场上的产品也必须不断改进、创新以适应市场中对产品的不断提出的要求。大量研究普遍认同市场导向的企业产品与服务是企业绩效的根本（Jaworski and Kohli，1993；Narver and Slater，1990）。本书变革动力的理论概念进一步强调了管理者对于企业产品与服务创新必须发挥的重要作用。

第四，组织结构也是管理者关注的一个重点。对于组织来说，组织结构被认为是用来控制组织行为的一种手段（Blackler，1995）。而从系统的观点来看，系统内部的诸要素之间是相互作用、相互影响的，从这个角度，组织结构又是动态的。其中，管理者又在组织结构的动态发展过程中发挥着关键的作用，影响着组织结构的发展。

7.2.2　组织变革过程中组织学习的重要作用

从本书中组织学习在组织变革过程中作用的研究结论来看，应该进一步认识到组织学习对于组织成功变革的巨大作用力，许多学者都再三强调了组织学习对于组织在变革过程中的巨大作用（Kanter et al.，1988；Senge et al.，1990）。实际上，变化是不能被预测的，而企图完全掌控组织的变化也就不可能，任何的理论和步骤都不能捕捉到组织变革过程的复杂性。因此，对于组织变革而言，更为重要的就是管理者必须能够识别、理解和重新塑造组织所面对的环境，促进组织的学习过程。

本书提出了组织学习在组织变革动力与公司创业效能之间的中介作用。公司创业是组织在动态的市场环境条件下，不断开发自身的能力，探索组织面对的市场竞争途径的组织变革过程。不少学者也都认为，应对不确定性的环境的唯一和有效的途径，是提高组织学习的效能（Edmondson，1999，2003），而许多学者也强调，创业学习是一种校准机制，由于创业过程中的环境、任务和目标状态的变化，组织成员阶段性的认知缺乏，都会增加创业的不确定性，而学习可以促进组织对于其所面临问题的认知（杨建峰，2008）。因此，本书认为组织变革管理者是通过企业组织学习的过程，促进了组织变革管理者从组织系统的四个方面推动组织的变革行动，并通过其中的探索学习，进一步探索与提出企业变革行动的方向与路径，从而对公司创业效能产生了积极的影响。

而在员工变革管理者的效能作用过程中，组织学习同样扮演着关键的角色，本书的研究结果说明了探索学习和开发学习在促进员工的组织变革过程中的不同作用方式，也进一步强调了组织学习对于员工效能过程所发挥的重要作用。

因此在组织变革实践过程中,变革管理者应该扮演着推动组织学习过程的角色。以组织学习为导向,设置适合的柔性组织结构,鼓励学习为导向的组织文化的形成,建立适当的绩效考核制度,提升组织员工的学习紧迫感和使命感,把组织塑造成一个学习型组织。

7.2.3 基于心理授权的员工激励策略

上文的分析,为我们指出了组织变革过程所面临的关键问题是变革过程中持续不断的不确定性,而要降低变革的不确定性并推动变革的顺利实施,有赖于变革的直接参与者——员工的投入。员工积极主动并创造性解决所面临的变革问题成为组织变革成功的关键环节。从员工心理授权的角度,对员工进行激励,对企业的组织变革顺利实施有着重要的意义。因此,本书从组织变革中对于员工心理授权提升的角度,提出在组织变革中,从以下几个方面激励员工变革参与的策略。

第一,塑造创新导向的组织文化。

组织变革中所面临的诸多不确定性也意味着,企业在经营过程中会不断遇到新问题,采取新方法,尝试新手段,来解决经营中的不确定性问题。所以组织变革过程也是组织不断创新的过程,而创新过程中的主体是组织的员工。因此,塑造创新导向的组织文化就成为激励员工的必然选择。

在文化建设过程中,要促使员工明白组织变革价值,引导员工认知工作的重要性和意义,进而使员工感觉到做成这件事对他自我价值实现的影响,并使他尽最大努力把任务做好,让他把自己的行为与企业发展联系在一起,激发出他对自我价值实现的欲望。

第二,授权导向的组织与任务设计。

由于组织变革中存在着诸多的不确定性,要充分发挥员工的积极主动性,首先必须建立一个能够促进员工发挥的组织环境,作为组织任务与职责的基础就是组织结构安排。因此建立一个授权导向的组织结构,就成为员工变革激励的基础。

授权型组织结构的主要内容包括:①扁平化的结构。当前的信息时代,传统的官僚组织结构越来越成为员工积极性发挥的阻碍,过度的科层组织,极大降低了信息传达的效率,束缚了员工自主与能力的发挥,结构的扁平化已成为组织变革的重要方向。②员工充分的授权。建立扁平化的组织为员工的授权提供了良好的保障,给予员工授权主要内容就是员工的任务自主与任务的决策参与。让承担工作的员工直接参与到这项工作的目标确定、标准设立和措施选择的讨论决策中来,让员工直接感到做这件工作是他自己的决策,从而使他产生一种自觉克服困难、努力达成工作目标要求的动机,进而起到让他做好工作的激励目的。

第三,提供必要的管理支持。

如果在变革过程中没有充分考虑到员工所需要的组织支持和组织资源,会导致员工的消极情绪,特别是,这些消极认知会引起员工在工作中的压力。管理支持是帮助员工顺利开展并有效完成任务,提升员工的职业成就感和效能感的必要手段。组织的管理支持的途径多种多样,主要包括了组织资源支持、信息沟通。为了授权,组织应该通过各种途径把更多的信息传递给更多的各个水平的员工知道。Kouzes(2005)指出,如果没有信息,你就不能确定员工是否能够承担责任或者发挥他们创造性的能量。在组织变革过程中,管理者应该经常性与员工互动,了解他们的工作进展,有针对性地指导员工工作,并且给予鼓励。

第四,关注员工的职业发展。

提升员工心理授权的一个重要因素就是当今组织中的员工一般都是追求自己的职业发展,个体的价值实现。因此,组织关注并引导员工的职业发展规划,对于组织变革中员工的积极性而言,具有重要的激励意义。

企业应该加强组织内部的人力资源规划,给员工及时提供本组织内职业发展的有关信息,给予员工公平竞争的机会。首先,组织要把员工的职业生涯发展规划,当做公司生存成长所必要的投资,不能当做费用来节省;其次,要拟订骨干员工个人发展计划,包括通过仔细评估与选拔,找出重点培养对象("苗子"或接班人或后备梯队),认真安排他们的岗位与升迁路线;最后,组织(企业)要制定出明确的发展战略目标,并使员工切身感受到他们的工作与实现企业的发展目标息息相关。

7.2.4 组织变革管理中组织与员工变革协同推进的视角

以往有大量对组织变革的研究的结论,或者是从变革管理的视角强调从组织层面推动组织的战略规划与愿景的激励、有利于组织变革的文化建立、组织结构的调整等方面,或者是从心理学的视角,强调对组织变革中员工的有效激励。以往该领域研究的一个不足就是忽视了组织变革中对组织层面的变革与员工个体变革之间的联系。本书的研究表明,组织变革过程中组织学习与员工心理授权之间发生的协同作用,它们对组织变革的两个层面产生的效应,大于分别从组织学习、心理授权产生的对组织、员工的影响效应,并给组织变革带来更为积极的绩效。

这一结论的管理启示是,在组织变革过程中,管理者不仅要从组织层面为变革制定并推进相关措施,对员工参与变革进行激励,更重要的一点是必须关注并有意识地促进员工的变革行为与组织层面的要求协调一致,产生协同作用,对组织变革的顺利开展带来更为积极的影响。这些方面的问题,都对管理者在组织变革中的组织结构的柔性设计、绩效考核制度的制定和员工培训的课程内容与途径的安排上提出了更高的要求。

7.2.5 企业保持持续的公司创业精神的重要性

本书的研究结论表明,在组织变革过程中,在组织变革动力的驱动下,组织学习与员工心理授权之间会相互促进、螺旋上升,从而不断增强组织的竞争能力,提升企业组织变革的效能。如果企业只是断断续续地采取公司创业的推动,那么会使得组织学习与心理授权之间的这种关系产生停滞,甚至可能产生负面激励,导致两者螺旋下降。

因此,对当今普遍处于激烈竞争环境中的企业而言,保持持续的公司创业精神极为必要,它将不断增强企业组织与员工的变革投入与能力的提升,并推动企业竞争力的不断加强。作为企业的管理者,永远不能满足企业在公司创业中获得的阶段性成果和绩效的暂时提升,而必须时刻意识到,公司创业的精神必须不断保持和加强,企业才可能保持对员工的激励,组织学习的过程也不至于停滞。企业只有保持公司创业精神,才能在全球化、技术日新月异、竞争越来越激烈的环境中,保持并发展自身的动态核心能力,取得竞争优势。

7.3 本书的研究局限与研究展望

7.3.1 本书的研究局限

组织变革是经济全球化、科技快速发展以及竞争日益激烈背景下企业普遍面临的必要选择,即使是远在大洋彼岸的奥巴马也是以"变革"承诺而成功当选美国总统的。当下,组织变革为学术研究提供了丰富多样、空间广阔的研究空间,越来越成为一个令人瞩目的研究领域,因此有很多的研究焦点问题也亟待研究者们去发掘。本书的研究焦点是组织变革驱动过程以及过程中两个不同层面的关键要素——组织学习和心理授权。由于在以往的研究中缺乏相关的深入研究,笔者在研究中也相应缺乏足够的理论支持,导致了整体研究和中间的部分研究都可能面临效度和信度的质疑。在研究中,笔者也试图避免这方面的问题,当然,仍不可避免一些研究局限,主要表现在:

第一,变革动力概念的形成与提出。以往对于变革动力的概念研究,对象往往并不明确,而且只是停留在简单概念构思上面。本书针对公司创业中企业高管团队成员如何识别组织变革需要,并采取相应行动来带领整个组织进行公司创业的过程进行了扎根理论方法研究。而在扎根理论方法研究中,研究者本身就是研究工具,研究者本身的知识水平和能力对于理论的深入发掘有着重要的作用。因此,该研究对于笔者的知识能力提出了很高的要求。而在扎根理论研究访谈过程中,是对领导者本人进行的关键事件采访,较难避免社会称许效应,使得访谈结果不能够做到足够客观,而且本书没有足够的时间、精力和途径来收集尽可能丰富的相关资料,使得研究不能更精细地提出理论概念。

第二,变革动力的测量。由于变革动力是本书基于扎根理论方法研究提出的理论概念,而以往并没有类似的测量工具,因此本书主要是根据扎根理论研究中的资料分析和范畴,提出了测量工具。虽然经过了实证检验,本测量工具的信度和效度都达到了令人满意的程度,但是由于研究条件所限,测量工具仍没有经过大样本的反复检验。在今后的研究中,有必要对变革动力的概念构思和测量工具进行反复验证。

第三,样本与数据采集。本书的样本数量对于组织层面的研究来说,样本量还是不足,有效样本企业只有153家,并且样本企业大部分是东部城市的企业,使得研究样本的代表性不够。虽然我们在问卷设计中,注意到了分别对组织的高管领导层和中层及以下员工设计相应的测量题项,但是,仍旧难以消除共同方法偏差问题。

第四,对于组织学习与心理授权的动态机制研究。在案例研究中,案例访谈应该更加深入细致,并且多选择一些关键事件中的访谈对象才能更清晰地把握关键事件中的逻辑关系。并且,由于员工心理授权是个心理层面的特征,而本书是通过对员工的行为特征表现的辨别来推出该员工的心理特征的,这也有待今后的研究进一步发掘更好的鉴别方法。

在该过程的问卷研究中,由于作者的能力、时间和精力的局限,使得问卷数量有限,特别是组织层面的数据数量偏少,可能会导致统计检验存在误差。而且问卷研究是纵向研究,两个阶段的数据研究显得太单薄,难以说明组织学习、心理授权在多阶段的演进过程,如果能取得多阶段的大样本数据,那么能得到对研究对象更加合理而充分的解释。

7.3.2　本书的研究展望

从组织水平对组织变革背景下的变革驱动的过程进行研究是一个令人激动的研究领域,本书只是做出了一个初步尝试,以本书的研究为起点,笔者认为组织变革过程中的组织行为研究还有以下几个需要发展的方面:

第一,形成统一的变革动力理论概念构思。对变革动力的准确界定是该领域理论发展的一个基础,本书研究所做出的尝试希望起到抛砖引玉的作用,引起更多研究者对于该研究领域的关注,并做出更加深入有效的研究。后续的研究希望能在定性研究的基础上,更深入地探索变革动力特征的概念内涵,并采用更多、更有代表性的样本,采用多方法对该概念构思进行反复验证,最终提出一个大多数研究者比较认可的变革动力结构维度,为后续该领域的实证研究奠定坚实的理论基础。

第二,组织学习与心理授权在组织变革过程中作用研究的深入。本书的研究表明组织学习和心理授权都是在组织动力驱动公司创业效能提升的过程中产生了部分的中介作用,那么,变革驱动过程中的其他关键要素仍然是组织变革研究的重要领域,后续研究有必要在对变革实践案例的深度访谈基础上,结合以往组织变革过程的相关文献的研究,提出影响组织变革过程的重要过程变量,并采用定量方法进行检验,从而深入地揭示组织变革过程的"黑箱",并进一步明确组织学习和心理授权在组织变革过程"黑箱"中所发挥的作用。

第三,组织学习与心理授权的动态演进过程研究。由于笔者研究能力以及各方面条件的约束,为了研究的便利性,本书对于案例取样和纵向的问卷调查都不够精细和深入。这也需要今后的研究进一步通过更精细的设计,选取更多、更有代表性的组织变革企业的样本,进行长期的跟踪,采用多阶段的访谈和取样,才能更深入地揭示心理授权和组织学习之间多周期的动态关系机制。

7.4　本书的结论总结

在市场全球化和科学技术高速发展的今天,组织变革已经成为当前市场竞争中企业的常态,其中,尤以公司创业这一组织变革的形态最为普遍。但是,以往组织理论研究中针对变革过程中的具体的组织行为过程机制的研究,到目前仍是极为缺乏,使得具体的组织变革行为过程成为一个"黑箱",亟待理论工作者揭示。着眼于揭开这一"黑箱",本书对公司创业的企业进行了一个系列研究,目的有四个方面:第一,在公司创业的行动过程中,组织变革动力的内容是什么? 第二,在变革动力的驱动下,组织系统进行组织变革的行为过程是如何进行的? 第三,从系统的观点看,组织变革过程中的不同层次之间是否会产生相互作用、相互影响? 第四,组织变革中不同层次(组织层次和员工个体层次)变革过程中相互作用、相互影响的动态机制是怎么样的? 本书的研究主要获得了以下几个方面的结论:

第一,在组织管理层推动组织变革的过程中,组织变革动力包含了四个维度:愿景驱动、文化塑造、创造突破、架构创新。

第二,在变革动力推动组织变革的过程中,组织学习、心理授权分别是组织层面和员工个体层面的行为过程中介,组织正是通过组织学习和员工心理授权来不断进行变革的。

第三,在组织变革的行为过程中,组织层面的组织学习和员工层面的心理授权会发生协同作用,从而促进了组织变革的系统推进。

第四,在组织变革中组织行为的多层次协同过程中,组织学习和员工心理授权的协同作用过程的具体内容是:两者相互作用、相互促进,从而导致在组织变革过程中,组织学习与员工心理授权的水平不断呈现螺旋上升的形式。

附　录

附录一：调查问卷(高管团队版)

尊敬的先生/女士：

您好！感谢您抽出时间参与本问卷调查！本问卷是我中心承担的国家自然科学基金重点项目《基于人与组织匹配的组织变革行为与战略决策机制研究》的重要组成部分,本次调查采用无记名方式,问卷结果保密,仅供学术研究之用,请放心作答。问卷大约需要花费您15分钟,请您仔细阅读每道题目,并根据您的实际情况认真填写,请勿遗漏。

～非常感谢您的参与～

一、请根据您和所在企业的实际情况加以填写,或在相应位置打"√"或用"阴影底纹"或者"红色字体"(电子版本)显示。

1. 您的性别:(1)男　　(2)女

2. 您的年龄:(1)25岁以下　(2)25～34岁　(3)35～44岁　(4)45岁以上

3. 最高学历:(1)初中及以下　(2)高中　(3)大专与本科　(4)研究生及以上

4. 所在企业名称:

5. 企业所有制:(1)国有　(2)民营　(3)中外合资　(4)外商独资

6. 所属行业:

(1)制造业(机械电子、建筑、化工、材料、钢铁、配套生产、食品饮

料等);

(2)服务业(服务、商业、贸易、电信、金融、饭店、咨询、软件等)

7.贵企业员工人数是:(1)1～50人　(2)51～100人　(3)101～500人 (4)501人以上

8.公司的年产值是:(1)500万元以下　(2)500万～3亿元　(3)3亿元以上

9.公司面临的环境特点:

说明:本部分的各个句子是关于您所在企业所处市场环境的描述。请在相应数字下打"√",表明这些句子是否能够准确地描述贵单位的实际情况。		非常不同意	不同意	有些不同意	中立	有些同意	同意	非常同意
DE－1	我们这个行业中客户的需求变动很频繁	1	2	3	4	5	6	7
DE－2	公司的现有客户总是不断寻求更适合的产品	1	2	3	4	5	6	7
DE－3	同老客户比较,公司新客户总是有更独特的需求	1	2	3	4	5	6	7
TE－1	本行业的技术变化比较快	1	2	3	4	5	6	7
TE－2	本行业两三年后的技术很难预测	1	2	3	4	5	6	7
TE－3	行业的技术发展为行业中的企业提供了很多机会	1	2	3	4	5	6	7
CP－1	行业中厂商新推出的产品竞争对手也可以快速推出	1	2	3	4	5	6	7
CP－2	我们所在的这个市场竞争非常激烈	1	2	3	4	5	6	7
CP－3	这个行业中,经常听到行业内竞争者有新竞争动向	1	2	3	4	5	6	7
CP－4	本行业中企业失败率较高							

10.公司经营中正在经历的改变(可多选):

(1)持续更新　(2)组织再造　(3)战略更新　(4)业务重新定位 (5)维持现状　(6)其他

解释:

持续更新：在经营过程中，企业不断提升公司文化的适应性、改进业务与生产流程，以支持和鼓励企业不断开发新产品进入市场，或开拓新的市场。

组织再造：为了提高企业的战略执行能力和效率，不断地对组织内部的流程、组织机构和职能安排进行改革，通常表现为在生产流程和管理流程上的不断创新和改善。

战略更新：企业对企业的经营战略和经营思路进行调整，更好地使得企业适应市场环境变化的要求，并指导企业的经营。

业务重新定位：通过不断对市场的分析，前瞻性地寻找行业的市场发展方向和新的市场机会，并指导企业的经营和新产品、新市场的开发。

维持现状：企业满足于一直以来的经营和管理的效果，从而对现有的经营管理不做什么调整，希望企业稳定发展。

二、下面是对您所在企业的领导能力的一些描述，请把符合您所在企业的领导能力的情况的数字打"√"或用"阴影底纹"或者"红色字体"（电子版本）显示。

说明：本部分的各个句子是关于您所在单位领导能力对于公司影响的描述。请在相应数字下打"√"，表明这些句子是否能够准确地描述贵单位的实际情况。		非常不同意	不同意	有些不同意	中立	有些同意	同意	非常同意
VI-1	领导层对于我们所从事的行业有深入的理解	1	2	3	4	5	6	7
VI-3	领导层向员工传达了公司的战略发展思路和目标	1	2	3	4	5	6	7
VI-6	公司有明确的战略思路来指导现有业务开展	1	2	3	4	5	6	7
VI-8	公司员工普遍认同公司的战略发展思路和目标	1	2	3	4	5	6	7
CU-1	公司形成了积极进行产品和市场创新的气氛	1	2	3	4	5	6	7
CU-2	公司的绩效考核制度对于员工的创新有促进作用	1	2	3	4	5	6	7
CU-4	领导层激励全公司形成积极创新和开拓的意识	1	2	3	4	5	6	7
CU-5	领导层本身就具有积极创新的态度和行为	1	2	3	4	5	6	7

续表

	说明:本部分的各个句子是关于您所在单位领导能力对于公司影响的描述。请在相应数字下打"√",表明这些句子是否能够准确地描述贵单位的实际情况。	非常不同意	不同意	有些不同意	中立	有些同意	同意	非常同意
CU-7	公司促进了员工的风险承担精神	1	2	3	4	5	6	7
IN-1	公司不断对现有的产品进行完善	1	2	3	4	5	6	7
IN-2	公司强调员工要善于对于市场机会的发掘和开拓	1	2	3	4	5	6	7
IN-3	公司对现有产品市场不断深入分析和开发	1	2	3	4	5	6	7
IN-6	公司善于发掘利用外部关系资源来开发市场	1	2	3	4	5	6	7
IN-7	公司在竞争中重视建立并发挥自己的独特优势	1	2	3	4	5	6	7
AD-1	公司根据业务的开发需要成立临时项目团队	1	2	3	4	5	6	7
AD-3	部门职能会根据环境与业务的变化进行调整	1	2	3	4	5	6	7
AD-5	公司业务流程会根据需要不断调整以适应任务要求	1	2	3	4	5	6	7
AD-8	公司部门之间信息交流比较好	1	2	3	4	5	6	7

三、下面是对公司在创新经营中的活动的一些描述,请把符合您公司情况的数字打"√"或用"阴影底纹"或者"红色字体"(电子版本)显示。

	说明:本部分的各个句子是关于您所在企业经营过程中企业的活动特点描述。请在相应数字下打"√",表明这些句子是否能够准确地描述贵单位的实际情况。	非常不同意	不同意	有些不同意	中立	有些同意	同意	非常同意
EX-1	公司经常试验新的工作方式	1	2	3	4	5	6	7
EX-2	公司经常试验新产品/服务	1	2	3	4	5	6	7

说明:本部分的各个句子是关于您所在企业经营过程中企业的活动特点描述。请在相应数字下打"√",表明这些句子是否能够准确地描述贵单位的实际情况。		非常不同意	不同意	有些不同意	中立	有些同意	同意	非常同意
EX—3	公司有正式流程或正式的会议来指导和评价试验或新想法	1	2	3	4	5	6	7
EX—4	当尝试新想法时,我所在的部门经常进行试验	1	2	3	4	5	6	7
SE—1	公司系统地收集了以下方面的信息:							
	竞争对手	1	2	3	4	5	6	7
	客户	1	2	3	4	5	6	7
	经济趋势和社会趋势	1	2	3	4	5	6	7
	技术趋势	1	2	3	4	5	6	7
SE—2	公司经常把自身绩效与以下对象做比较:							
	主要竞争对手	1	2	3	4	5	6	7
	行业中领先的机构	1	2	3	4	5	6	7
AN—1	公司鼓励工作讨论中积极的冲突和争论	1	2	3	4	5	6	7
AN—2	公司鼓励在讨论中寻求不同的看法	1	2	3	4	5	6	7
AN—3	公司鼓励在讨论中不墨守成规	1	2	3	4	5	6	7
AN—4	公司高层常提出并讨论一些对公司有重大影响的问题	1	2	3	4	5	6	7
AN—5	公司高层在讨论中重视并听取不同的观点	1	2	3	4	5	6	7
ED—1	本企业会对新聘用的员工进行适当的培训	1	2	3	4	5	6	7

续表

说明:本部分的各个句子是关于您所在企业经营过程中企业的活动特点描述。请在相应数字下打"√",表明这些句子是否能够准确地描述贵单位的实际情况。		非常不同意	不同意	有些不同意	中立	有些同意	同意	非常同意
ED—2	公司重视培训	1	2	3	4	5	6	7
ED—3	经验丰富的员工可以得到定期培训/进修	1	2	3	4	5	6	7
ED—4	经验丰富的员工可以得到轮换到新岗位时的培训	1	2	3	4	5	6	7
ED—5	经验丰富的员工可以得到启动新举措时的培训	1	2	3	4	5	6	7
TR—1	公司以及各部门经常举行任务事后检查和行动后的总结交流	1	2	3	4	5	6	7
TR—2	公司鼓励与公司外的专业人员相互分享信息	1	2	3	4	5	6	7
TR—3	公司鼓励把新知识快速、准确地传达给公司的关键成员	1	2	3	4	5	6	7
TR—4	公司鼓励公司内的专业人员相互分享信息	1	2	3	4	5	6	7
TR—5	公司鼓励和创造各种机会帮助员工与来自组织外部的专家进行相互沟通和交流	1	2	3	4	5	6	7

四、下面是对公司经营过程及效果的一些描述,请把符合您公司情况的数字打"√"或用"阴影底纹"或者"红色字体"(电子版本)显示。

说明:本部分的各个句子是关于您所在企业经营过程及效果的描述。请在相应数字下打"√",表明这些句子是否能够准确地描述贵单位的实际情况。 与同行业企业比较:		非常不同意	不同意	有些不同意	中立	有些同意	同意	非常同意
SU—1	公司产品有较好的市场占有率	1	2	3	4	5	6	7
SU—2	公司有较好的竞争能力	1	2	3	4	5	6	7
SU—3	公司有较好的业务利润	1	2	3	4	5	6	7
SU—4	公司有较好的客户满意度	1	2	3	4	5	6	7

说明:本部分的各个句子是关于您所在企业经营过程及效果的描述。请在相应数字下打"√",表明这些句子是否能够准确地描述贵单位的实际情况。 与同行业企业比较:	非常不同意	不同意	有些不同意	中立	有些同意	同意	非常同意
GR-1 公司的研发能力比较强	1	2	3	4	5	6	7
GR-2 公司的市场份额增长比较快	1	2	3	4	5	6	7
GR-3 公司的规模增长比较快	1	2	3	4	5	6	7
GR-4 公司塑造了比较好的市场声誉	1	2	3	4	5	6	7
AG-1 公司比竞争对手更快地发现客户的需要	1	2	3	4	5	6	7
AG-2 公司比竞争对手更早地知道产品的需求趋势	1	2	3	4	5	6	7
AG-3 公司比竞争对手更快地掌握最新技术	1	2	3	4	5	6	7
AG-4 公司比竞争对手开发新产品的速度快	1	2	3	4	5	6	7
AG-5 公司比竞争对手更快地开发出客户定制的产品	1	2	3	4	5	6	7
AG-6 公司比竞争对手更快地改进产品中的问题	1	2	3	4	5	6	7
AG-7 公司比竞争对手更快地满足客户的需求	1	2	3	4	5	6	7

请检查是否已经完成了问卷中所有的题目,没有遗漏,再次衷心地感谢您的大力配合!

祝您工作顺利! 万事如意!

附录二:调查问卷(中层及员工版)

尊敬的先生/女士:

   您好！感谢您抽出时间参与本问卷调查！本问卷是我中心承担的国家自然科学基金重点项目《基于人与组织匹配的组织变革行为与战略决策机制研究》的重要组成部分,本次调查采用无记名方式,问卷结果保密,仅供学术研究之用,请放心作答。问卷大约需要花费您 5 分钟,请您仔细阅读每道题目,并根据您的实际情况认真填写,请勿遗漏。

   ～非常感谢您的参与～

   一、请根据您和所在企业的实际情况加以填写,或在相应的位置打"√"或用"阴影底纹"或者"红色字体"(电子版本)显示。

   1.您的性别:(1)男　(2)女

   2.您的年龄:(1)25 岁以下　(2)25～34 岁　(3)35～44 岁　(4)45 岁以上

   3.最高学历:(1)初中及以下　(2)高中　3. 大专与本科　(4)研究生及以上

   4.您的职位:(1)中层管理者　(2)基层管理者　(3)一般员工

   5.您在公司的工作年限:(1)1 年以下　(2)1～3 年　(3)3 年以上

   6.所在企业名称:

   二、下面是对公司在创新经营中的活动的一些描述,请把符合您公司情况的数字打"√"或用"阴影底纹"或者"红色字体"(电子版本)显示。

说明:本部分的各个句子是关于您所在企业经营过程中员工的行为描述。请在相应数字下打"√",表明这些句子是否能够准确地描述贵单位的实际情况。	非常不同意	不同意	有些不同意	中立	有些同意	同意	非常同意
ME－1 我所做的工作对我来说非常重要	1	2	3	4	5	6	7
ME－2 我的工作活动对于我个人的生活而言有意义	1	2	3	4	5	6	7
ME－3 我的工作对我而言充满乐趣	1	2	3	4	5	6	7

说明:本部分的各个句子是关于您所在企业经营过程中员工的行为描述。请在相应数字下打"√",表明这些句子是否能够准确地描述贵单位的实际情况。	非常不同意	不同意	有些不同意	中立	有些同意	同意	非常同意
AB-1 我有信心我能做好我的工作	1	2	3	4	5	6	7
AB-2 我自信拥有做好我的工作的能力	1	2	3	4	5	6	7
AB-3 我掌握了我的工作所必需的技能	1	2	3	4	5	6	7
DI-1 我在决定如何做我的工作的问题上有高度的自主权	1	2	3	4	5	6	7
DI-2 我能根据自己的意愿决定怎么做我的工作	1	2	3	4	5	6	7
DI-3 我独立地决定我用什么方式完成工作	1	2	3	4	5	6	7
IM-1 我对于我们部门来说有很大的影响力	1	2	3	4	5	6	7
IM-2 我对于我的部门发生的事件有较大的控制能力	1	2	3	4	5	6	7
IM-3 我对于我的部门发生的事件有较大的影响力	1	2	3	4	5	6	7

请检查是否已经完成了问卷中所有的题目,没有遗漏,再次衷心地感谢您的大力配合!

祝您工作顺利! 万事如意!

附录三：访谈资料的开放性编码

访谈资料记录

我们做的是人力资源服务行业，切入点是人力资源的招聘平台。与其他企业的区别，前程无忧是做大而全的平台，而我们是做专业细分市场，我们做专业性的人才需求市场。当然，专业不一定意味着利润，有些行业，市场需求就那么大。比如教育、医疗行业，市场就那么大，产出不大的，虽然竞争少。所以我们的总体思路是做专业的网络的人才招聘(a1)，而且要求效率高，尽可能低投入，快速抢占这个市场。总的来说，我们现在的发展，关键在于我们有这个明确的战略定位，也是我们对这个市场看得这么明白，快速地树立你在行业里的声誉，快速抢占市场(a2)。比如教育招聘，大家一般首先想到我们企业。前程无忧是大而全地做招聘。

在我们这个行业不可避免地要进行横向、纵向的延伸。我们属于一个典型的互联网与人力资源相结合的一个经营模式，不光要懂得互联网规律，也要懂得人力资源的规律。作为我们这样一个互联网企业，要不断地创新，就要根据用户的需求特点、习惯，结合互联网技术与应用提供的各种机会，不断地创新你的经营，包括从总体战略上的到操作层面的各个具体内容上的(a3)。如果你没有一个前瞻性的预测和安排，那么两三年你就落后了。对于我们还有一个生存问题，一方面要生存，另一方面要创新发展，所以我们在技术上有很大的投入。我们基于我们细分市场的一个定位，取得现在这样一个业绩，远远不够，所以还需要大力研发一些项目(a4)。比如招聘，我们先定义自己为一个招聘服务商，人力资源的其他工作如架构、工作分析等我们不做的，做不来的，现在是以平台这个形式服务招聘阶段。相比传统招聘，我们的模式追求更为经济、快捷、高效。

互联网这一块，核心是你的信息更全面、迅捷，那就行了。但客户需求要什么，光靠这个就不行了。比如全国性的公司，它在几十个地方有分公司，招聘起来涉及的范围、成本就大多了，那么他们有什么需求，怎么样满足他们，这就是我们要解决的问题。举个例子，2005年，中华英才网，投入很多，在名声上超过了智联，但是，还没有发现他们有什么创造性的服务，他们还只是在抢市场阶段。但是这是一个务虚的过程，我们就不是这样做。我们做的是在深刻理解这个细分行业的基础上,提出我们的战略,一定要务实(a5)。

2007年美国发生了次贷危机后,我分析了这事情,并在2008年4月对我们的战略进行了重大调整,比国内的其他企业早了很多(a6)。近三年,我们公司就是滚雪球式的发展,就是不断加大投入,去抢占市场。4月时我们就改了,原来的加速抢占市场的战略就根本改变了,削减了很大的发展性的投资,而更为聚焦于对现有经营模式上的分析,进行技术上的创新,以更好地满足我们的企业客户。所以我们虽然投入在发展上的资金少了,但是投入在技术开发上的资源还是很充足的(a7)。所以我们目前的经营状况还是比较好的,利润比以前也好了,这样我们又有更多的资金去投入到适应行业发展和客户需求的市场和技术创新上了(a8)。比如,我们根据现在的市场需求特点,认为可视化招聘对企业招聘而言,有非常大的价值,所以我们现在请了美国思科公司为我们进行这个项目的开发。当然,这不是纯粹的外包,我们自己的技术团队也要加入到这个项目的开发团队,这样才能适应我们经营的要求。

战略执行问题。我们非常注重战略执行问题,现在的人都是我带了很多年的,我一直在提高他们的效率,让他们清楚知道企业怎么发展,他们怎么做(a9)。两个星期以前,我给他们开了一个会议,那么,你们是否有危机,你们有没有感受到。我们九月订单比去年数量降了40%,十月同比降了35%,当然,我们的订单价格比以前高了,但是,数量的减少已经说明了问题。在这种情况下,这个行业里会面临什么问题,大家要清醒,脑筋要想清楚。肯定会出现恶性竞争。这个行业里的竞争也是很多的,所以要有充分的准备。所有的员工必须比以前更加努力工作才行。通过类似的会议、报告等形式,我们公司现在形成了一种紧迫的意识,就是大家都要时刻想着创新(a10)。

我们会在比较重要的场合召集所有的部门开全体员工大会,平常一般就是各个部门每周、月要开小会,进行总结,传输我们领导层的思想,尤其是公司对于大家的工作要求(a11)。最近这半年,受经济危机的影响,我们的销售也大幅度下降了,但是我们在公司的人力资源、技术、销售、规划部等部门,不谈裁员降薪,这会打击大家的积极性。我留下的老员工要安慰、依赖他们,让他们认识到这是人生当中一个很难得的体验,让他们认识到公司与他们的利益和目标是绑在一起的,公司的目标、效率、创新,依赖他们去做(a12)。

战略要做好。至于战略的传达，要以员工理解的方式去传达，让他们清楚（a13）。

而在日常经营过程中，我们会通过一些行动，来确保员工知道企业鼓励他们做什么，不能做什么。如对于一些我们不希望的行为，我们会让大家知道；一些恶意竞争行为，坚决开除。这就是我们的文化（a14）。

强调员工的文化适应，我们要求做的东西，你就要去做好。有这样的感知，就会反应到他们行动的细节（a15）。

员工执行层面：员工有不同的层面、部门、角色，应该从他的角度上去激励。比如说对于销售人员，有两条基本：要吃饭、要发展。第一，尽可能让他在公司里面，有一个最合适的气氛和习惯，信任他，不要让他有不安全感。比如销售人员，他是要赚钱，要他管理就搞错了。技术就不一样了，很有挑战性，我们面临的技术环境在不断变化。你要让他有丰富的体会，要创造机会给他。比如，要让他与外界有多多接触的机会。

考虑到经济危机了，企业都在收缩成本。所以从2008年上半年我们就在开发可视化项目。所谓可视化项目就是让企业可以通过我们的网站进行网上视频招聘。那么，在这个开发过程中，我们首先要有一个具体而细致的行动方案。比如，销售方案，我会去细化它，让销售人员明白他要达到这么样的效果。这个项目专门成立了一个项目开发团队，就是把几个相关部门的成员各抽调几个过来（a16）。在实际执行过程中毕竟是人的主动性发挥重要作用，所以我们也对项目小组成员给予了充分的决策权力（a17）。当然，我们对他们的成果也制定了具有可操作性的细则，可以考核他们。现在，我们的这个团队的运作也是比较好的，大家都比较团结，比较肯干，互相配合（a18）。总之，项目开发好了大家都好。

我们是在建筑机械行业做制造的，我们的主要产品是20吨以上的挖掘机，这个重量对于产品质量的要求是比较高的，这要求我们必须踏踏实实地去做我们的产品和市场。我们行业经营周期长、资金要求大、投入大，要求我们的制造基础要比较厚实。作为领导层，在行业知识方面，要求有较深的积累，才能为企业把好舵（a19）。

对于我们领导层来说，在这个行业里经营，我们的一个非常重要的能力是我们几个人都对这个行业的技术、市场等方面要有多年的认识，所以对这个行业的经营在思路上有清晰的把握（a20），就是我们强调我们的产品必须提供给顾客实实在在的价值，给客户带来足够的回报。并且我们国家目前正处于现代化建设的高速发展阶段,这给我们也带来了很好的发展机遇。我们认识到这点,一定要抓住这个发展机遇的。2003 年开始,我们有飞速的发展。

相比国内的三一重工、中联重工等企业来说,我们也感到他们的追赶速度,这使得我们有很强的危机意识,不断地提高自己的技术能力和水平,不断完善、提升我们的产品,创造顾客的价值。

我们在公司推出的经营理念是:提供值得信赖的技术、产品和服务;尊重集团和谐,充分发挥员工才智;通过不懈变革,创造新的价值。我们用这个理念来指导企业进行日常的经营(a21)。根据这样的观念,我们领导层的经验思路也是:尽快满足客户的需求,尽快而高效地开发并生产出符合要求的产品(a22)。

我们的日常工作的一个重点就是尽快把我们的管理的基础工作做好,积极地引导整个企业的员工适应我们的企业发展要求,不断地学习,在这些企业价值方面不断地进行引导,让员工价值观方面达到我们的要求,这是我们领导层这些年的一个非常重要的任务(a23)。

产品上的工作:我们的制造环节主要是主机的装配和结构件的加工。侧重点是结构件的加工。在这个方面,我们公司的思路就是不断提高我们员工的技术水平和对产品的认识能力,并进而不断地改善、提升我们生产的工艺、流程和技术。因此,这个过程中,我们最为强调的就是,促进员工不断学习、提高(a24)。我们依托我们合资公司的优势,把日本母公司的技术、产品和工艺引进到这里,然后,依靠我们员工的努力,不断地消化。这也是我们非常艰难的一个工作过程,做出了很大的努力。工作也是一个不断磨合的过程,因为很多的工艺技术,在日本好像是很容易实施的,但是,在我们这里,条件就有很大的差异。比如说,焊接的工艺、机械手的采用、数控机床的使用,都与日本有很大的差异,看似自动化程度很高,但还需要我们的程序,我们的工装,我们的运行过程、控制等,需要我们的技术设备和人员在不同环境条件下的适应。因此,必须靠我们的员工不断地进行分析、消化、采用。

在我们的成长过程中,为了顺利地吸收这些先进的技术,我们需要从技术上、操作上、流程规划上,进行协调配合,也需要我们的物料采购适应我们的产品加工和技术上的要求。因此,要求我们的技术部门、设备部门、生产部门、外围的采购部门等,需要他们进行持续的沟通和合作(a25)。那么,不管哪个环节有什么特殊的要求,遇到什么特殊的情况,只要是涉及部门之间的配合问题,部门之间都会进行交流,来解决这个问题。在这方面,我们依托我们的行业经验,在制造过程中,能够预见性地判断在哪些环节需要部门之间的协作的,从而我们也能有计划、有目的地去完成这个部门之间的合作流程(a26)。下面的管理者如果不懂,我们就会跟他们预先讲,部门和部门哪些方面可能会有真空,哪些方面要部门之间注意协调。因为一旦某个环节采购来的部件不合格。不匹配,会导致我们的整个的产品不合格。那么,这也需要发挥我们行业的经验优势,来预先安排、控制各个部门之间的任务协调和分配。

我们企业对于员工也是花费了很大的力气的,因为员工是我们能够制造出合格产品、生产效率的根本,所以我们企业非常重视对于员工的工作。由于我们的员工的来源背景有很大差异,所以他们的素质和能力也是参差不齐,为了达到我们的经营目标,我们进行了大量的员工工作。

首先是我们对员工的培训,一个基层员工进入我们企业,在他没有为企业作出贡献之前,我们花在他身上的培训费用是 15000 元。培训的内容首先是技能的培训和公司制度和理念的学习(a27)。

为了让员工适应我们的企业环境和氛围,我们第一是努力营造给员工一个家的感觉,让他们在这里感到温暖,感到有归属感和安宁感。为了达到这个目的,我们在福利方面,在生活条件方面,在员工的关爱方面等,就做了很多的工作,下了很大工夫。可以说,到现在已经营造了这方面的良好气氛。比如说,今年遇到了经济危机,我们的业务量也减少了一半了,企业也在过冬。在这种情况下,我们对员工承诺,我们不裁员减薪。但是,也要他们认识到,公司也是他们的,他们的目标与公司目标是一致的。为公司努力工作就是为自己而努力(a32)。

当然,员工到我们这里的第一动机是要赚钱,但是,我们就要想办法使得他的第一动机变成是对我们企业的归属感。在达到了这样的效果之后,我们再把我们对他们在工作中的要求,告诉他们,那就很容易使得他们认同了。而且把这里当成家一样,他才会有更大的动力,不断努力提高自己的技能水平,适应企业的要求(a28)。这个过程中,我们也创造机会,让他们不断学习,提高自己的技能水平,并且,员工也会按照我们不断提高效率、改进工艺流程的要求,主动来思考工作中的问题,并解决所遇到的问题(a29)。并且,在他们付出努力,进行革新和不断提建议来改进流程时,我们公司也设立了相关的薪酬激励制度,来促进他们在这方面作出更大的贡献(a30)。

所谓"十年树木,百年树人",这些人工作是花费了我们公司的管理层很大的精力的,这个转变也是一个渐进的过程。在这个过程中,我们也是交了很大的学费,逐步达到我们的期望的。

员工提高效能的愿望也非常强烈,我们同时给他提出一系列的考核目标,并激发他自己价值实现的目标,内心产生力量,从而来促进他的工作。这样,促使他在技术上、业务上、管理上,不断提高自己,适应公司不断提升的要求,达到自己的个体的目标(a31)。

在员工的日常工作方面,我们也是一个要求大家合作的思路,来对他们进行培养。我们采用一个重点培养的方式,然后,要求他来教会其他员工,让他作班组长。在班组层面,也经常有这种交流会、总结会,来推动大家的学习、技能的提高。这方面,我们会把他的总结做成工作手册,来使得这个认识得到固化(a33)。

我们的企业从创业到现在也有 10 年多了。这个过程中,我们经历了很多成功和失败,所以,也对企业该怎么做有了深刻的体会。我们这个行业是纺织品加工贸易,就是从客人那里接订单,然后找面料和工厂进行加工。由于这个行业门槛低,竞争很激烈。我近 20 年来一直是从事这个行业,到现在也算对这个行业有了不少的理解(a34)。

以前我们没有自己的思路,只是有订单就接,单子越大越好,利润越多越好。但是实际上做出来不是那么回事,大单反而不一定有利润,小单也不一定不好。最主要的是,我们这些年稳定了公司的经营思路,明确了公司经营的定位。那就是要求大家立足在公司自身的实力和能力的基础上,做某一类面料的特色单为主(a35)。根据自己的实际情况,有目的性接受客人的订单,而不是盲目地期望自己成为一个客人的唯一供应商,做所有类型的产品。打个比方,几个人一起吃鱼,但是,每个人可以吃鱼头、鱼尾或鱼中间的一部分就很好了,不能奢望一个人把一条鱼都吃光。

而要做出我们公司的特色,这就要求我们在这方面要不断积累,不光是客户资源方面的,对于我们的能力而言,更重要的是下游印染加工企业的积累,与一些能力强的企业成为合作伙伴。因此,公司也要求公司的所有跟单员,不只是简单去跟单,而且要留意识别好的加工工厂,与他们建立关系(a36)。而我们就利用这个资源,可以不断打样板,开发我们的新产品来满足客户的需求(a37)。

由于我们有丰富的工厂资源,跟工厂配合很好,我们最大的优势在于我们做版布,速度比人家快。我们10天就可以交版布,而别人还没有下机台。每年广交会,很多工厂来了,工厂老板都愿意来我们公司,不是说给订单给他做,而是希望给我们放样,与我们合作,看着他们的货不断上了档次,提高他们的产品层面,也能得到国家政策的支持(a38)。陕西的一个工厂的产品开发与我们的新产品开发合作,对于双方都有好处。我们放样也从来不与他们讲价,不希望在这里降低成本。

为了强调速度对公司的重要性,我们要求跟单人员做的样板货,从来不走汽车快运,宁愿多花几倍的钱走航空快运,同时也让工厂感觉我们确实是急需,加快放样的速度。否则,人家不会急着给你做。我们在业务过程中也会根据客人的需要,调整面料加工出货的流程。总之,我们在打版放样以及订单加工过程中,保持足够的弹性,来满足客人的特殊要求。我的公司有6部小车,专门为员工送货物和样板等加快速度。这样做可以让员工有一个概念,一定要强调速度,及时完成工作(a39)。比如去深圳送样品,我们宁愿多花车费自己开车去,因为这样加快了去深圳的速度。

为了更好地让公司的员工理解公司现在的工作思路和要求,我们每周都有三次以上的早晨工作例会(a44)。通过这些例会,我们不断强化公司员工不断开拓的意识,并促进员工积极投入到公司的不断加工产品的创新过程中(a40)。目前我们做得好是因为资金够,各种相关的产品储备够,很多都有一两千码啊。现在的单一般大伙都会做,样板不会做。这方面我们有大量储备,舍得花这方面的钱。我们以棉布为主,存1000米也就10000元,一个品种的存货一般为100米以下。但我接到一个5000米的单子,我就赚回来了。

公司的管理也是我们目前的一个重要内容。我们现在产品开发多、高风险品种也要有人全程跟踪。因此,对于员工的激励也非常重要。就像我在例会上说的,大家到公司来上班,就不要把自己看成是一个普通员工,而要把自己看成是这个公司的主人。公司发展了,员工个人也就能得到发展(a41)。说不定公司发展到上市了,大家也可能就都成为高管了,功成名就了。就如我们的一个核心员工小丁,他买了房在付按揭,每个月6000元,所以他说公司就像他的家一样,为了公司为了家也要努力。这些年公司的福利都还可以的,一年两次出资让员工出去旅游。在这样的影响下,公司的大部分员工愿意学习,学习能力也很强(a42)。像公司跟单的小邓,每年公司有4000万的单,要有半年的加工时间,从9月到3月,在嵊州做。他都能单独把它做好。

公司的管理一个方面依靠的是大家自觉。对于公司的核心员工,公司总是让他自己做,给他很大空间(a43)。当然公司对他们好,他们是知道的,对他们的授权也非常大,碰到什么情况他们都会想办法搞定,也知道公司的需要什么样的产品。

公司管理另一个方面就是靠定制度。比如说,这个早会制度,通过早会我们可以解决很多工作中的问题。比如订单加工中经常要求各个部门派人共同追踪,一起服务好这个订单,这就要通过早会进一步加强员工之间的联系。还有就是我们的考核制度,主要考核各个职位的员工是否能够及时处理他对于这个订单的责任,如果有延误或错误是由于什么原因造成的,我们都会给予相应的处理。这样,也使得员工之间很注意相互沟通,完成订单工作(a45)。

我们开这个厂到现在有了5年了。之所以做这个厂,是因为我以前一直在纺织品公司做贸易,这么多年了对这个行业也有一定的认识了,所以辞职后与这个行业的朋友一起开了这个工厂。由于我们对这个行业比较熟悉,这个行业里的竞争也很激烈,因此就根据我们的分析,找好我们的产品定位(a47),避开这个竞争。我们专门做高端的针织产品,主要是针对欧洲的客户(a48)。在这个思路的指导下,我们购买的几十台针织机都是国际上最好的设备,来确保我们的产品的质量,并保障我们可以制造出丰富的针织面料。

服装市场流行的趋势变化很多、很快,所以,新产品的开发也是我们的一个非常重要的工作(a49)。对我们来说,有这么好的条件,有一流的设备,如果做大路货是没多大意思的,要做就要根据国际市场的趋势,开发新产品,做新产品。价格没有可比性,因为是新东西,所以价格敏感性不强,能保证我们有比较好的利润。

重视产品开发、重视产品质量的思想我们也让它在我们企业形成了一种共识(a50)。大家也都知道,没有新产品,我们去与国内的针织厂去比产品、比规模,那大家都要去喝西北风了。因此,无论是我们的设计人员,还是技术人员和操作人员,都是积极投入并配合新产品开发的,我们公司形成了这样的全力为新产品开发服务的气氛(a51)。我们开发的产品种类很多,比如有特殊的织造结构的,特殊织造材料的,也有很多功能性的产品,像防菌、防紫外线等新品。我们平时注意收集国际上的、国内的服装信息,提前收集资料、打版,开发新产品,以这样的思路来占高点(a52)。我们必须先开发出来,给我们的客人先看看,他们看到新品,预计到市场可能好,就下单。等客人的样板下来,已经晚了,大家也都能做了,这个产品就没有新意了。

当然,产品开发并不只是设计人员的事,实际上,各个部门都要参与到里面去(a53)。比如我们的市场部门要提供市场上的信息以及反馈,织造车间要为新品种打样做好设备的准备,并要与设计人员一起分析织造过程中产生的技术问题,不断改进(a54)。

当然,新产品开发的过程肯定不会是一帆风顺,也会有很多的损失。针对这种情况我们领导会告诉他,代价大点没关系,不要怕失败(60),新产品一定要做下去,有问题可以向我们领导反映。在试验过程中,我们领导也是经常与设计人员一起去探讨的,这样,新产品的相关人员也都会感觉到受到很大的支持,会在开发过程中比较尽力(a55)。我们也要求设计人员与机台人员互相沟通,解决问题(a56)。在这方面,我们也会用管理制度和绩效考核制度来促进他们参与到新产品开发过程,提高他们的积极性(a58)。

在开发新产品的过程中,我们不仅要求企业内部的合作,也会与各研发院校合作(a59),他们提供信息,我们想方设法把外面的所有信息尽可能收集起来。与高等院校也建立了联系,获得新材料、服装流行等信息,提出要求,与下游染整厂建立联系。在这个过程中,我们的业务人员发挥了很大的作用,公司也一直鼓励他们积极合作互助,与外部厂家建立良好关系,实际上,这也是对他们自己的很好锻炼,有助于实现自己的价值(a57)。

这两年,劳动力市场也相对有些紧张,生产工人要求越来越高,当然,薪酬也是很重要的,我们的待遇是行业平均以上的水平。另外,我们的方法是,给予我们的员工充分的人文关心,经常举办一些活动,让他们在这个活动过程中感受到公司对他们的重视,对他们的关心。有时我们也会搞些旅游,让他们对企业有归属感、认同感(a61)。

原来,我们的总部请了麦肯锡公司为我们做了战略咨询,并为我们建立了具体的战略框架和战略执行框架。我们领导层根据这个框架,把公司的战略尽可能地细化(a62),让尽可能多的人参与到我们的战略制定和执行过程中来。我们成立了战略规划部,负责行业动态、市场动态、经营动态、经营对手动态等信息的分析整理。比如说 2008 年的经营计划和战略,我们很多个部门的主管人员,有各自的分工,到了晚上,大家坐到一起来,讨论,这样经过了很多天得出来的(a63)。我们的一个重要的战略参与手段就是培训。这个是要进行多次的,首先对公司的骨干进行培训,让他们知道公司要做什么,要怎么做,在对他们灌输这些信息后,再由他们到各个部门、岗位中去传达公司的意图,去推动公司战略的执行(a64)。在这个宣传过程中,我们要取得全公司员工的认同。这也就成了员工一年中努力的方向,并知道怎么做(a65)。这是我们战略的第一步。那么,我们执行的第二步,是系统化的制度安排,用指标、绩效考核来推动执行(a66)。人力资源部的目标、研发部的目标细化,如新产品贡献率、项目资金效率等指标。我们每个月都要进行全公司各部门的质询会议,这个会议的目的是检查我们的战略目标的落实情况,检验我们在经营过程中的经营流程的效率情况,看看各部门间在参与总体的业务过程中是否能够顺利地配合。实际上,在这方面,我们也同样通过质询的方法来制定各部门的工作指标考核,以促进部门间能够有效配合,完成任务(a67)。比如:营销方面,应收账款多少比例,广告费用,今年目标中 a 类客户是多少,b 类、c 类要求达到多少,大概利润是多少,我们有三大流程、八大体系。实际上,我们营销中也有过程控制,靠完善的流程来做。比如在研发部,研发某个项目的时候,我们会采用课题组的方法,课题会派出一个课题组长,课题的成员根据需要进行调配(a68)。研发是我们公司的一个重要部门,为了提高我们企业的市场竞争力,我们的战略非常强调对于研发的投入,要不断改进我们的技术水平,提升产品的质量,降低成本(a69)。公司坚持研发的投入,过去的一年公司共投资 500 余万元,运用新技术、新设备、新材料、新工艺分别多个项目进行技术改造,效果也是非常显著的,提升了企业的生产效率,提高了产品的质量,显著降低了产品生产的成本。研发也难以考核,我们给他们充分的自由度。我们的成员要求有激情,毕竟研发总是很枯燥乏味的(a70)。我们要让大家都知道,变化是永远的,市场是永远在变动的,你工作中一定要考虑到有不断的变化,要进行相应的调整和应对(a71)。如果我们的任务、战略在执行过程中有什么问题,那在每个月的咨询会议中,都可以提出来,我们根据这个进行调整。我们将执行过程标准化了,再通过咨询使得这个过程又是动态的调整过程。

为了让员工有适应公司战略的压力感,并且能够去努力完成目标,我们除了制度之外,还会进行宣传(a72)。在对于员工的激励上,我们采用末位淘汰制,这样员工就很有紧迫感了,都要努力做好工作(a73)。当然,如果末位淘汰制导致员工自私并损害团队以及公司利益的话,这对我们也是得不偿失。因此，我们也提出了团队绩效考核的指标，使得员工积极参与到团队工作中，互相配合，提高团队绩效（a74）。我们采用利益驱动。比如产品的质量问题，如果没有控制，那么就会经常出现生产部门和营销部门互相指责的情况。这两个部门就需要整合，我们就以利润为根本的指标。反映在对生产上的考核就是能耗、安全、成本，对营销部门就是考核它的销售利润。那么，对于生产来说，它就要考虑它的指标，生产多了，成本就降下来了；营销也要考虑它的指标，销售多了，也就摊低了成本。我们用报表把整个公司的运作进行了有机的联系，也促进了各部门之间的配合（a75）。

我们公司的人力资源业务主要有三大块：招聘、培训、派遣。

类似我们这样的人力资源公司比较多，竞争也越来越激烈，其中很多都是政府性质的，它们依托相关的政府部门而成立并开展业务。而我们是民营企业，挑战更大。所以对于我们而言，理解这个行业中的什么东西适合我们做，我们有什么能力做这个行业，从长远发展来说，目标应该是什么，这样的定位就比较关键。我们的经营定位主要是为那些大型的企业，比如像中国石化、中国电信这一类企业，通过与他们开展业务，提供人力资源服务，同时在这个过程中，也把我们的层次、服务能力提高升级（a80）。

一个好的战略思路，对于公司的发展来说，是非常重要的。我们这个战略思路的提出，主要是我们领导层几个人一开始觉得可以做，就先做做看，然后不断地改进我们当初的想法，一步步地发展起来的，再调整到最适合的状态和效果（a46）。我们更重要的是为客户提供个性化服务。比如，我们给中石化提供的服务，我们会专门指派几个人力资源的专家，专门为他们提供所需要的个性化的服务。他们有任何需要，我们会在第一时间为他们解决问题。而其他那些国有的、类似的人力资源公司，他们不能提供这样的一个个性化的服务，为企业解决面临的人力资源问题，他们更多的是提供一些简单的人力资源服务。我们会比客户想得更多，不断研究总结，提供一个超过他们预期的整体解决方案。做到120%的满意。这个过程就需要我们公司不断去探索，去提出有价值的解决方案，服务我们的客户（a81）。

像以往的市场上的人力资源公司，进行的都是单一的人力资源服务，只是单一地提供比如招聘，或者培训，或者劳务派遣等服务，这样实际上并不能满足客户企业的要求。若我们跟其他公司一样，也就不会有什么优势，跟大家抢饭吃，最终肯定是很累的。所以，我们跟公司员工反复说，我们的业务一定要超越现有的业务,应该是提供客户整体的解决方案,在业务过程中大家都必须有这个意识(a76)。比如,我们跟电信,有一个长期的合作协议,是从员工招聘一直到劳务派遣的全阶段的人力资源服务。比如对于电信需要的 10000 号码、114 号码的客服人员,我们是从社会上先招聘到所需的人员,然后我们对他们进行为期一个月的岗前培训。培训完后的人员为电信公司服务,但是他们的劳动合同、劳动关系是在我们公司,薪酬也是由我们公司发放,而这些员工的使用和日常管理却是由电信公司来进行的。这样一系列创新性的解决方案为电信公司解决了很多他们所不愿承担的工作,并节省了他们的成本,提高了他们的效率;而我们也通过这个方式,体现了我们公司专业化管理的效率和优势,为我们公司带来了效益。总之,通过我们的这个业务创新,我们公司和电信公司实现了双赢(a82)。

做下这个项目我们花了很大的精力投入,我们最早是单向做的,但是后来我们决定要做员工派遣,这样发展业务我们会更有优势。这是我们的管理层根据对市场的分析,察觉到这样一方面对我们公司的效益会更好,一方面我们公司这样发展会更加有竞争优势。因而我们就有意识地去进行这方面的业务开展的,并推出了这样一个服务。我们在服务过程中,先进行了员工培训的分析,在这个基础上,我们推出了有效率、有特色的培训服务。比如有军训等。这对电信也是一个创新,在他们的年度报告中这也成为了他们工作的一个亮点(a83)。为他们减轻了很多压力,降低了很大的成本。那么,这也成为他们推进的目标,也对我们的业务的发展有推动作用。

我们作为公司的高层,主要有三大职能:第一,业绩的压力。比如我要将公司的业绩指标完成。第二,组织框架、操作流程既要有稳定性,又要有适应性,因为在进行客户项目的时候,客户的要求总是有非常大的差异的,因此各个部门间不能彼此独立,完成各自的任务职责,而需要各个部门经常保持合作(a86)。第三,员工的培养与发展。这个在我们公司非常重要,我们公司在这方面是非常重视的。我们有很多方法,一个是企业文化塑造,我们在日常经营中强调训练员工的一些基本职业素质,比如,有责任、有热情、鼓励创造性、鼓励发现问题解决问题,做到让顾客满意,在这方面,公司提出了一些方向性的思路(a84)。所以我们公司从招聘开始就在这个思路的指导下进行。招聘时对于应聘者的要求不只是看重能力,你的价值观、文化观要与我们公司的具有一致性,对企业文化要认同,员工态度上要有一致性(a85)。实际上,只要员工有这个素质,员工的能力是后天可以培养的。

我们公司还有各种各样的培训,这些培训都是根据公司的文化、公司的任务、对于员工的要求,相应设计的(a87)。培训的内容针对公司的各个不同层次,各自具有针对性。基层员工,要求具备基本素质。还有像派遣部门员工,有相应的培训,对招聘部门要有面试技巧等相应的培训。另外还有一些促进企业之间、部门之间相互融合的沟通活动。比如同层次的部门之间的沟通,上下级之间的沟通。这样,我们根据我们的业务发展的需要,进行定期和不定期的会议、交流、沟通活动,并根据业务的需要对部门之间的职能进行调整(a88)。总之,使得整个公司大家能够朝一个方面去努力,这样才能更有效率地达到我们的目标。

从制度上,我们有绩效考核,来推行我们的理念和行为,以及对业绩的推动和导向。并且,通过这些方式,让每个人对自己的工作、自己的定位、公司的要求、公司希望达到的目标有一个清楚的理解(a89)。

前年我们开发了中国石化这样的三位一体的项目,也就是包括了招聘、培训和职业管理,这包含了多部门、多职能参与的过程,我们就一定注意部门之间的服务配合和衔接(a90)。比如说,在实施的时候,我们会先做好一个详细的工作流程计划。首先是招聘,根据计划做好了这个环节的工作后,那么招聘部会把这个阶段的基本情况、应注意的问题告诉培训部。由培训部完成培训计划,完成后由派遣部跟进。当然,这个项目在一开始执行的时候会碰到很多的问题,毕竟这种项目我们以前也没有做过,这种项目也比较大,项目过程会产生各种各样的问题。那么,在这个过程中,我们会不断根据过程中发现的问题,或者意识到的服务提升问题,不断修正方案,满足客户公司的要求。当然,这个过程对于我们的业务开发人员和项目实施的专家也提出了很高的学习和提升要求,并且要求他们一定要投入,要协作,要沟通交流,不断解决问题(a91)。一开始做的时候总是有很多问题,包括沟通、项目理解,所以前提是大家都要有一个合作意识。部门之间实际上在执行过程中就不局限于部门的职能了,实际上,大家都有这个目标意识,就是要把项目做好。所以,在各部门做的过程中,各部门想到了可能出现的问题,要注意的问题,哪怕不是本部门的职能,也会主动沟通,去告诉相关部门的人。这样的话,一个是做好自己的,一个是帮助其他部门做好(a92)。像在做项目过程中,我们的专家队伍的能力和创造性的发挥实际上是非常关键的,因此,我们对这方面也非常重视。公司让专家对自己的任务完全负责(a93),并且采用激励性的薪酬和绩效考核手段来促进他们去开发好项目(a94)。

我们前期把浙江中石化整年在加油站工作的员工的培训拿下了。当时是我和部门经理去的。我们的思路是这样一个大企业,只要发挥我们在培训方面的特长,打动他们,我们的业务就能得到很大的发展提升。我们的战略思路是那些小的、民营企业的培训并不是我们的市场开发对象,因为他们的特征所决定的,他们的需求多样化、多变,还受到企业老板的主观认知的影响。所以像中石化这种企业就成为了我们的市场对象,我们针对他们开发了相应的培训产品。当然,我们这个产品不一定能打动他们,所以我们就要通过与他们的接触,不断去探索他们的需求目标,不断提升我们的产品的竞争力,最终打动他们,这样才行。

一开始,中石化都没听过我们这个公司,所以有很大困难。针对这种情况,首先我们给他们提供免费培训,让他们看效果。我们对自己的培训师很有信心,我们的培训教师主要是我们的内部成员。他们也都知道,只有企业成功了,个人才能成功,所以他们在学习上、在培训课程设计上也都是很努力的(a95)。我们的培训是量身定做的,企业要什么,我们就根据企业的需要,设计个性化的培训课程,来达到他们的培训目标。我也听了很多公开的培训课,这种课虽然讲师很高端,但是他们没有明确的定位,没有针对性的培训内容,来解决实践中出现的问题。所以这类课的效果一般也就停留在现场,让大家受到一次激励,下课后,也就什么都没有了。这种培训在短期内可能会有一定的市场,但是从长期来看,你的效果并没有。所以我们公司在培训方面就明确地定位了,这种业务我们不要做的,不是我们的业务定位。

我们觉得现在的很多企业他们需要的是更为深入的、能解决具体问题的培训。可以是针对各层次的岗位,具体的业务内容进行的培训要求。比如,某类员工在初期阶段需要的培训内容,工作几年后的培训要求,以致他们在后来的职业发展中需要什么的要求。我们就针对这种问题,设法为中石化这种大企业提供长期的、问题导向的培训服务。我们有了这个为企业解决这类长远问题的战略思路,当然,这还要靠我们的员工去执行的。在这个过程中,他们的能力发挥对于项目的具体可操作化和培训效果非常重要。所以,我们会告诉我们的培训部的员工,我们这是在做一个什么样的事,我们可以为客户企业提供真正有价值的培训服务,让企业真正提高他们的竞争力(a96)。这样的培训业务对于客户企业很有价值,对于我们自己也是很有价值的事情,一个是让自己的工作更有成就感,并且可以看得

217

到;另一个就是通过这个提出培训方案,并执行培训的过程,也可以极大地提高我们自身的能力,让我们自身得到不断的能力提升和价值实现(a97)。大家也都带着这样一种理念进去的。那么,我们对杭州中石化的业务也是首先采用一种低廉的价格进去的。因为一开始的阶段我们主要是要先进入这个市场,等企业客户理解了我们的价值以后,我们的价格再重新制定。我们的第一个订单项目是加油站刚推出的加油卡项目的加油员工的培训,为期一周的小项目。我们的做法是要做到超过他们的预期。这些员工的来路都很杂乱,缺乏一个基本的规范,为此我们进行了一个培训需求的调查,进行了分析。在这个基础上,我们提出了对他们的培训方案,包括一系列在这个职位上要具备的基本的素质要求和职业能力要求。我们实际上就是在中石化的对培训要求的基础上,我们额外做了很多他们没想到的培训项目,使得这批员工经过培训后,他们觉得效果令他们很满意。结果也使项目取得了很好的效果,他们也把杭州的这个培训作为了一个试点样本进行了全省的推广,这之后,我们在这方面的业务也很顺利,我们的培训价格也进行了正当的调整。这次事件中,我们公司品牌等很没有竞争力,那么我们就依靠我们员工在项目过程中能力的发挥,做得很成功(a98)。

电信的例子,很难搞。一开始他们不信任我们这个小企业,并且我们以前也没有业务优势。那么在这个战略思路的引导下,我们的项目团队分析了他们对于10000号码、114号码话务员的具体需求,考虑到他们可能不大愿意承担人力资源的管理风险,比如员工的离职等,这些问题增大了他们人力资源工作的难度,也极大提高了他们对于这类员工的管理成本。他们人员招聘后的流失率是比较高的。因此我们也就确定了我们的项目的基本思路(a99)。招聘、培训等工作我们来给他们做,员工由我们公司向他们派出,这样,他们就没有什么离职等风险,也大大降低了他们的成本。我们对这个项目进行了前期的研究,比如对于他们的10000号码、114号码人员,他们需要哪些技能,需要有哪些素质,提出了一个胜任力模型,在这个基础上,我们制定出了基本的招聘方案、培训方案,力求达到电信和我们公司对员工的效果要求,包括职业技能、素质、工作忠诚度。另外,在培训管理上,如何管理好他们,就是不离职。我们也有我们的一套相应的培训方法,这样就大大减少了员工的流失率。在这个过程中,我们有很多的培训方案、内容的创新。这样培训出来以后,他们也非常满意,这个也成了他们的人力资源工作的一个亮点,也在全省进行了一个推广。这个业务能拿下是很不易的,原来是别的公司做的,后来我们通过这样的项目开发和取得的效果把它艰难地拿过来了(a100)。

我们的业务主要是通过与电信运营商合作,来销售终端产品。业务的主要类别目前有 GMS、小灵通、CDMA、ADSL 等终端设备器材。与运营商进行捆绑销售,通过为运营商提供其业务的配套终端设备,帮助他们开展电信业务。

我们的业务,一是通过与上游的合作,拿到好的产品、好的资源(包销)、好的价格;二是通过与下游的合作,就是与电信运营商建立良好的关系,在这个基础上,你有一个高效的团队,管理好产品的销售过程,那么这是行业竞争的一个重要能力。

整体上来说,我们有七八个分公司,总部也有很多的业务内容,所以我们根据业务的特点建立了合理的组织构架,这首先保证了我们公司的正常运作。从小到大,从没有一个组织架构到有完善的组织架构。职能分配就目前而言,是清晰合理的,同时我们也确保了我们这个架构有足够的弹性,可以根据我们不同的项目要求进行调整、合作(a77)。

我们目前的经营思路就是,渠道为王。因为在我们这个行业,建立众多、高效的渠道是我们竞争的一个根本(a101)。我们这个行业也有很多竞争对手,我们对竞争对手进行分析,确立了我们的经营思路。有的对手重视渠道的开发,有的重视自我门店零售。我们通过对行业特征的分析,明确了我们应该两条腿走路,就是这两种渠道方式我们都必须开发(a102)。渠道批发、自主营业厅销售,这两个方面都是我们的重点。

比较明显的是,由于这个行业技术与产品变化很频繁,所以我们也必须跟着变(a103)。第一点,运营商推出什么,我们就要跟进什么;第二点,我们还必须进行终端设备厂商的选择,这对我们也提出了很高的能力要求。一方面,我们要去选择那些有良好产品和品质的生产厂商和相应的产品;另一个方面,要获得合适的厂商的产品销售授权,我们也要展示我们具有足够的实力和能力来达到他们的产品的目标销售量。比如说,这些厂家有华为、诺基亚、中讯、LG、摩托罗拉等许多的设备厂商。这么多厂家,我们不可能与每一家合作的,我们必须先经过我们的分析,与其中的几家接触,进行初步合作,通过这个阶段,重点确定几家。然后进行评估,进一步确定我们的供货商,包括他们的经营理念是否与我们类似,其中一个主要的核心理念是提供有价值的产品给客户(a104)。然后,我们会以他的产品为供货产品。

关于销售设备选择,因为终端设备有的是市场销售好的,有的是销售不好的,容易亏本。赚钱的设备大家都想卖,这对于不同的渠道商来说,也就存在竞争。我们要努力去赢得供货厂商在这个设备上对于我们的授权包销。比如,有一个机型,是叫188a的终端设备,我们有两家渠道代理商竞争这个产品的包销。我们两家实力都差不多,无非他的渠道多一点,我们自己的渠道好一些。我们在这个业务过程中,做了大量的工作。包括营销部对这个产品进行了市场调查分析,对电信的终端销售特点进行了分析,提出了很好的销售计划,这个过程中我们的技术部门和渠道管理方面都给予了很大的技术和调研支持(a105)。最后,供货商也很认同我们的产品销售规划,认同我们的经营的价值理念,所以,他们就把这个机型授权给我们包销。

当然具体的产品销售和运作过程,我们就要让各个子公司来推动了。我们让子公司在经营过程中有非常大的自主权,鼓励他们在销售的过程中,积极与电信运营商沟通,建立良好关系,并跟进运营商的需要,进行销售策略的创新(a106)。比如,设计各种套餐政策。建立相应的绩效考核机制,促使他们努力去完成销售目标。

当然,我们现在的经营方针要落到实处,在企业内也必须形成一种良好的气氛,或者说是企业文化。我们企业的文化可以用八个字概括:忠诚、勤劳(工作的要求)、吃苦、创新(完成任务的基础上,要考虑创新销售)(a107)。招聘时,我们就进行把关,在绩效考核当中,也注意把这个东西放进去(a108)。我们经常告诉员工,我们就要做润滑剂,我们的服务就是减少摩擦,让顾客觉得很有价值。在这个过程中,我们才能够更有效实现公司的目标,并且,员工个人不管是在收入上,还是个人的能力上,都会有很大的提升(a109)。

去年有个产品,我们看好它在市场上的前途,就对它进行厂家包销,一下包9万台,3~4个月完成。这个任务是很艰巨的,投入销售前,我们要进行前期市场各方面的调研。之后,制订了详细的包销计划,来进行这个产品的推广。像这个项目这么大,时间又这么紧,对员工的压力也很大。那么,我们对于员工的激励就显得非常重要。我们没有给员工什么约束,只是提出各个区域的业务目标,鼓励他们发挥自己的能力,去达到这个目标(a110)。由于在项目过程中,也涉及很多部门的合作,比如,一个地区的渠道、消费者水平与状况、广告宣传等要配套,所以,我们也紧抓了各个部门之间的配合,要求各部门都要对项目负责,互相协作(a111)。

为了让员工适合企业的要求，形成我们所期望的文化，我们做了多方面的工作。第一，我们注重中层管理者在推动公司文化中的作用。因为我们有七八个子公司，不好通过总公司统一管理的。我们有什么战略，有什么要求，都是通过中层来推进实施的（a111）。所以，我们总公司每个月都会召集中层来开会，并且通过其他途径要他们把总部的思路传达下去。第二，我们通过绩效考核，薪酬计划对员工进行激励，保持行业内中上以上薪酬水平。第三，人性化的管理。虽然有规定，但我们公司的制度也有弹性。当然，我们也要求员工一定要发挥团队的力量，而不是一个人在蛮干。因此，我们抓中层，他们会不遗余力地去推动员工之间的这种团结和协作（a112）。这方面，即使总公司和分公司有利益冲突，他们的原则是先遵守总公司的规定，其次才是他们的利益。在分公司经营中，也不至于某个员工为了个人的业绩，而损害公司的整体利益。

在我们的发展规划中，水一直是我们钻研的对象。我们始终认为，只有专业，才能创造更好的产品。同时，在水处理领域的不断创新，也必将给我们沁园带来更大发展机会（a113）。

从哪几个地方搞到钱，就是经营。比如现在这个业务每个月有几百万，另一个产品，我如果去投入，去创新，即使有细致的市场调查实际上也是在赌博。所以我们更注重这块是否符合我们的发展战略的规划，再有就是我们对它有没有感觉，我对这块的了解程度怎么样，根据这个我们来确定我们对这个业务（或者产品）的操作思路，我们会先进行初步的市场试探开发，所以实际上，我们要在业务上进行创新首先取决于我们对这块业务和市场的分析判断之后做出的决策，然后才是对这个业务进行开发。原来我们这个公司是做上水处理这一块，而这一块的竞争比较激励，从去年开始，我们就进行了调整。我们就要想到，这个业务老是竞争这么激烈，那明年还是这样怎么办呢？我们现在的客户做完了，以后又要去找新客户了，又要遇到很多的竞争了，再以后呢？所以我们要从战略层面先思考清楚，到底怎么做才能获得我们的竞争优势，我们必须要有预见力（a114）。

我们这个行业竞争比较激烈，变化也很快，因此我们总是不断去进行市场和产品的创新。实际上，这个观念也深深渗透了我们整个公司，就是我们必须不断去发掘新的市场，改进现有产品，开发新的产品用途。所以我们公司这方面的意识也是非常强（a115），你在我们这个企业，就必须符合我们的这个要求。

我们觉得三年以后在这个原有业务领域中很没有把握，所以我们要推出新东西。所以今年我们就制定了新的思路，就是开发中水业务，进入这个领域。上水就是最终的生活用水，可以直接引用。中水就是对于生活污水的处理，以得到循环使用。下水就是污水的处理。中水里面又分了很多类，那么究竟这些类别里面哪一类是适合我们做的，这个就需要我们去开发尝试了。前面的业务开发中，我们做工程目的就是为了去学习，去摸索，探索这类业务是否值得我们去发展，我们有没有能力做好这个，所以这个阶段我们即使亏本也要去做。这个过程我们不会做很长远的计划，但是我们有很具体的行动计划，知道我们要得到什么，要怎么在这个阶段去做。比如，如果有某些业务订单，我们是亏本也要接，因为我们就是要通过这个项目接触我们有感觉的业务来不断开发我们的新业务(a119)。当然不能接太大的单，一是没有能力，二是做不好，那么亏损也接受不了。这样，做了半年之后，我们就可以对这个业务进行总结，就可以确定我们下一步的业务方向。比如说，这次做了500万，结果证明了这个市场业务是有前途的，而通过这个阶段我们也在我们原来的技术、产品基础上进行了很大的改进。这样我们就可以确定，大力开发这个市场(a117)。比如说，在这样一个业务市场，就是不大不小的单位的饮用水，像电信大楼、候车室这样的用水，它是我们的工业水处理技术上的一个小型化的项目。在技术上，我们有足够的能力。但是，在实际业务流程上，与我们已有的工程水处理又有很大的差异。因为工程水的需求量大，客户个性化的要求更多，我们要进行个性化的设计和制造，并且提供个性化的服务，这样价格也比较高。而这种小型的用户，用工程水业务的方式肯定不行，价格也太高了，做不来的。要做这个业务，需要标准化，这样才能规模生产，提供一致的服务，这样才能把我们的成本降下来，并赢得这个市场。我们先有了这个思路，就安排了相关的技术设计人员和制造人员合作，先按照我们的想法把这个东西做出来。同时，我们还得考虑这个东西做出来应该卖给谁，所以这个时候我们还得安排销售人员也加入进来，一起来开发这个项目(a116)。先开发出产品，并利用我们已有的销售网络，把它拿出去卖，那么根据这个产品销售的结果，销售人员提供对于这个产品销售的各方面意见的反馈。比如说，在性能上顾客有什么要求，在外观上有什么意见，这些类别的产品的销售总体情况怎么样。那好，我们就知道了这个产品的市场需求情况这么样，消费者对于它们的要求是怎么样，然后，根据这些销售信息反馈，我们的这个开发小组又重新组织起来，对这类产品进行重新的设计和开发

（a120）。通过这个过程，我们就逐步地把我们原有的产品进行调整，对我们的业务和市场进行了转型，并开发了我们未来的市场发展空间。当然，在新业务开发中，我们的项目小组的各个领域的专业人员彼此之间是要求他们密切协作的。因为项目往往是涉及各个成员之间的专业知识和信息的交互和交流，这方面，我们也用团队的考核来促进（a78）。实际上，这个产品是建立在我们原来的产品和技术的基础上的，那么，我们通过这个总体思路和具体的产品和市场开发过程，对业务进行了转型。

有些产品我们就直接模仿市场上最看好的产品，并加上我们自己的特色、我们的技术优势进行升级，利用我们的市场销售网络，开拓市场，并做大做强。实际上，以上两方面的例子也说明了我们的经营是一个不断尝试、不断学习的过程，通过这个过程，不断促使我们原有的经营思路转型与成熟，并指导我们进一步的业务发展（a118）。

实际上，这个市场的空间是非常大的，不论是国内还是国外，只要你找到一个合适的做法和有一个合适的产品，这个产品有可能跟别人是一样的，但是你打上你的牌子，是你按你的方式做的，即使说价格上有什么差异，哪怕比它们贵一点，总是会有一些销量的，不可能说没有销售。除非你犯了很大错误，没有把它摆出去卖。要知道，市场的需求是非常多样化的。

那对于我们来说，销售的时候，第一步选择是结合自身优势，第二步是我怎么选择和建立自己的优势，使我们的销售效率更高，投资回报率更高。我们的销售方式根据不同的产品类型，进行不同的销售，我们的销售不是靠个人去做的。比如工程水，跟可口可乐打交道，我们的方式是，与他总部先联系，建立合作关系。这种关系就是持续的。还有一种是通过后期维护，通过售后服务，也许赚钱不多，但是有利于建立长期的紧密关系。还有一些，市场的散单，就是靠我们的销售网络，到处去跑，全国有那么多市场，东方不亮西方亮，肯定有成交的。还有一种就是兼职。假如说我们在做民用水业务，全国有那么多市场，总有业务的。第一个产品要在终端出样，需要中间商，在国美、苏宁有样品，这有个认可和比较效应。第二种比如我们有个代理商是人大代表，有很大活动能力，肯定有人愿意做相关业务。销售的渠道和方式总是有很多的。为什么要开拓市场？在中国市场上，实际上产品之间差异不大，最重要的是你有订单。也就是说，有了渠道，你就能销售出去了，这个时候你来组织生产都没问题。比如一个 OEM 男装，海澜之家，他只做销售。销售形成了，再做设计、包装、品牌。对于实际操作者，只要把产品铺进商场 2000 个,你什么问题都没有了,货肯定能卖出去。关键是我用什么方式,找什么代理商去做。让代理商愿意去做,或者我可以先投入给他一点,把货摆上去。订单就是发动机。对我们工厂也是这样。

这个产品,实际上关系到我的选择、定位问题,而这在于我对行业的理解能力,然后是我如何才能把它整合得更好。这种战略性的工作是我们领导层要想好的,下面不会主动想好那么多的。我们想好了,告诉他们,让他们去跑好了(a121)。我们的工作关键,第一步是首先要知道市场上谁在做,谁做得最好,1—6,怎么做的,那么我们就知道,我们要跟他学习,并且,我们还要做得比他好,比他有优势。第二步就是,我们把他的材料都搞过来,这个时候,我们就会召集相关部门及成员一起来开会,分析他的经营模式(a122),他的优势和弱势,我们就在这个基础之上,提出我们对于这个市场和用户的理解,并根据我们的优势,提出我们的经营策略。比如,别人的一个机器,外表不怎么好看,但是他卖得还可以。那么我们就可以发现这么一个市场机会,但是我们一定要会结合消费者的偏好,对这个产品进行改进,包括外形和性能方面的改进。在对这个产品的设计有了具体方案的基础上,我们又要在生产流程上进行一个具体的开发,以确保我们的这个产品有着优越的性价比,并且体现我们的能力和独特的竞争优势。第三步,完成整个生产的内部结构的模块化。所谓模块化是指一个进行稳定的标准化、批量化生产的东西。这个过程就要发挥我们的生产与技术设计人员的能力了。要让他们不断去进行研究、实验,把这个产品设计得能够进行稳定的标准化生产(a123)。实际上,设计过程往往牵涉到许多不同的技术部门以及许多不同的技术与管理人员。在这个过程中,不仅要各个部门相互配合,也要求项目小组成员与其他相关人员之间保持良好的互动和合作。因此,我们在这方面也对各个部门和员工提出了要求,就是一定要以整体为重,要愿意为项目服务,并且我们也用一些考核制度来促进部门以及各个成员之间的合作(a130)。产品生产出来以后,在前面的批次产品我们不一定要赚钱,我们定价不高,让消费者愿意卖,并根据他们提出的意见,通过销售部不断反馈到我们这里。我们会得到很多小窍门,通过这些信息对阶段性的产品进行改进。这个过程我们的反应速度很快。这个东西不一定技术上有多先进,重要的是消费者对于这个更为满意(a124)。也就是基于自己已有能力,不断进行市场开发。用销售终端不断来推动自己的产品、市场的开发和改进。

虽然,我们管理层有比较成熟的经营思路,但是,具体的还是由员工去做的。所以,在这方面我们同样也需要做大量的工作。员工为什么在你的公司做?其根本还是为了赚钱,为了有一技之长。所以,这方面我们非常明确地让他们知道,公司是他个人价值实现的平台,只有公司发展了,你个人才有发展,才有钱(a125)。当然也有的人进来后发现他没有这个上进心,只是要混碗饭吃。这样的人我们会坚决开掉,实际上,我们在招聘人进来的时候就非常注意他是不是符合我们公司的品格要求(a126)。这样可以避免很多无谓的浪费。

当然,在平常作为公司也要去与员工多接触,去影响他们。不仅是领导层,我们要求中层管理者,也要与员工多交往。比如,跟他们聊天、吃饭、他们生病了,叫办公室人员去看望他,生小孩了也去看望一下。我们日常通过各种方式给员工"洗脑",我们做决策的时候,我们怎么把我们认为需要的行为标准让他们知道,"刻录"到他们的思维中去(a127)。我们会去留意各个部门的情绪动态,在适当的时候,根据我们的企业需要,开各种大的、部门的例会,来宣传我们要开展的工作、我们对于大家的要求(a79)。当然,选择人也是我们非常重要的一个环节。这个人来的时候,我们要考察他是否认同我们的价值观。如果不符合,我们就不要,就是进来了,我们也会开除掉他。我们的员工,可以在小的问题上对于企业的事情有不同意见,但是在企业的价值观上,在公司的发展要求上,必须要保持一致(a128)。

为了让员工都保持一定的效率,我们在制度管理上,体现了两条。一是看你是否忙,二是看你工作是否乱。如果你不忙,说明你工作设计不合理,使得他们没有事干,这我们就从流程上去分析,从分工上去分析,从奖励制度上去分析,到底是怎么造成的。那么,我们就要对流程、制度进行调整(a129)。

本公司目前是一家集五金户外家私、藤、竹制品的自我开发设计、生产加工及对外销售为一体的生产企业。到今年9月企业成立已满10年,10年来凭着对事业的执著追求和对本行业的不断领悟及对市场的敏感,以"摸着石头过河"的探索精神和不断超越自我的信心,通过对产品研发技术、工艺和品质打造、外销通道等不断提升产品的附加值。通过多年来的滚打,形成专业生产(委外加工)、与对外销售系列产品配套的具有一定规模和资产实力的外向型生产与出口的企业,赢得同行的领先地位。

目前各种经营环境、国家政策、竞争环境都在改变,都会造成很多不同的想法,不同的情绪。作为企业的高层,应该做一些又急又重要的事情。作为领导者,你要一定要把握发展方向(a130)。从多年以前,我们就根据对市场的判断,确定了做户外工艺品家具为核心。在我们这么多年的坚持下,我们在这个领域也越来越有信心了,经营也越来越上轨道了。

当然做户外家具你也必须把握这个行业的规律,那就是不仅要品质好,你的设计必须不断跟上市场的需求,并且能引导这个市场的消费,致力于新产品的设计与开发一直是公司矢志不渝的目标。所以,我们每年拿出销售额的10%来投入开发新产品(a131)。你可以去看看我的展览厅的工艺品家具,设计都是很精致的。像前年我们有一款设计的户外长椅,在上海展览会上售价达到了30万元。这说明了物以稀为贵,也说明了我们企业的设计水平(a132)。

像我们这个行业要求你的设计不断创新,跟上市场,引导市场,对你的工艺制造水平也提出了很高的要求。假如营销部、生产部、设计部三个部门之间的协调不好,那会经常发生矛盾。营销部接受客户的订单,繁杂而经常有变化,下达的生产任务单经常调整,生产部觉得难以应付;客户订单中的各项指针常常有含糊的地方,设计部的设计不断推出新的产品,也要求你对原有的工艺进行修改,有时与客户的要求有较大的出入。所以,特别对于我们这样追求产品创新的企业来说,产品工艺频繁改变,部门之间的协调尤为重要。为此,我们专门指派了一个得力的副总来管工艺设计和制造,在产品开发时,不仅是以设计师为主导,其他部门的技术人员也要来参与,来提出意见,使这个设计能投入正式生产。当然,在生产过程中,更加要求这几个部门必须互通信息,互相合作,保证生产不会乱套。我们不断从事件中学习经验,设计了一些方法来避免部门之间合作出问题。比如,最初,几个部门之间的信息沟通常以口头形式为多,表格文字式的信息传递较少,出现失误常常难以追究责任。那么,我们在这方面就逐步规范化、表格化、制度化,出了问题责任也一下就找到,大大提高了部门之间的沟通和合作效果(a133)。

建立一种积极推动企业不断创新发展的文化也非常重要。比如,我们采取了全公司员工都参与的合理化建议提案活动方式,即运用员工参与管理的方法,更为贴切和形象地体验出"集思广益"的企业文化气氛,在此过程中加强企业文化动力,把"练内功"推向一个新的高度——产生更大的凝聚力和行动效应(a134)。

在这个过程中,领导者也要以身作则,你要首先表现出积极创新的态度和意识(a135),奖励与激励那些创新的行为及其结果,这会影响到你的员工向好的方向走。如果不好的话,也会影响到他们努力的决心(a136)。像在产品开发中我们不会去节约成本。产品开发就是我们的生命力,我们现在的品种很丰富的,并且很精致(a137)。为了开发产品,不仅我们几个企业领导每年出国去学习参观国外的工艺美术产品,我们每年也出资送我们的设计师出国去学习和考察,只有这样,我们的产品才能与世界同步(a138)。

企业有今天的发展,我们注重产品的附加值的增加。我们设法避开简单的竞争,我们花更多时间去了解、分析市场。我们的优势在于我们的产品更有市场的适应性。新产品开发中,我们的生产、技术、市场部门的人员都要参与。基础的产品设计图纸出来以后,技术部门解决技术方面问题,业务部门的人不需要了解技术,但他要知道这个产品的价值在哪里,这是由市场人员来决定的。在这个过程中,我们对项目有各方面的综合考核,促进他们都全力合作,全心做好这个项目(a139)。

员工的未来与企业相联系,做得好,也能获得他在企业的价值。个体忠诚不光是对于企业,而要让他们知道他们的成长不是个人的成功,而是背后有企业在做支持,才有他们的能力的实现。这个过程我是不断的强化、教育(a140)。通过各种场合来启发员工,来理解公司的这种思想。

我们企业的晋升主要是从内部提拔为主,我们选拔与公司价值观和文化吻合、具备成功潜质、有强烈的成就动机、有合作精神、能适应变化、具备创新能力的人才。这在很大程度上激励了员工的热情,努力就有机会(a141)。

在我们企业,要说老员工是企业的宝贵财富真是一点不错。我们的技术人员公司都付出了很多的学习费用,包括出国等;市场营销人员也是企业花了很长时间培养出的,在长期的工作中,也掌握着企业的很多客户资源;而生产技术人员也都经过了培训和很长时间的操作,他们的熟练水平,成为我们工艺制造水平的保障。因此,我们对于员工的管理也特别重视。企业在员工进来以前,会特别考察他的认识是否符合企业的要求,一旦进入了企业,我们会促使他融入到我们的企业中(a142)。我们企业的厂歌是"感恩的心",在实际生活中,企业关心员工成长,设法提高每位员工的生存质量,使大家有幸福感、满足感和归属感。如果有的员工要走,我们也是做到仁至义尽,跟他说,如果回来我们还是欢迎他的。但是,他要记住,公司里的几百个弟兄姐妹,跟他一样,是企业的成员,是依赖企业生存发展的,不应该做损害企业的事情。所以,到现在为止,虽然我们企业也常有人走,但是,他们对企业都有感情(a143)。

我们公司是做品牌女装的,现在在国内也有了一定的知名度,我们在全国的主要大中城市都建立了销售专柜,这几年发展也比较好。企业总部主要通过市场调研,广泛收集市场信息,不断设计开发适销对路的新产品(a144)。同时,依托本公司在各省、市、自治区的代理商、经销商网络优势,可以把最新产品及时摆到全国各地的货架上。

女装市场竞争这几年很激烈,企业要在这种环境下生存和发展,就不能说跟在市场后面走,而必须要有自己的思路,按照这个思路来经营企业。对我们来说,确定的一个根本的指导思想是,以市场为导向,持续开发新产品(a145)。根据这个思路,我们每年都会制定明确的目标,很详细的绩效考核制度,包括每个部门、每个员工,都有明确的目标与绩效考核体系。让公司各个部门、各个员工都知道,我们要追求什么,要求大家怎么去做(a146)。

除了这个硬性的工作,还有软性的工作要做。因为光靠规定员工不一定乐意全力以赴去完成这些工作的。所以在制定了一年的目标后,我们会开动员会,谈目标,谈公司的期望,统一思想,协调各部门之间的脚步(a147)。

公司的设计部门是公司产品创新的一个关键部门,这是我们日常经营中关注的一个重点。这个部门的运作也关系到其他部门的配合,比如,市场部你要及时给他们提供信息,要及时给他们进行公司新产品销售业绩的反馈;打好打样的新款式,设计部门要积极配合生产部门打样生产,对一些困难的工艺进行设计上的修改。这些问题,如果在配合上存在难点,我们会经常召开例会来解决(a148)。

像我们公司的员工,你要他努力,你就要给他树立一个愿景,他就有意愿去做(a156)。我们平常都是这样来激励大家的,让他觉得在这里干下去,个人有发展前途。跟他们说,你们有本事了,你们在我这里得到锻炼了,水平提高了,想去哪里都行,职位还得到提升(a149)。

我们公司的很多指标,都是采用 KPI 来进行考核的,公司管理的一个重要内容是 KPI,每个管理者都成了 KPI 专家。把任务都 KPI 了,生产部是效率,速度也可以用 KPI 来界定。即使设计部门也有 KPI,就是你开发的产品的销售额。然后,每个月让人把 KPI 统计出来,进行处理。所以,我们的 KPI 对于员工有很大的刺激。每个月的个人的、部门的 KPI 都在那里摆着,给人看见你老是不合格那也是很过意不去的。因此,极大地调动了员工的积极性和创造性(a150)。

管理,柔性的东西很重要的。文化是靠推动的,我们老板强调快乐是我们的文化,那就搞了很多类似的活动(a151)。比如,运动会、旅游、竞赛、评比(穿着、学习标兵、运动会),出去吃一吃,出去玩一玩,很多很多。KPI 的实施也要靠文化,

把员工看成家人,让他有归属感,他就愿意努力了(a152)。当然,这些人也需要选择的。如果他不符合我们公司的要求,我们也不会把他留在公司的(a153)。我们公司推行的文化是诚信、务实、卓越,我们通过日常的很多的宣传活动,来推行它(a154)。比如,诚信文化,只要你违背了,就一定要开除。我们公司有个笑话,只要你够诚信,在这个公司就能做下去,公司就不会开除你(a155)。

其他文化还有务实、卓越。比如,员工有个创新好建议,就会给他奖励,并进行宣传。通过平常的不断形成和积累,在这样的环境中,就形成了这种文化气氛(a157)。

现公司是珍珠业内最具实力、最具活力、最具发展潜力的省级骨干农业龙头企业,是中国目前最大的珍珠及珍珠饰品生产、贸易企业之一。在中国淡水珍珠产业中占有举足轻重的地位。阮仕公司一直致力于推广与发展中国淡水珍珠产业,开拓创新,提出了一整套系统的发展思路(a158)。

进厂门,就看见大大的标语:做最好的自己(a159)。这是我们企业的核心价值观,表现在我们做业务中,就是如果是在原材料供应商那里,不能让你亏了,一定要你赚钱;如果是在经销客户那里,也要做最好的自己,我们 8000 元的成本,就不卖高于 1 万,如果卖他 2 万,他如果卖不出去,断了我们的路。即使客户不懂珍珠的品质,我们也不欺骗他们,我们希望跟客户一起赚钱。这些价值观我们都在我们日常的经营过程中表现出来的,如果员工有违反这个的,那么对不起了,不要在这里干了(a160)。

我们就是要不断提高创新能力创新,提高附加值。如果总是跟市场上的一样,那利润空间就有限了,我们要深加工,做到与别人的不同(a161)。比如,珍珠的形状、亮度,我们要不断进行尝试。我们的产品以及品牌,因为质量好,也进行不断地创新,所以在业内是非常有名的,在我们地区这一带也是非常有名(a162)。

通过这么多年的经营,我们领导层认识到,我们的产品不创新,市场不创新开发,我们就得马上倒塌,我们对公司平时也都这样强调(a163)。所以我们在经营中一直强调创新的重要性,并把企业资源向这方面倾斜。在经营过程中,我们要定期开分析会,由各个部门的负责人一起来参加,对上个月的销售情况进行分析、总结(a164)。我们在现在的经营过程中,管理、研发、设计都要跟上去。2002年,我们开始与一些大学、研究机构合作,开发新的产品,具体创新过程中,与高校、研究所合作,去对珍珠品种、养殖进行试验(a165)。我们很重视创新,但是在2002年之前,我们只有一个珍珠研究所,它的职能也比较单一,主要是对于珍珠产品的生产、养殖过程进行研究。随着我们对市场的进一步开发,产品类别也得到很大的开拓,对于创新显得更加重视。因此,我们对于创新部门的定位也就更高了,赋予了它更多的权力和职能,创新的产品不只是珍珠,也包括了许多珠宝类的产品的开发和设计(a166)。并且,我们也整合了组织的其他相关部门,都参与到企业产品的开发之中。比如,市场部必须每个月出相关的市场情况报告,说明市场的最新现状和趋势。我们企业的组织结构,也根据市场的要求在不断地进行调整(a167)。

我们通过一系列的绩效考核制度,激发服务中心成员的科研积极性,积极鼓励各成员开展科技创新,所形成的科研成果经评估可以以技术入股的方式进行入股、参与服务中心的利润分红(a168)。成立以来的这几年,创新中心不断开发了许多的创新成果,其中包括了许多国家级、省级获奖的成果(a169)。这些成果也不断地促进了我们企业的发展壮大。

在生产方面的原材料供应方面,我们与农户签合同,让他按照我们的要求选择相应的品种、方式去养殖。这个过程中我们的员工一定注意要保障农户的养殖利益,如果农户没钱的话,我们可以先借给他来进行生产,不依仗自己的势力给农户压价。这也是我们公司做事的一个原则,也反映了我们的口号——做最好的自己(a204)。

我们企业坚持做最好的自己,我们总是教育公司全体员工,每天、每件工作都要表现出自己最好的一面,通过这样的过程,我们每个人都会实现自己的理想(a170)。这不光是在做人上,也包括在做事上。而且,我们强调员工的团队精神。一个人的力量总是有限,我们应该运用团队的力量,互相协作(a171)。对员工也要让他们形成这个诚信的观念,不管是做事还是做人。为了推动这个观念,我们企业先做到对他们诚信,为他们提供必要的保障(a172)。比如,薪酬方面,公司始终为员工缴纳了医疗保险、生育、失业、养老保险。住宿方面,也为员工提供良好的住宿环境。交通方面,为路远的员工开通企业的班车。我们公司从各个方面善待、厚待员工,他们对企业也就会有同样的感情,也就比较有凝聚力。让员工感到在这个企业做是很自豪的(a173)。

我觉得竞争力与外部、内部有关,在我们这个行业,竞争力最主要表现在产品竞争力。针对我们的市场,首先是产品的定位。那么产品定位怎么定,到底是高端的、中端还是低端的,这需要你们领导层必须有清晰的思路(a174)。

你确定了做什么,还必须看你有没有能力做好这个,同样是非常重要的。至于最后选择的产品,只是外部的表象,真正决定性的,还是你在企业内部有这个能力去做。我们公司从长远考虑来说,要把今后的发展重点转到高端产品,但是以我们目前的实力,还不够。因此,我们公司目前的规划是有阶段性的(a175)。从 2005 年开始,主要做不锈钢,有三个层面的产品,高、中、低档次的。在 2005—2006 年,我们的产品重点是在低端产品,主要因为一是公司刚刚成立,我们分析了当时我们在技术能力、研发能力、生产能力还很不足,即使花费相当的时间和精力,也难以达到高端品质和量产的要求;二是当时的低端市场非常好,所以当时我们看准了这个条件,明确了当时的目标,所有相关部门,包括技术研发部、销售部、生产部,都是围绕着低端产品来做的。通过这个阶段,我们的技术、生产能力、营销部门的能力,管理的能力,都渐渐得到了提升。到第二步,我们再进行转型。有两个原因,第一个是主观原因,首先我们的设备相对来说是非常先进的,除了国有企业外,我们的设备在民营企业中是数一数二的。我们用这么先进的设备来做低端产品,当然划不来。我们从 2005 年开始就已经有这个思路了,到了 2007 年,我们的能力等各方面都上来了,我们就考虑新的阶段的目标了,要转型了。第二个是外部原因,这也促进了我们的转型。由于 2005—2006 年市场太好了,有许多的小企业也进入了这个行业,这就必然导致了行业内部的价格战,利润空间也越来越小了。并且,他们对质量的控制也不是那么严格,价格也就可以更低,这损害了这个市场的正常发展,他们的产品可能用了两三年问题就出来了,就必须更换了。因此导致了我们在做低端产品时,从价格上、企业理念上都不适宜了。所以从 2007 年起,我们就转变了我们的经营重心,主要产品就是高端产品了。高端的主要产品是不锈钢的无缝钢管、不锈钢的线材。这些材料都是用在专业工具上的。

这时候我们企业经过了这两年的低端产品的生产经营，一些相关的能力也都基本具备了，或者说是水到渠成了。有好的设备，也必须有好的人去驾驭，从这方面来说，我们也已经成熟了。经过了这一年多的调整，我们的产品结构也已经调整过来了（a176）。

前两年市场行业一直是很好，开发市场一般不用花力气，对产品质量的要求也不高，好做。从去年开始，我们就开始转型了，注重要主攻高端市场了。这时候对我们来说，有两个重点：一块是研发，一块是市场。我们公司现在对于研发部门非常重视，高端产品不仅是我们公司的现在，也是我们公司的未来，我们必须持续提高我们的研发能力和加工水平（a177）。对于研发部门，我们也在不断加强这方面的力量，根据需要，参加研发的人员有外聘的、有公司的工程师，也有相关生产部门（a205）。对于我们公司的工程师，我们也鼓励他不断学习，包括从其他地方去获取技术。总之，我们是充分利用可以利用的资源（a178）。当然，不仅是研发部门，实际上，我们要求全公司都要认识到我们公司目前所面临的竞争压力，要求大家都有危机意识（a179）。不仅是要有新产品开发，生产部门也必须不断改进，提高技术水平，降低消耗，提高一等品率。营销部门同样要用心去跑市场，去开发市场。

公司也注意用奖励手段来鼓励员工的创新热情。像在研发部门，对他们的研发成果也采用适当的激励方法，比如开发了一个新产品，按照销量的累积，对各个部门进行奖励。奖励包括各个部门的总体奖励，由主管根据研发过程的表现对成员进行奖励，在这种情况下，各个部门会很强调每个人对于团队的贡献，强调员工对于部门整体的付出，这也促进了员工的团队协作精神的培养（a180）。各相关部门的最后方案是要公司同意的。一般，新产品的开发我们领导层会投入很多精力（a181）。我们在一些城市设立了一批办事处，他们都必须总结一周来的信息简报，把一些最新的信息，进行一个归纳、汇报。我们的产品怎么样，质量怎么样，新产品销售怎么样；竞争对手他们开发了一些什么新产品，有什么改进；下游厂商对原材料有一些什么新的要求。汇集后，我们整理并下发到每一个部门。我们每个月都有办公会议。在会上，各个部门，尤其是市场部门一定要汇报。品种与内容的信息也是我们综合分析来决定的。有些是我们管理层通过各种交流会，如展览会、同行会议等，发现了某种新型产品，然后，向研发部门提出。有些是由市场开发人员根据他们对于市场的开发，认为某种产品市场看好，就由他们的部门提出，然后，经我们高管层和几个相关部门讨论后,决定要开发的项目品种。

当然,我们现在很多都是新产品,这肯定会导致产品出来后出现或多
或少的问题,在这方面我们也是不断改进。像以往公司是技术部门产品开
发了不管生产的事,生产部门产出了不管销售的事,而销售部门售出之后
出了问题又都是生产的事。部门之间相互推诿,销售对客户的推诿,生产
过程的相互推诿。针对这些问题我们也做了大量工作。在研发过程、产品
生产过程、销售过程以及售后过程,我们都进行了很多的工作的安排设计,
其目的就是加强公司各个部门之间的配合(a182)。比如,在售后,如果出
了问题,我们是销售出一个人,质量出一个人,生产各个方面出一个人,成
立服务售后小组去解决。为了解决这方面的配合问题,我们每周也要开例
会,各个部门坐到一起,共同商量,再由我们领导层来拍板(a183)。

在管理员工的过程中,我们的认识是作为员工来说,在这里做,最重要
的是一个名、一个利,先看本质。但不同的人,有不同的表现。根据不同人
的特点,采用不同的给予。当然不可能完全给,还必须给他一个"饼"——
预期。让他觉得在这里干能达到个人的目标(a184)。我们现在上市是不
考虑了,所以我们就以别的东西来激励他。比如说,给予他干股。到现在
我们还处在创业阶段,那么这个时候,是比较辛苦的,但我们会让大家知
道,这样做是值得的,创业成功了,那大家就是功臣。就是一起来收获的,
平时注意这样的灌输(a185)。第二个预期就是这样,告诉他公司的目标是
什么,企业发展一步一步怎样走,将来公司会发展成什么样,都很明确的。
有了这个愿景,他也会觉得在这里是非常有价值的。这些我们都通过平时
的例会等活动,从上而下,灌输下去(a186)。

比如前两年,市场比较好,公司效益好,那么我们就会给大家看,给大
家足够的回报,让他相信在公司是能够实现他的目标的,让员工知道是公
司给你提供了这个平台(a187)。一般来说,员工也都易于被激励。还有,
员工在公司工作,我们也很强调你要认同企业提出的不断努力创新的文
化,不然在这里也待不下去(a188)。

为了增强大家对公司的认同感,我们也经常举办各种活动,这些主要
是通过党支部来搞(a189)。组织各种各样的活动。比如说,郊游啊,安排
外地员工到杭州旅游啊,搞搞各种体育比赛,每个月都搞。另外,也搞操作
技能的比赛,比如各个主要工种都进行一个技能比赛,对获奖的,进行奖
励,让他们觉得很自豪(a190)。并且通过这个过程,也让员工之间相互学
习,共同提高(a206)。

我们现在也搞了内部杂志，来进行一些补充工作。比如，我们这个企业要关系融洽，企业的目标是什么，企业有一些什么要求，都可以通过这个方式，让员工去认同，去做好（a191）。

当前我们行业现在不景气，业务员出去跑业务，很辛苦，但不一定有成果，这样对他们的打击也比较大。我们也关注这个现象，指定师父带他们（a192）。

纺织服装行业面临着很大的困难，像人民币升值、劳动力价格上升、国外对我们的出口产品的各种限制政策，很多企业都越来越艰难，有的倒闭了。

对于一个企业的领导团队来说，你如何规划企业的发展，依靠什么来取得你的经营优势很重要。其中，尤其是老板的眼光、他的经营思路对于一个企业的经营和发展有着极其重要的作用（a193）。我们在这个行业经营了这么多年了，现在感悟到速度、质量是我们生存的根本（a194）。速度就是客户响应速度、推出市场需求的新产品的速度。质量就是我们的产品的生产流程要不断改进，确保产品可靠的品质。

建立适合创新的流程和团队，不断适应市场和客户的需求，及时开发新产品是我们面临的一个非常紧迫的任务（a195）。为了做好这一块，我们一方面求贤若渴，大力引进各类设计、管理人才，为设计师们能力的充分发挥和价值的有效体现搭建良好的创业环境和发展的平台，同时从福利待遇上向优秀人才倾斜；另一方面，也让他们有很多机会，出去参观培训，提高对市场流行趋势的把握和设计水平（a196）。

在我们的经营中，我们领导层首先要做好一年的经营目标和计划工作，然后，在我们的执行过程中，主要做好了三件事情：第一是根据企业的经营目标和计划，制定公司的绩效考核制度；第二是我们领导团队要让员工知道公司的经营目标和公司对他们的要求；第三是绩效考核制度的有效执行。这几个方面工作的有效实施，实际上就是我们公司领导层能力的反映。

我们的绩效考核制度是公司战略执行的一个关键。我们公司的绩效考核制度推动了几个方面工作的开展：战略、文化、新产品、组织。我们各个部门的关键指标是根据公司的经营目标来细化分解的，这样我们的经营目标就变成了各个部门的具体任务指标，而这个任务指标又会进一步落实到具体的员工身上。这样，我们就通过这个考核过程，让全公司都在为整体的目标服务了（a197）。

我们根据企业的经营实际，制定了完善的绩效考核体系，对每个部门都有相应具体可操作的绩效考核指标。当然，对于不同的部门有不同的绩效考核要求。特别是，我们公司需要不断开发新的产品，适应客户要求，因此，对于设计部门员工来说，我们会根据公司当前的经营特点，采用相适应的绩效考核。对他们的制版工序，我们以他制版的速度来考核他。

一个领导者，必须具有三方面的能力：一是会写；二是会说；三是能够推动。像有时我会到工厂去，与员工沟通，跟他们开会演讲，告诉他们当前我们的这个行业的经营情况，而我们华丝在这种情况下，还能有大量的订单，大家的日子也相对好过。这是我们公司全体努力的结果，也要相信公司的经营水平和目标（a198）。并提出如果我们不努力，大家都会没有饭吃，还得再找工作，大家一定要有危机意识。在这样的情景下，他们都异口同声地说：要努力工作（a199）。

我们领导层不仅通过自上而下的传达、灌输来促进员工理解公司的经营方针、经营理念，也通过宣传工具来进行宣传（a200）。我们有个内部刊物，每个月出版一期，由公司的办公室来组织出版发行，我是最后的审核人。里面的内容主要是我们希望让员工熟悉并理解的东西，比如，我们领导层的经营目标，公司希望员工所认同的公司理念方面的内容（a201）。

除了写和说，我们还必须能够推动公司的执行。比如，我们针对各个工序流程，都编写了流程手册。比如在设计部门和生产部门的手册中，提出一般的作业流程和要求，以保证款式设计部门和款式的样板制造之间，以及设计部门和生产部门之间的协作。并且，这些协作的效率方面的指标我们也会设计进入企业的绩效考核体系中，从而使得部门之间相互配合（a202）。

我也经常会去车间看看，去车间检查。有一次看到车间的质检员在服装成品的质检报告单上写着："服装码边倾斜，处理 OK"。实际上，就已经是次品了。所以我就要启发他们对过程进行控制，而不要等到最终出来成为次品了再检查（a203）。

另一方面加强对公司员工的培训，从岗位技能、专业知识等多方面加大对员工的培训力度，适应企业和市场发展的需要（a207）。并且，要求在日常的作业中，老员工要指导新员工（a208）。

开放式编码

概念化	范畴化	范畴属性	属性维度
a1 总体思路是做专业网络人才招聘	A1 战略制定，包括： a1 总体思路是作专业网络人才招聘	战略价值	高低
a2 经营思路是快速树立声誉抢占市场	a2 经营思路是快速树立声誉抢占市场	推进力度	强弱
a3 根据用户需求不断创新业务	a6 领导善于分析行业机会		
a4 加大服务创新项目的开发	a34 对行业有深刻理解		
a5 公司提出自己的战略	a47 领导对行业认识深		
a6 领导善于分析行业机会	a63 讨论得出年度战略		
a7 投入充足资源进行研发创新	a46 公司领导层善于分析行业	创新气氛	强弱
a8 投入大量资金创新	a102 领导层善于分析行业机会		
a9 指导下属理解战略目标	a130 公司高层能够把握企业发展方向	文化推动	强弱
a10 促使企业形成危机意识和创新意识	a158 提出了系统的发展思路		
a11 传输员工企业的要求	a174 领导层对于产品定位有清晰思路		
a12 激励员工认识个人与公司目标一致性		创新力度	大小
a13 向员工清晰地传达公司战略	A2 战略推动，包括： a35 公司要求大家做某一领域的特色单	创新激励	强弱
a14 促使员工与企业保持思想行为一致	a48 公司的经营重心是做欧洲客户的高端产品		
a15 强调员工的文化适应	a62 领导层细化公司战略		
a16 由各个部门抽调人员组成项目团队	a104 企业善于对现有市场与产品进行分析		
a17 给予员工授权	a175 公司发展战略有阶段性执行规划		
a18 项目团队成员之间的协作	a186 注重灌输企业的愿景		
a19 领导层有深厚的行业知识		柔性化	高低
a20 领导层对企业经营思路有好的掌握	A3 战略指导，包括： a9 指导下属理解战略目标	协作化	高低
a21 提出公司经营理念指导公司的经营	a5 公司指出自己的战略		
a22 公司强调创新开发客户需要的产品	a21 提出公司经营理念指导公司的经营		
a23 促进员工在认知与价值观上与企业一致	a80 理解行业并确立企业的具体发展战略		
a24 促进员工的学习，提高他们的技能	a99 领导层的战略思路指引项目的开发	目标意愿	强弱
a25 部门之间协调配合		激励水平	高低

概念化	范畴化	范畴属性	属性维度
a26 部门的任务的重新安排调整	a101 公司经营思路是建立高效、众多的渠道	凝聚力	高低
a27 进行员工培训,促使他们提高技能和适应公司文化	a114 用战略来指引企业的经营业务内容	认同度	高低
a28 增强员工的公司认同	a145 确定经营思路		
a29 促使员工提高技能,解决工作难题	a146 明确体系指导公司的各部门、员工工作	授权水平	高/低
a30 用薪酬制度激励员工不断改进与创新	a147 推动公司目标的具体落实	支持力度	大/小
a31 绩效考核促进员工提升技能与业绩	a193 公司领导层注重企业战略规划		
a32 让员工认识到个人与公司目标是一致的	a194 领导层强调企业生存的根本		
a33 推动员工合作交流	A4 创新气氛,包括:		
a34 对行业有深刻理解	a10 促使企业形成危机意识和		
a35 公司定位在做某一领域的特色单	创新意识 a40 强化员工的开拓意识	积极性	高低
a36 要求跟单员主动与客户建立关系	a11 传输员工企业的要求	协作性	高低
a37 利用工厂资源不断开发产品	a71 促使大家灵活应变的意识		
a38 与工厂合作开发产品对双方有利	a106 鼓励子公司不断寻求销售创新机会		
a39 在日常工作中强化员工的高效概念	a107 形成良好的企业文		
a40 强化员工的开拓意识	a115 在公司形成了强烈的创新开拓意识		
a41 让员工感觉要与公司共同发展	a84 鼓励公司形成积极服务顾客的文化		
a42 公司促进员工的学习意愿和氛围	a134 形成企业全员参与的文化		
a43 公司给予员工很大空间去发挥	a42 公司促进员工的学习意愿和氛围		
a44 采用晨会的方式让员工理解公司的要求	a50 公司都认同了公司的经营思想		
a45 使员工在做订单过程中充分沟通	a51 形成新产品开发服务的气氛		
a46 公司领导层善于分析行业	a76 形成公司中的创新意识		
a47 领导对行业认识深	a136 激励员工努力的决心		
a48 公司定位做欧洲客户的高端产品	a106 鼓励子公司不断寻求销售创新机会		
	a107 形成良好的企业文化		
	a115 在公司形成了强烈的创新开拓意识		

概念化	范畴化	范畴属性	属性维度
a49 强调企业新产品开发 a50 公司都认同了公司的思路 a51 形成新产品开发服务的气氛 a52 不断开发新产品 a53 各个部门都参与到新产品开发 a54 各部门在产品开发中合作 a55 领导给予员工创新支持 a56 领导促进员工之间的沟通合作 a57 鼓励员工合作互助,实现价值 a58 制度促进与提高员工工作积极性 a59 产品开发中的部门协作 a60 领导层容忍创新失败 a61 增强员工的企业认同 a62 领导层细化公司战略 a63 讨论得出年度战略 a64 骨干培训以推动战略执行 a65 指导员工努力的方向 a66 制度化考核保证执行 a67 考核以促进部门之间的配合 a68 调配员工参加课题组 a69 研发投入大 a70 给予员工充分自由度 a71 促使大家灵活应变的意识 a72 通过宣传,让员工适应公司文化 a73 末位淘汰制来激励员工 a74 促进员工的团队协作意识和风气 a75 用指标来促进部门的协作 a76 形成公司中的创新意识 a77 组织结构有弹性适应能力 a78 创新产品与设计 a79 经常开会告知企业对大家的要求 a80 理解行业并确立企业的发展战略	a136 激励员工努力的决心 a171 公司强化大家创新是公司生存之本意识 a177 公司提倡提高研发和加工能力 a179 教育全公司有危机意识 a199 鼓动员工的危机意识 a200 利用宣传来传达公司理念 A5 制度激励,包括: a79 经常开会告知企业对大家的要求 a134 形成企业全员参与的文化 a191 内部杂志来宣传企业思想要求 a44 采用晨会的方式让员理解公司的要求 a55 领导给予员工创新支持 a134 形成企业全员参与的文化 a151 搞活动来推动公司文化 a154 推行诚信卓越文化 a157 推动卓越文化的形成 a159 公司文化核心,做最好的自己 a204 公司提出了经营中做最好的自己的理念 a201 内部刊物营造公司文化理念 A6 行动示范,包括: a135 领导层表现出积极的创新态度 a60 领导层容忍创新失败 a181 领导层投入很多精力关注新产品开发 a135 领导层表现出积极的创新态度 a64 骨干培训以推动战略理解和执行		

组织变革过程中的多层协同机制研究

概念化	范畴化	范畴属性	属性维度
a81 服务创新满足客户 a82 为电信公司推出整体解决方案 a83 为电信服务的项目创新 a84 鼓励公司形成积极服务顾客的文化 a85 招聘强调员工与公司价值观一致 a86 各部门之间协同配合 a87 培训员工公司的文化 a88 根据业务进行公司部门的沟通、调整 a89 用制度和日常指导使员工理解公司的目标 a90 项目服务中注意部门之间的配合衔接 a91 员工之间协作沟通解决问题 a92 部门和员工之间有良好的协作沟通意识 a93 给予员工充分授权和自主决策 a94 用制度激励员工发挥才能 a95 员工目标与公司目标共同实现 a96 领导层向员工指明工作的方向 a97 企业的工作也是员工自我价值实现的过程 a98 项目精心开发创新超越用户预期 a99 领导层的战略思路指引项目的开发 a100 不断开发创新服务项目获得市场 a101 公司经营思路是建立高效、众多的渠道 a102 领导层善于分析行业机会 a103 企业不断根据市场的要求进行产品服务、流程的变革	a119 领导层有强烈的创新态度,并且能容忍亏损 A7 创新导向,包括: a4 加大服务创新项目的开发 a3 根据用户需求不断创新业务 a37 利用工厂资源不断开发新产品 a22 公司强调创新开发客户需要的产品 a38 与工厂合作开发产品对双方有利 a49 强调企业新产品开发 a52 不断开发新产品 a81 服务创新满足客户 a82 为电信公司推出整体解决方案 a83 为电信服务的项目创新 a98 项目精心开发创新超越用户预期 a100 不断开发创新服务项目获得市场 a103 不断根据市场进行产品服务、流程的变革 a113 发展规划强调专业与创新 a117 不断尝试探索市场以开发新产品 a124 不断进行阶段性改进来取得消费者满意 a131 致力于产品设计开发 a144 不断设计开发适销对路的新产品 a162 公司产品品牌创新知名 a169 许多创新成果获得大奖 a176 产品结构持续调整 A8 能力开发,包括: a7 投入充足资源进行研发创新 a8 投入大量资金创新 a69 研发投入大		

概念化	范畴化	范畴属性	属性维度
a104 企业善于对现有市场与产品进行分析	a137 有较强的研发能力		
a105 业务开发中各相关部门相互支持	a161 不断提高创新产品设计能力		
a106 鼓励子公司不断寻求销售创新机会	a165 利用外部资源来创新		
a107 形成良好的企业文化	a178 充分利用外部资源加强研发		
a108 招聘时要求员工与企业文化保持一致	A9 制度促进,包括:		
a109 指明员工努力的方向,提升自我的价值	a116 创新中规划各个部门共同参与开发		
a110 用目标激励员工自主决策来完成任务	a120 公司根据经营需要建立弹性的项目小组		
a111 推动各部门之间项目的协作	a195 公司建立适应不断创新和适应的流程		
a112 推动部门之间的团结合作	A10 组织柔性,包括:		
a113 发展规划强调专业与创新	a16 由各个部门抽调人员组成项目团队		
a114 用战略来指引企业的经营业务内容	a26 部门的任务的重新安排调整		
a115 在公司形成了强烈的创新开拓意识	a53 各个部门都到新产品开发		
a116 创新中各个部门共同参与开发	a68 调配员工参加课题组		
a117 不断尝试探索市场以开发新产品	a88 根据业务进行公司部门的沟通、调整		
a118 促进成员的交流	a77 组织结构具有弹性适应能力		
a119 领导层有强烈的创新态度,并且能容忍亏损	a164 每月各部门一起来综合分析产品和市场		
a120 公司根据经营需要建立弹性的项目小组	a167 组织机构根据市场需要调整		
a121 领导层设计好战略并指导员工开展业务	A11 协作促进,包括:		
a122 各部门协作分析并开发新产品、新市场	a25 部门之间协调配合		
	a54 各部门在产品开发中合作		
a123 激励员工努力进行试验开发	a67 考核以促进部门之间的配合		
a124 不断进行阶段性改进来取得消费者满意	a182 安排部门之间的配合协作		
	a183 领导组织例会解决部门合作问题		
a125 促使员工理解公司目标与个人目标的关系	a202 通过考核促进部门协作		

概念化	范畴化	范畴属性	属性维度
a126 要求员工在行动和理念上与公司保持一致	a75 用指标来促进部门的协作		
a127 公司传输并固化员工的理念	86 各部门之间协同配合		
a128 要求员工认同企业的价值观	a90 项目服务中注意部门之间的配合衔接		
a129 用制度促进员工提高效率	a105 业务开发中各相关部门相互支持		
a130 公司高层能够把握企业发展方向	a111 推动各部门之间项目的协作		
a131 致力于产品设计开发	a122 各部门协作分析并开发新产品、新市场		
a132 公司形成了较强的产品研发水平	a133 加强部门之间的沟通合作		
a133 加强部门之间的沟通合作	a139 用考核来促进部门合作		
a134 形成企业全员参与的文化	a148 解决部门之间配合问题		
a135 领导层表现出积极的创新态度	A12 目标指导,包括:		
a136 激励员工努力的决心	a13 向员工清晰地传达公司战略		
a137 有较强的研发能力	a65 指导员工努力的方向		
a138 送设计师出国学习	a156 用愿景激励员工		
a139 用考核来促进部门合作	a89 制度和日常指导使员工理解公司目标		
a140 强化员工对于企业的归属感	a96 领导层向员工指明工作的方向		
a141 内部提升激励员工努力	a109 指明员工努力的方向,提升自我的价值		
a142 促使员工融入企业	a121 领导层设计好战略并指导员工开展业务		
a143 企业员工对企业有感情			
a144 不断设计开发适销对路的新产品	A13 价值激励,包括:		
a145 确定经营思路	a12 激励员工认识个人与公司目标一致性		
a146 明确体系指导公司的各部门、员工工作	a23 促进员工在认知与价值观上与企业一致		
a147 推动公司目标的具体落实	a184 鼓励员工个人目标通过努力实现		
a148 解决部门之间配合问题	a185 给予员工在企业努力工作的良好预期		
a149 让员工认识在公司的发展前途	a41 让员工感觉要与公司共同发展		
a150 用 KPI 激励员工创造性	a97 企业的工作也是员工自我价值实现的过程		
a151 搞活动来推动公司文化			
a152 让员工有归属感			
a153 不容忍文化不适应			
a154 推行诚信卓越文化			
a155 要求员工必须文化认同			

概念化	范畴化	范畴属性	属性维度
a156 用愿景激励员工 a157 推动卓越文化的形成 a158 提出了系统的发展思路 a159 公司文化核心，做最好的自己 a160 违反公司的价值观不容忍 a161 不断提高创新与设计能力 a162 公司产品品牌创新知名 a163 公司强化大家创新是公司生存之本意识 a164 每月各部门一起来综合信息来分析产品和市场 a165 利用外部资源来创新 a166 授予部门权力进行开发 a167 组织机构根据市场需要调整 a168 技术入股激励技术人员 a169 许多创新成果获得大奖 a170 鼓励员工通过努力实现自己理想 a171 强调员工团队精神 a172 企业与员工建立互信 a173 增强员工凝聚力 a174 领导层对于产品定位有清晰思路 a175 公司发展战略有阶段性考虑 a176 产品结构持续调整 a177 公司提倡提高研发和加工能力 a178 充分利用外部资源加强研发 a179 教育全公司有危机意识 a180 进行员工团队合作精神培养 a181 领导层投入很多精力关注新产品开发 a182 安排部门之间的配合协作 a183 领导组织例会解决部门工作问题	a170 鼓励员工通过努力实现自己理想 a156 用愿景激励员工 A14 文化鉴别，包括： a14 促使员工与企业保持思想行为一致 a61 增强员工的企业认同 a28 增强员工的公司认同 a85 招聘强调员工与公司价值观一致 a126 要求员工在行动和理念上与公司保持一致 a128 要求员工认同企业的价值观 a140 强化员工对于企业的归属感 a153 不容忍文化不适应 a155 要求员工必须认同公司要求 a160 违反公司的价值观不容忍 a188 不容忍员工不努力 a189 增强员工的企业认同 A15 价值理解，包括： a15 强调员工的文化适应 a72 通过宣传，让员工适应公司文化 a87 培训员工公司的文化 a108 招聘时要求员工与企业文化保持一致 a127 公司传输并固化员工的理念 a152 让员工有归属感 a172 企业与员工建立互信 a173 增强员工凝聚力 A16 文化示范，包括： a72 通过宣传，让员工适应公司文化 a87 培训员工公司的文化 a125 促使员工理解公司目标与个人目标的关系		

概念化	范畴化	范畴属性	属性维度
a184 鼓励员工个人目标通过努力实现	a149 让员工认识在公司的发展前途		
a185 给予员工在企业努力工作的良好预期	a142 促使员工融入企业		
a186 注重灌输企业的愿景	a32 让员工认识到个人与公司目标是一致的		
a187 公司是员工实现目标的平台	a143 企业员工对企业有感情		
a188 不容忍员工不努力	a198 让员工理解公司目标		
a189 增强员工的企业认同	a187 公司是员工实现目标的平台		
a190 技能比赛推动员工能力提升和企业认同			
a191 内部杂志来宣传企业思想要求	A17 潜力开发,包括:		
a192 师徒制度帮助员工适应	a24 促进员工的学习,提高他们的技能		
a193 公司领导层注重企业战略规划	a27 进行员工培训,促使他们提高技能和适应公司文化		
a194 领导层强调企业生存的根本	a29 促使员工提高技能,解决工作难题		
a195 公司建立适应不断创新和适应的流程	a36 要求跟单员主动与客户建立关系		
a196 提供员工参观培训机会	a39 在日常工作中强化员工的高效概念		
a197 公司考核来促成公司的目标实现	a110 用目标激励员工自主决策来完成任务		
a198 让员工理解公司目标	a138 送设计师出国学习		
a199 鼓动员工的危机意识	a190 技能比赛推动员工能力提升和企业认同		
a200 利用宣传来传达公司理念	a196 提供员工参观培训机会		
a201 内部刊物营造公司文化理念	a203 经常对员工进行启发		
a202 通过考核促进部门协作	a207 加强员工培训		
a203 经常对员工进行启发			
a204 公司的经营中做最好的自己的理念	A18 行动支持,包括:		
a205 鼓励工程师不断学习	a17 给予员工授权		
a206 促进员工之间相互学习	a43 公司给予员工很大空间去发挥		
a207 加强员工培训	a70 给予员工充分自由度		
a208 员工之间的指导	a123 鼓励员工努力进行试验开发		
	a141 内部提升激励员工努力		
	a166 授予部门权力进行开发		
	a205 鼓励工程师不断学习		
	a192 师徒制度帮助员工适应		
	A19 制度推动,包括:		

续表

概念化	范畴化	范畴属性	属性维度
	a30 用薪酬制度激励员工不断改进与创新 a31 绩效考核促进员工提升技能与业绩 a58 制度促进与提高员工工作积极性 a150 用 KPI 激励员工创造性 a73 末位淘汰制来激励员工 a66 制度化考核保证执行 a93 给予员工充分授权和自主决策 a94 用制度激励员工发挥才能 a129 用制度促进员工提高效率 a168 技术入股激励技术人员 a197 公司考核来促成公司的目标实现 A20 相互沟通,包括: a33 推动员工合作交流 a45 使员工在做订单过程中充分沟通 a56 领导促进员工之间的沟通合作 a74 促进员工的团队协作意识和风气 a91 员工之间协作沟通解决问题 a92 部门和员工之间有良好的协作沟通意识 a118 促进成员的交流 a206 促进员工之间相互学习 a208 员工之间的指导 A21 工作互助,包括: a18 推动项目团队成员之间的协作 a57 鼓励员工合作互助,实现价值 a112 推动员工之间的团结合作 a130 促进部门和员工之间良好的合作 a171 强调员工团队精神 a180 进行员工团队合作精神培养		

参考文献

[1] Alimo-Metcalfe Beverly, Alban-Metcalfe, Robert J. The Development of a New Transformational Leadership Questionnaire. *Journal of Occupational and Organizational Psychology*, 2001, 74(1):1-27.

[2] Alvesson M. Leadership Studies: From Procedure and Abstraction to Reflexivity and Situation. *Leadership Quarterly*, 1996, 7(4):455-485.

[3] Amason Allen C. Distinguishing the Effects of Functional and Dysfunctional Conflict on Strategic Decision Making: Resolving a Paradox for Top Management Teams. *Academy of Management Journal*, 1996, 39(1):123-148.

[4] Amason Allen C, Sapienza, Harry J. The Effects of Top Management Team Size and Interaction Norms on Cognitive and Affective Conflict. *Journal of Management*, 1997, 23(4):495-517.

[5] Anderson J C, Rungtusanatham M, Schroeder R G. A Theory of Quality Management Underlying the Deming Management Method. *Academy of Management Review*, 1994(19):472-509.

[6] Argyris C. Strategies for Learning: Small Group Activities in American, Japanese, and Swedish Industry. *Academy of Management Review*, 1990, 15(3):536-537.

[7] Argyris C, Schön D. *Organizational Learning: A Theory in Action Perspective*. New York: Addison-Wesley, 1978.

[8] Avolio Bruce J, Waldman David A, Einstein Walter. Transformational Leadership in a Management Game Simulation. *Group and Organization Studies*, 1988, 13(1):59-80.

[9] Azen R, David V B. The Dominance Analysis Approach for Comparing Predictors in Multiple Regression. *Psychological Methods*, 2003, 8(2): 129-148.

[10] Baron R M, Kenny D A. The Moderator-Mediator Variable Distinction in Social Psychological Research: Conceptual, Strategic, and Statistical Considerations. *Journal of Personality and Social Psychology*, 1986, 51(6): 1173-1182.

[11] Bell S J, Whitwell G J, Lukas B A. Schools of Thought in Organizational Learning. *Journal of the Academy of Marketing Science*, 2002, 30(1): 70-86.

[12] Berson Y, Nemanich L A, Waldman D A, et al. Leadership and Organizational Learning: A Multiple Levels Perspective. *The Leadership Quarterly*, 2006, 17(6): 577-594.

[13] Barney J B. Firm Resources and Sustained Competitive Advantage. *Journal of Management*, 1991(17): 99-120.

[14] Bennis Warren. "Owed" to Rosabeth Moss Kanter: Impact on Management Practice. *Academy of Management Executive*, 2004, 18(2): 106-107.

[15] Bhatnagar J, et al. The Level of Psychological Empowerment in Indian Managers. *Global Business Review*, 2004, 5(2): 217-227.

[16] Blackler F. Knowledge, Knowledge Work and Organizations: An Overview and Interpretation. *Organization Studies*, 1995, 16(6): 1021-1046.

[17] Bliese P D, Halverson R R. Group Size and Measures of Group-Level Properties: An Examination of Eta-squared and ICC Values. *Journal of Management*, 1998, 24(2): 157-172.

[18] Boal K B, Hooijberg R. Strategic Leadership Research: Moving on. *Leadership Quarterly*, 2000, 11(4): 515-549.

[19] Bono J E, Judge T A. Self-concordance at Work: Toward Understanding the Motivational Effects of Transformational Leaders. *Academy of Management Journal*, 2003(46): 554-571.

[20] Bowen D, Lawler E. The Empowerment of Service Workers: What, Why, How, and When? *Sloan Management Review*, 1992(33):

31-39.

[21] Brooks A K. Power and the Production of Knowledge: Collective Team Learning in Work Organizations. *Human Resource Development Quarterly*, 1994, 5(3): 213-235.

[22] Buchanan D, Boddy D. *The Expertise of the Change Agent*. London: Prentice Hall, 1992.

[23] Budescu D V. Dominance Analysis: A New Approach to the Problem of Relative Importance of Predictors in Multiple Regression. *Psychological Bulletin*, 1993(114): 542-551.

[24] Burke W W, Litwin G H. A Causal Model of Organizational Performance and Change. *Journal of Management*, 1992, 18(3): 532-545.

[25] Burke W W. *Organization Change: Theory and Practice*. Thousand Oaks, CA: Sage Publication, 2000.

[26] Bunker D R, Knowels E S. Comparison of Behavioral Changes Resulting from Human Relations Training Laboratories of Different Lengths. *Journal of Applied Behavioral science*, 1967(3): 505-524.

[27] Burgelman R A. Designs for Corporate Entrepreneurship. *California Management Review*, 1984(26): 154-166.

[28] Cannon M D, Edmondson A C. Failing to Learn and Learning to Fail (Intelligently): How Great Organizations Put Failure to Work to Innovate and Improve. *Long Range Planning*, 2005, 38(3): 299-319.

[29] Cao G M, Steve Clarke, Brian Lehaney. *Diversity Management and Organizational Change*. Springer US, 2002.

[30] Carnall C. *Managing Change in Organizations*. London: Prentice Hall, 1999.

[31] Chandler G N, Lyon D W. Issues of Research Design and Construct Measurement in Entrepreneurship Research: The Past Decade. *Entrepreneurship: Theory and Practice*, 2001, 25(4): 101-114.

[32] Child J. Organizational Structure, Environment and Performance: The Role of Strategic Choice. *Sociology*, 1972(6): 1-22.

[33] Chrisman J J, Bauerschmidt A, Hofer C W. The Determination of New Venture Performance. *Entrepreneurship: Theory and Practice*,

1998(12):5-29.

[34] Ciavarella M A, Buchholtz A K, Riordan C M. The Big Five and Venture Survival: Is There a Linkage? *Journal of Business Venturing*, 2004, 19(4):465-483.

[35] Corbin J, Strauss A. Grounded Theory Research: Procedures, Cannons, and Evaluative Criteria. *Qual. Soc.*, 1990, 13(1):3-21.

[36] Collins, et al. Building Your Company's Vision. *Harvard Business Review*, 1996, 74(5):65-77.

[37] Covin J G, Slevin D P. New Venture Strategic Posture, Structure, and Performance: An Industry Life Cycle Analysis. *Journal of Business Venturing*, 1990, 5(2):123-135.

[38] Conger Jay A, Kanungo R N. *Charismatic Leadership: The Elusive Factor in Organizational Effectiveness*. London: Jossey-Bass, 1988.

[39] Cook S, Brown J S. Bridging Epistemologies: The Generative Dance between Organizational Knowledge and Organizational Knowing. *Organization Science*, 1999, 10(4):381-400.

[40] Covin J G, Slevin D P. A Conceptual Model of Entrepreneurship as Firm Behaviour. *Entrepreneurship Theory and Practice*, 1991, 16(1):7-25.

[41] Covin J G, Miles M P. Corporate Entrepreneurship and the Pursuit of Competitive Advantage. *Entrepreneurship: Theory and Practice*, 1999, 23(3):47-63.

[42] Crossan M M. An Organizational Learning: From Intuition to Institution. *Academy of Management Review*, 1999, 24(3), 522-537.

[43] Daft R L. *Organization Theory and Design*. USA: West Pub, 1992.

[44] Davenport T H. *Thinking for a Living: How to Get Better Performance and Results from Knowledge Workers*. Boston, MA: Harvard Business School Publishing, 2005.

[45] Day G S. The Capabilities of Market-Driven Organizations. *Journal of Marketing*, 1994(58):37-52.

组织变革过程中⑩的多层协同机制研究

[46] Deci E L,Ryan R M. The Support of Autonomy and the Control of Behavior. *Journal of Personality and Social Psychology*, 1989 (53):1024-1037.

[47] Dess G G,Ireland R D,Zahra S A. Emerging Issues in Corporate Entrepreneurship. *Journal of Management*,2003, 29(3):351-378.

[48] Deusen C A V,Mueller C B. Learning in Acquisitions: Understanding the Relationship between Exploration, Exploitation and Performance. *The Learning Organization*, 1999, 6(4):186-193.

[49] Duck Julie M,Fielding Kelly S. Leaders and Subgroups: One of Us or One of Them? *Group Processes and Intergroup Relations*, 1999, 2 (3) :203-231.

[50] Edmondson A C. Psychological Safety and Learning Behavior in Work teams. *Administrative Science Quarterly*, 1999, 44 (2): 350-383.

[51] Edmondson A C,Moingeon B. From Organizational Learning to the Learning Organization. *Journal of Management Learning*, 1998, 29(1):5-20.

[52] Edmondson A C. The Local and Variegated Nature of Learning in Organizations: A Group-Level Perspective. *Organization Science*, 2002,13(2):128-146.

[53] Edmondson A C, Bohmer R M, Pisano G P. Disrupted Routines: Team Learning and New Technology Implementation in Hospitals. *Administrative Science Quarterly*, 2001,46(4):685-716.

[54] Edmondson A C. Three Faces of Eden: The Persistence of Competing Theories and Multiple Diagnoses in Organizational Intervention Research. *Human Relations*, 1996, 49(5):571-595.

[55] Edmondson A C. Learning from Mistakes Is Easier Said Than Done: Group and Organizational Influences on the Detection and Correction of Human Error. *Journal of Applied Behavioral Science*, 1996, 32 (1):5-32.

[56] Edmondson A C. Framing for Learning: Lessons in Successful Technology Implementation. *California Management Review*, 2003, 45(2):34-54.

[57] Edmondson A C. Speaking up in the Operating Room: How Team

Leaders Promote Learning in Interdisciplinary Action Teams. *Journal of Management Studies*, 2003, 40(6):1419-1452.

[58] Edmondson A C. Implementing New Practices: An Empirical Study of Organizational Learning in Hospital Intensive Care Units. *Management Science*, 2007, 53(6):894-907.

[59] Eisenhart K M. Making Fast Strategic Decisions in High-Velocity Environments. *Academy of Management Journal*, 1989, 32(3): 543-576.

[60] Eisenhardt K M, Graebner M E. Theory Building from Cases: Opportunities and Challenges. *Academy of Management Journal*, 2007, 50(1): 25-32.

[61] Ellinger A, Yang B, Howton S. The Relationship between the Learning Organization Concept and Firms' Financial Performance: An Empirical Assessment. *Human Resource Development Quarterly*, 2002, 13(1): 5-21.

[62] Elsass Priscilla M, Graves Laura M. Demographic Diversity in Decision-Making Groups: The Experiences of Women and People of Color. *Academy of Management Review*, 1997, 22(4): 946-973.

[63] Elias S M. Employee Commitment in Times of Change: Assessing the Importance of Attitudes Toward Organizational Change. *Journal of Management*, 2009, 35(1): 37-52.

[64] Engestrom Y. *Learning by Expanding: An Activity-Theoretical Approach to Developmental Research*. Helsinki: Orienta-Konsultit, 1987.

[65] Estrata M, Brown J, Lee F. Who Gets the Credit? Perceptions of Idiosyncrasy Credits in Work Groups. *Small Group Research*, 1995, 26(1):56-76.

[66] Fleidner G, Vokurka R. Agility: Competitive Weapon of the 1990's and Beyond. *Production and Inventory Management*, 1997(38): 19-24.

[67] Ford R, et al. Complex Adaptive Systems and Improvisation Theory: Toward Framing a Model to Enable Continuous Change. *Journal of Change Management*, 2008, 8(3-4): 173-198.

[68] Garvin D A, Edmondson A C, Gino F. Is Yours a Learning Organization? *Harvard Business Review*, 2008, 86(3): 109-116.

[69] Gersick C. Revolutionary Change Theories: A Multilevel Exploration of the Punctuated Equilibrium Paradigm. *Academy of Management Review*, 1991, (16): 10-36.

[70] Gibson C B, Birkinshaw J. The Antecedents, Consequences, and Mediating Role of Organizational Ambidexterity. *Academy of Management Journal*, 2004(47): 209-226.

[71] Glaser B G. *Basics of Grounded Theory Analysis*. Mill Valley, CA: Sociology Press, 1992.

[72] Glaser B, Strauss A. *The Discovery of Grounded Theory*. Chicago: Aldine Press, 1967.

[73] Goffee R, Jones G. Why Should Anyone Be Led by You? *Harvard Business Review*, 2000, 78(5): 62-70.

[74] Greiner, et al. Evolution and Revolution as Organizations Grow. *Harvard Business Review*, 1998(74): 265-173.

[75] Guth W, Ginsberg A. Guest Editor's Introduction: Corporate Entrepreneurship. *Strategic Management Journal*, 1990(11): 5-15.

[76] Haber S, Reichel A. Identifying Performance Measures of Small Ventures-The Case of the Tourism Industry. *Journal of Small Business Management*, 2005(143):257-286.

[77] Hambrick D C, Mason P A. Upper Echelons: The Organization as a Reflection of Its Top Managers. *Academy of Management Review*, 1984(9): 193-26.

[78] Hambrick D, Pettigrew A. Upper Echelons: Donald Hambrick on Executives and Strategy. *Academy of Management Executive*, 2001, 15(3): 143-173.

[79] Hayes J, Allinson C. Cognitive Style and the Theory and Practice of Individual and Collective Learning in Organizations. *Human Relations*, 1998, 51(7): 847-871.

[80] Higgs M J, Rowl D. Building Change Leadership Capability: The Quest for Change Competence. *Journal of Change Management*, 2000, 1(2): 116-131.

[81] Higgs Malcolm. Leadership at the Top: The Need for Emotional Intelligence in Organizations. *International Journal of Organizational Analysis*, 2003, 11(3): 193-210.

[82] Higgs Malcolm, Rowland Deborah. Developing Change Leaders: Assessing the Impact of a Development Programme. *Journal of Change Management*, 2001, 2(1): 47-65.

[83] Higgs Malcolm, Rowland Deborah. All Changes Great and Small: Exploring Approaches to Change and Its Leadership. *Journal of Change Management*, 2005, 5 (2): 121-151.

[84] Hitt M A, Ireland R D, Hoskisson R E. *Strategic Management: Competitiveness and Globalization*. Third Edition. Cincinnati: South-Western College Publishing Company, 1999.

[85] Hopp, Oyen. Agile Workforce Evaluation: A Framework for Cross-Training and Coordination. *IIE Transactions*, 2004(36): 919-940.

[86] Hooks B. *Teaching to Transgress: Education as the Practice of Freedom*. New York: Routledge, 1994.

[87] Howard B. Organizational Learning Capacity in the Context of the Symlog Most Effective Value Profile. *Dissertation Abstracts International*, 2003,64(3-B): 1533-1573.

[88] Huei-fang Chen, et al. The Impact of Work Redesign and Psychological Empowerment on Organizational Commitment in a Changing Environment: An Example from Taiwan's State-Owned Enterprise. *Public Personnel Management*, 2008,37(3): 279-303.

[89] Hunt J G, Ropo A. Multi-level Leadership: Grounded Theory and Mainstream Theory Applied to the Case of General Motors. *Leadership Quarterly*, 1995, 6(3): 379-412.

[90] Ireland R D, Kuratko D F, Covin J G. Antecedents, Elements, and Consequences of Corporate Entrepreneurship Strategy. *Academy of Management Proceedings*, 2003: 1-6.

[91] Ireland R D, Hitt Michael A. Achieving and Maintaining Strategic Competitiveness in the 21's Century: The Role of Strategic Leadership. *Academy of Management Executive*, 2005, 19 (4): 63-78.

[92] James L R, Hater J M, Bruni J R. Psychological Climate: Implications from Cognitive Social Learning. *Theory and Interactional Psychology*, 1978(31): 783-813.

[93] Jaworski B J, Kohli A K. Market Orientation: Antecedents and Consequences. *Journal of Marketing*, 1993, 57(3): 53-70.

[94] Jaworski B J, Kohli A K, Sahay A. Market-Driven Versus Driving Markets. *Journal of the Academy of Marketing Science*, 2000, 28 (1): 45-54.

[95] Johnson R D, Thurston E K. Achieving Empowerment Using the Empowerment Strategy Grid. *Leadership and Organizational Development Journal*, 1997,18(2): 64-73.

[96] Kanter R M. When a Thousand Flowers Bloom: Structural, Collective, and Social Conditions for Innovation in Organization. *Research in Organizational Behavior*, 1988(10): 169-211.

[97] Kanter R M. The New Managerial Work. *Harvard Business Review*, 1989(6): 85-92.

[98] Keller T, Dansereau F. Leadership and Empowerment: A Social Exchange Perspective. *Human Relations*, 1995,48(2): 127-46.

[99] Klein K J, Kozlowski S W J. *Multilevel Theory, Research, and Methods in Organizations: Foundations, Extensions, and New Directions*. San Francisco: Jossey-Bass, 2000.

[100] Kotter J P. Leading Change: Why Transformation Efforts Fail. *Harvard Business Review*, 1995, 73(2): 59-67.

[101] Kotter J P. *Leading Change*. Boston, M A: Harvard Business School Press, 1996.

[102] Kotter J P. *The Heart of Change*. Beijing: Huaxia Press, 1998.

[103] Kotter J P. *Change*. Beijing: Mechanical Industry Press, 2005.

[104] Kouzes J M, Posner B Z. Leading in Cynical Time. *Journal of Management Inquiry*, 2005, 14 (4): 357-364.

[105] Kraimer M L, Seibert S E, Liden R C. Psychological Empowerment as a Multidimensional Construct: A Test of Construct Validity. *Educational and Psychological Measurement*, 1999, 59(1): 127-142.

[106] Laschinger H, Finegan J, Shamian J. The Impact of Workplace

Empowerment and Organizational Trust on Staff Nurses' Work Satisfaction and Organizational Commitment. *Health Care Management Review*, 2001, 26(3): 7-23.

[107] Leavitt H J. *Applied Organizational Change in Industry: Structural, Technological and Humanistic Approaches*. Rand McNally: Handbook of Organizations, 1965.

[108] Levitt B, March J G. Organizational Learning. *Annual Review of Sociology*, 1988(14): 319-340.

[109] Lee F. Being Polite and Keeping Mum: How Bad News Is Communicated in Organizational Hierarchies. *Journal of Applied Social Psychology*, 1993,23(14): 1124-1149.

[110] Levinthal D A, March J G. The Myopia of Learning. *Strategic Management Journal*, 1993, 14(8): 95-112.

[111] Lumpkin G T, Dess G G. Clarifying the Entrepreneurial Orientation Construct and Linking it to Performance. *Academy of Management Review*, 1996, 21(1): 135-172.

[112] March J G. Exploration and Exploitation in Organizational Learning. *Organization Science*, 1991, 2(1): 71-87.

[113] Marcus S H, Pringle A. What Competencies Are Needed in a Changing Environment? *The Human Resources Professional*, 1995, 8(3): 19-24.

[114] McGrath R C. Advantage from Adversity: Learning from Disappointment in Internal Corporate Ventures. *Journal of Business Venturing*, 1995(10): 121-142.

[115] Mcdonald R P, Marsh H W. Choosing a Multivariate Model: Noncentrality and Goodness of Fit. *Psychological Bulletin*, 1990 (107): 247-255.

[116] McGill M E, Slocum J W, Lei D. Management Practices in Learning Organizations. *Organizational Dynamics*, 1993 (22): 5-17.

[117] Medsker G J, Lliams L J, Holohan P J. A Review of Current Practices for Evaluating Causal Models in Organizational Behavior and Human Resources Research. *Journal of Management*, 1994

(20): 439-464.

[118] Murray Jeff B, Evers Deborah J. Theory Borrowing and Reflectivity in Interdisciplinary Fields. *Advances in Consumer Research*, 1989, 16(1): 647-652.

[119] Meyer G W. Social Information-Processing and Social Networks: A Test of Social Influence Mechanisms. *Human Relations*, 1994, 47 (9): 1013-1047.

[120] Miller D, Friesen P H. Strategy-Making and Environment: The Third Link. *Strategic Management Journal*, 1983, 4 (3): 221-235.

[121] Mills P K, Cerardo R U. Reassessing the Limits of Structural Empowerment: Organizational Constitution and Trust as Controls. *Academy of Management Review*, 2003, 28(1): 143-153.

[122] Mumford M D, Connelly S, Gaddis B. How Creative Leaders Think: Experimental Findings and Cases. *The Leadership Quarterly*, 2003, 14(4-5): 411-432.

[123] Murphy K R, Tziner A, Cleveland J N. Impact of Rater Beliefs Regarding Performance Appraisal and Its Organizational Context on Appraisal. *Journal of Business and Psychology*, 1998,12(4): 457-468.

[124] Nadler D A. The Effective Management of Organizational Change. In: Lorsch J W. *Handbook of Organizational Behavior*. Englewood Cliffs, N J: Prentice-Hall, 1987: 358-369.

[125] Nadler D, Tushman M. Types of Organizational Change: From Incremental Improvement to Discontinuous Transformation. In: Nadler D A, et al. (eds) *Discontinuous Change: Leading Organizational Transformation*. San Francisco: Jossey-Bass, 1995: 15-34.

[126] Narver J C, Slater S F. The Effect of a Market Orientation on Business Profitability. *Journal of Marketing*, 1990, 54 (4): 20-35.

[127] Nevis E C, Dibella A J, Gould J M. Understanding Organizations as Learning Systems. *Sloan Management Review*, 1995, 36(2):

73-85.

[128] Nonaka I. A Dynamic Theory of Organizational Knowledge Creation. *Organization Science*, 1994,5(1): 14-37.

[129] Orlikowski W J. Improvising Organizational Transformation Over Time: Asituated Change Perspective. *Information Systems Research*, 1996(7): 63-92.

[130] Parry K W. Grounded Theory and Social Process: A New Direction for Leadership Research. *The Leadership Quarterly*, 1998, 9(1): 85-105.

[131] Peter J, Victor M G, Susana M, et al. Long-Run IPO Performance Analysis of German and Spanish Family-Owned Businesses. *Family Business Review*, 2005, 18(3): 179-217.

[132] Pettigrew A M, Woodman R W, Cameron K S. Studying Organizational Change and Development: Challenges for Future Research. *Academy of Management Journal*, 2001,44(4): 697-713.

[133] Pettigrew A M. Longitudinal Field Research on Change: Theory and Practice. *Organization Science*, 1990, 1(3): 267-292.

[134] Prahalad K, Hammel G. The Core Competence of the Corporation. *Harvard Business Review*, 1990, 6(83): 79-91.

[135] Ostroff C, Schmitt N. Configurations of Organizational Effectiveness and Efficiency. *Academy of Management Journal*, 1993, 36(6): 1345-1361.

[136] Quinn R E, Spreitzer G M. The Road to Empowerment: Seven Questions Every Leader Should Consider. *Organizational Dynamics*, 1997,26(2): 37-49.

[137] Podsakoff P M, MacKenzie S B. An Examination of Substitutes for Leadership within a Levels-of-analysis Framework. *Leadership Quarterly*, 1995(6): 289-328.

[138] Popper M, Lipshitz R. Organizational Learning Mechanisms: A Structural and Cultural Approach to Organizational Learning. *Journal of Applied Behavioral Science*, 1998, 34(2): 161-179.

[139] Ravn I. Action Knowledge in Intellectual Capital Statements: A Definition, a Design and a Case. *International Journal of*

Learning and Intellectual Capital, 2004,1(1): 61-71.

[140] Razia Azen, David V Budescu. The Dominance Analysis Approach for Comparing Predictors in Multiple Regression. *Psychological Methods*, 2003, 8 (2), 129-148.

[141] Sahin F. Manufacturing Competitiveness: Different Systems to Achieve the Same Results. *Production and Inventory Management Journal*, 2000(41), 56-65.

[142] Samad Sarminah. Social Structure Characteristics and Psychological Empowerment: Exploring the Effect of Openness Personality. *Journal of American Academy of Business*, 2007,12(1): 70-76.

[143] Schein E. *Organizational Cultures and Leadership*. New York: Jossey-Bass, 1997.

[144] Seibert S, Silver S, Randolph W. Taking Empowerment to the Next Level: A Multiplelevel Model of Empowerment, Performance, and Satisfaction. *Academy of Management Journal*, 2004 (47): 332-350.

[145] Senge P, Kleiner A, Roberts C, et al. *The Dance of Change*. New York: Nicholas Brealey, 1999.

[146] Silverman D. *Interpreting Qualitative Data: Methods for Analyzing Talk, Text, and Interaction*. London: Sage, 1993.

[147] Slater S F, Narver J C. Market Orientation and the Learning Organization. *Journal of Markeing*, 1995(59): 63-74.

[148] Spreitzer G M. Psychological Empowerment in the Workplace: Dimensions, Measurement and Validation. *Academy of Management Journal*, 1995(38): 1442-1465.

[149] Spreitzer G M. Social Structural Characteristics of Psychological Empowerment. *Academy of Management Journal*, 1996 (39): 483-504.

[150] Spreitzer G M, et al. A Dimensional Analysis of the Relationship between Psychological Empowerment and Effectiveness, Satisfaction, and Strain. *Journal of Management*, 1997, 23(5): 679-704.

[151] Stacey R D. The Science of Complexity: An Alternative

Perspective for Strategic Change. *Strategic Management Journal*, 1995(16): 477-495.

[152] Stalk G J, Hout T M. *Competing Against Time: How Time-based Competition Is? Reshaping Global Markets*. New York: Free Press, 1990.

[153] Steiger J H. Structure Model Evaluation and Modification: A Estimation Approach. *Multivariate Behavioral Research*, 1990(25): 173-180.

[154] Stevens E, Dimitriadis S. New Service Development through the Lens of Organizational Learning: Evidence from Longitudinal Case Studies. *Journal of Business Research*, 2004, 57(10): 1074-1084.

[155] Stopford J, Fuller B. Creating Corporate Entrepreneurship. *Strategic Management Journal*, 1994(15):47-56.

[156] Storey J. What Next for Strategic-Level Leadership Research? *Leadership*, 2005(1): 89-104.

[157] Strauss A, Corbin J. *Basics of Qualitative Research: Grounded Theory Procedures and Techniques*. Newbury Park, C A: Sage Publications, 1990.

[158] Thomas K W, Velthouse B A. Cognitive Elements of Empowerment: An "Interpretive" Model of Intrinsic Task Motivation. *Academy of Management Review*, 1990(15): 666-681.

[159] Thornberry N. Corporate Entrepreneurship: Antidote or Oxymoron? *European Management Journal*, 2001,19(5): 526-533.

[160] Tsoukas H, Vladimirou E. *What Is Organizational Knowledge* (2nd ed). Cornwall: Thomson Learning, 2004.

[161] Ulrich D, Yeung A. A Shared Mindset. *H. R. Magazine*, 1989, 34(3): 38-46.

[162] Van de Ven, Pool. Explaining Development and Change in Organizations. *Organization Studies*, 1995(20): 510-540.

[163] Van de Ven, Pool. Alternative Approaches for Studying Organizational Change. *Organization Studies*, 2005(26): 1377-1404.

[164] Vera D, Crossan M. Organizational Learning and Knowledge Management: Toward an Integrative Framework. *Blackwell*

Handbook of Organizational Learning and Knowledge Management,
2003: 122-141.

[165] Vera D, Crossan M. Strategic Leadership and Organizational
Learning. *Academy of Management Review*, 2004, 29 (2):
222-240.

[166] Watkin K E, Marsick V J. *Sculpting the Learning Organization:
Lessons in the Art and Science of Systematic Change*. San
Francisco: Jossey-Bass,1993.

[167] Webber R A. *Management Pragmatics: Cases and Readings on
Basic Elements of Managing Organizations*. Homewood: 3. R. D.
Irwin,1979.

[168] Weick K E, Orden P W V. Organizing on a Global Scale: A
Research and Teaching Agenda. *Human Resource Management*,
1990, 29(49): 556-674.

[169] Weick K E, Roberts K H. Collective Mind in Organizations:
Heedful Interrelating on Flight Decks. *Administrative Science
Quarterly*, 1993, 38(3): 357-381.

[170] Wu S, Levitas E, Priem R L. CEO Tenure and Company Invention
under Differing Levels of Technological Dynamism. *Academy of
Management Journal*, 2005(48): 859-873.

[171] Xu Huang, Kan Shi, Zhijie Zhang, et al. The Impact of
Participative Leadership Behavior on Psychological Empowerment
and Organizational Commitment in Chinese State-owned
Enterprises: The Moderating Role of Organizational Tenure. *Asia
Pacific Manage*, 2006(23): 345-367.

[172] Yang B, Watkins K E, Marsick V J. The Construct of the
Learning Organization: Dimensions, Measurement, and
Validation. *Human Resource Development Quarterly*, 2004, 15
(1): 31-55.

[173] Yin R K. *Case Study Research: Design and Methods*. Beverly
Hills, C A: Sage, 1994.

[174] Yukl G. *Leadership in Organizations*(4th ed). Englewood Cliffs,
N J: Prentice-Hall, 1998.

[175] Zahra S A. Predictors and Financial Outcomes of Corporate Entrepreneurship: An Explorative Study. *Journal of Business Venturing*, 1991(6): 259-285.

[176] Zahra S A. Conceptual Model of Entrepreneurship as Firm Behaviour: A Critique and Extension. *Entrepreneurship Theory and Practice*, 1993(16):5-21.

[177] Zahra S A, Covin J. Contextual Influences on the Corporate Entrepreneurship-Performance Relationship: A Longitudinal Analysis. *Journal of Business Venturing*, 1995(10): 43-58.

[178] Zahra S A, Nielsen A P, Bogner W C. Corporate Entrepreneurship, Knowledge, and Competence Development. *Entrepreneurship: Theory and Practice*, 1999: 169-189.

[179] Zahra S A, Neubaum D O, Huse M. Entrepreneurship in Medium-Size Companies: Exploring the Effects of Ownership and Governance Systems. *Journal of Management*, 2000(26): 947-976.

[180] 彼得·德鲁克.创新与创业精神.上海:上海人民出版社,2002.

[181] 卡斯特,罗森茨韦克.组织与管理——系统方法与权变方法.傅严等译.北京:中国社会科学出版社,2000.

[182] 陈晓萍等.组织与管理研究的实证方法.北京:北京大学出版社,2008.

[183] 陈向明.质的研究方法与生活科学研究.北京:教育科学出版社,2000.

[184] 丁岳枫.创业组织学习与创业绩效关系研究.博士学位论文,浙江大学,2006.

[185] 费小东.扎根理论研究方法论:要素、研究程序和评判标准.公共行政评论,2008(3):23—44.

[186] 冯马尧,谢瑶妮.扎根理论:一种颖质性研究方法.现代教育论丛,2001(6),51—53.

[187] 哈默和布林.管理大未来(第一版).北京:中信出版社,2008.

[188] 赫尔曼·哈肯.协同学:大自然构成的奥秘.凌复华译.上海:上海译文出版社,2005.

[189] 候杰泰,温忠麟,成子娟.结构方程建模.北京:教育科学出版

社,2004.

[190] 沈超红.创业绩效结构与绩效形成机制研究.博士学位论文,浙江大学,2006.

[191] Strause, Corbin.扎根理论研究方法.吴芝花译.台北:涛石文化事业有限公司,2001.

[192] 王辉,徐淑英,忻蓉.中国企业 CEO 的领导行为及对企业经营业绩的影响.管理世界,2006(4):87—97.

[193] 王重鸣.心理学研究方法.北京:人民教育出版社,2001.

[194] 沃纳·伯克.组织变革:理论和实践.燕清联合译.北京:中国劳动社会保障出版社,2004.

[195] 颜士梅.并购式内创业中的人力资源整合研究.博士学位论文,浙江大学,2007.

[196] 谢洪明,刘常勇,陈春辉.市场导向与组织绩效的关系:组织学习与创新的影响:珠三角地区企业的实证研究.管理世界,2006(2):80—96.

[197] 杨敏禧,杨仁寿.学习型组织导入模式之探讨//第五届中小企业管理研讨会.台湾:中正大学,2004.

[198] 杨建峰.家族企业的组织学习及其形成机制研究.博士学位论文,浙江大学,2008.

[199] 杨建梅.组织的系统结构定义探讨.系统工程学报,2002,17(5):441—447.

[200] 于海波,方俐洛,凌文辁.组织学习整合理论模型.心理科学进展,2004,12(2):246—257.

[201] 俞文钊,吕晓俊,王怡琳.持续学习组织文化研究.心理科学,2002(2):134—149.

[202] 张钢.企业组织创新的内在逻辑过程研究——兼论组织创新的策略与管理.科学管理研究,2000(5):1—5.

[203] 张文彤.SPSS 统计分析基础教程和高级教程.北京:高等教育出版社,2002.

[204] 赵晓东.产业集群背景下产业社会资本与社会网络研究.博士学位论文,浙江大学,2007.

[205] 郑晋昌,周芸薇.学习型组织评价问卷研究.硕士学位论文,台湾中央大学,2003.

致　谢

　　"心坎中无言的郁结，也有热泪想下垂，却倒流，换上血汗水！岁月无声消逝，得到了我会继续进取……感激暖暖热爱，歌声里竭力献尽每分。"每次听阿伦的《无言感激》，总是沉湎其中，情不自禁。回顾六年多攻读博士学位的岁月，几多艰辛的蹒跚，几多悟道的愉悦，令人无限唏嘘、无言感激。

　　本书是在本人的博士学位论文的基础上修改完善而成，有幸成为导师王重鸣教授的博士生是我人生的一大幸事。老师的渊博学识和高瞻远瞩，引领我走上探索科学世界并认知人类社会实践的求学旅程。在老师多年严格而耐心的指导下，我对立足于社会实践的科学研究的认识视野不断拓展。尤其是在论文构思与写作、修改阶段，老师的深入与前瞻，促使我获得了更多悟道之后的效能感。感谢善良而富有爱心的师母卢风英女士，她对学生的关心、支持和帮助，让我永远感恩于怀！

　　感谢江西财经大学的胡宇辰教授、金祖钧教授引领我走进了管理学这个学术殿堂，开启了我人生的新的旅程。

　　感谢全球创业研究中心众多的学友们，多年来与大家的共同学习交流，使我受益匪浅。特别是在博士论文的写作期间，众多的师兄弟们给予了我极大的支持和帮助。博士学习期间能加入这样一个优秀的团队，是我的无比荣幸。

　　感谢诸位好友在论文写作期间，给予我在论文访谈与调研过程中的支持和帮助。中杨、晓晖、国平、开宇、志平、阿驹、余杰、老茅、阿扁、陈凤等众多好友，在我的论文调研期间，竭力为我提供所需要的条件，你们的友情让我的工作和生活变得更加丰富多彩，谢谢你们。

　　感谢我所就职的浙江理工大学经济管理学院的胡剑锋教授、姚春序书记,对我多年的博士学习给予了极大支持,并在教学和科研任务安排上给予体谅。

感谢父亲涂件波先生、母亲章稳妹女士,您们给予了我一个幸福的大家庭,教导我做人的基本道理。感谢岳父母谢鉴泉教授、罗锦华女士不辞辛苦,来到杭州为我们承担家务。感谢姐姐和兄长,一直以来对我的关心和支持,使我面对挫折也有勇气克服。

感谢妻子谢枫女士多年来的理解和支持,并辛勤而快乐地承担了培养儿子涂腾的绝大部分工作,从而让我有信心应对各种挑战。当然,还要感谢充满主动好奇、天真可爱的儿子涂腾,你为我们带来了无穷的欢乐。

涂辉文

2011 年 9 月于清雅苑

图书在版编目（CIP）数据

组织变革过程中的多层协同机制研究 / 涂辉文著.
—杭州：浙江大学出版社，2011.12
ISBN 978-7-308-09330-9

Ⅰ．①组… Ⅱ．①涂… Ⅲ．①企业管理－组织管理学
－研究 Ⅳ．①F272.9

中国版本图书馆 CIP 数据核字（2011）第 241684 号

组织变革过程中的多层协同机制研究

涂辉文 著

责任编辑	朱 玲
文字编辑	徐 霞
封面设计	十木米
出版发行	浙江大学出版社
	（杭州市天目山路 148 号 邮政编码 310007）
	（网址：http://www.zjupress.com）
排 版	杭州中大图文设计有限公司
印 刷	杭州日报报业集团盛元印务有限公司
开 本	710mm×1000mm 1/16
印 张	17.5
字 数	270 千
版 印 次	2011 年 12 月第 1 版 2011 年 12 月第 1 次印刷
书 号	ISBN 978-7-308-09330-9
定 价	38.00 元